TOM PHILLIPS
Echt jetzt?

GOLDMANN
Lesen erleben

Tom Phillips

Echt jetzt?

Die beknacktesten Aktionen
der Menschheit

Aus dem Englischen von
Susanne Kuhlmann-Krieg

GOLDMANN

Die englische Originalausgabe erschien 2018 unter dem Titel
»HUMANS. A Brief History of How We F*cked It All Up« bei Wildfire,
an imprint of Headline Publishing Group.

Dieses Buch ist auch als E-Book erhältlich.

Verlagsgruppe Random House FSC® N001967

1. Auflage
Deutsche Erstveröffentlichung August 2019
Wilhelm Goldmann Verlag, München,
in der Verlagsgruppe Random House GmbH
Neumarkter Str. 28, 81673 München
Copyright © 2019 dieser Ausgabe
by Wilhelm Goldmann Verlag, München,
in der Verlagsgruppe Random House GmbH
Copyright © 2018 by Tom Phillips
Umschlaggestaltung: UNO Werbeagentur, München
Umschlagmotiv: FinePic®, München
Redaktion: Antje Steinhäuser
Satz: Vornehm Mediengestaltung GmbH, München
KF · Herstellung: kw
Druck und Einband: CPI books GmbH, Leck
Printed in Germany
ISBN: 978-3-442-15986-4
www.goldmann-verlag.de

Besuchen Sie den Goldmann Verlag im Netz

In Anbetracht des Themas
könnte es höllisch missverstanden werden,
wenn ich dieses Buch meiner Familie widmete.

Ich widme es daher all denen,
die schon mal so richtig gehörig Mist gebaut haben.
Sie sind nicht allein.

Inhalt

Prolog:

Es ging schon gut los

Eines frühen Morgens vor langer, sehr langer Zeit, als über den großen Flusstälern und Ebenen Äthiopiens soeben die Sonne aufging, fläzte sich eine junge Menschenaffenfrau träge in den Wipfeln eines Baumes.

Wir können nicht wissen, woran sie dachte oder was sie an jenem Tag vorhatte. Vermutlich hätte sie nach etwas Essbarem Ausschau gehalten, möglicherweise auch nach einem Partner, vielleicht wollte sie auch den Baum nebenan genauer in Augenschein nehmen, konnte ja sein, dass er besser war als ihrer. Mit Sicherheit schwante ihr nicht, dass die Ereignisse dieses Tages sie für alle Zeiten zur berühmtesten Angehörigen ihrer Art machen würden … Selbst wenn Sie es ihr irgendwie hätten sagen können, hätte sie mit Begriffen wie Berühmtheit nichts anzufangen gewusst. Sie hatte auch keine Ahnung, dass sie sich in Äthiopien befand, denn all das geschah Millionen Jahre, bevor jemand die schlaue Idee hatte, auf einer Landkarte Linien zu ziehen und dem, was sie umschlossen, Namen zu geben, um die wir Kriege führen konnten.

Sie und ihresgleichen unterschieden sich ein kleines bisschen von den anderen Menschenaffen, die zur selben Zeit auf der Erde unterwegs waren: An ihrem Becken und ihren Beinen hatte sich über die Jahrtausende etwas verändert, weshalb sie sich auf eine neue Art fortbewegen konnten. Diese Menschenaffen begannen von den Bäumen herabzusteigen und aufrecht die Savanne zu durchschreiten – ein erster Schritt, der mit der Zeit zu Ihnen und mir und jedem anderen Menschen auf diesem Planeten führen sollte. Die Affenfrau wusste nichts davon, aber sie lebte zu Beginn einer der bemerkenswertesten Entwicklungsgeschichten aller Zeiten – die Morgendämmerung der großen Reise des Menschen hatte eingesetzt.

Dann fiel sie vom Baum und starb.

Circa 3,2 Millionen Jahre später sollte eine Gruppe anderer Menschenaffen – manche davon gar im Besitz eines Doktortitels – ihre versteinerten Gebeine ausgraben. Weil das in den 1970er-Jahren passierte und die Buddelnden damals gerade dem Song einer Gruppe reichlich bekiffter Jungs aus Liverpool lauschten, beschlossen sie, ihr Skelett Lucy zu nennen. Sie gehörte zu einer völlig neuen, bis dahin ungekannten Art, die wir heute als *Australopithecus afarensis* bezeichnen, und wurde als »Missing Link« zwischen Menschen und Menschenaffen gefeiert. Der Fund elektrisierte die ganze Welt: Ihr Name war in aller Munde, ihr Skelett wurde auf eine mehrjährige Tournee durch die Vereinigten Staaten geschickt und bildet heute die Starattraktion im Nationalmuseum von Addis Abeba.

Und doch ist der einzige Grund dafür, dass wir etwas über sie wissen, schlicht und einfach der, dass sie an dem Tag Mist gebaut hat. Was rückblickend betrachtet als ziemlich treffender Vorgeschmack darauf gelten kann, wie sich die Dinge hinfort entwickeln sollten.

Das hier ist ein Buch über Menschen und deren bemerkenswertes Talent, Dinge in den Sand zu setzen. Darüber, warum es für jede Errungenschaft, die einen stolz macht, ein Mensch zu sein (Kunst, Wissenschaft, Kneipen), immer auch etwas anderes gibt, dass Sie zu ungläubigem und verzweifeltem

Kopfschütteln veranlasst (Kriege, Umweltverschmutzung, besoffene Fluggäste).

Die Chancen stehen gut, dass Sie sich – unabhängig von Ihrer persönlichen Einstellung oder Ihrer politischen Überzeugung – in jüngster Zeit gelegentlich den Zustand der Welt angeschaut und bei sich gedacht haben: Scheiße, was haben wir da bloß angerichtet?

Dieses Buch ist dazu da, ein winziges, federleichtes Quäntchen Trost zu spenden: Keine Sorge, wir waren schon immer so. Und, hey, wir sind immer noch da!

Zugegeben, da ich dies schreibe, sind es nur wenige Wochen bis zu einem Atomgipfel zwischen Donald Trump und Kim Jong Un, noch ist nicht raus, ob er stattfindet oder nicht und ob er gut läuft oder nicht. Dummerweise liegt mein Abgabetermin vor dem Tag, an dem wir herausfinden, ob wir alle sehr bald sterben werden. Ich werde von der Annahme ausgehen, dass wir, so Sie dieses Buch tatsächlich in Händen halten, es zum Allermindesten bis zu seinem Erscheinen geschafft haben.

Es gibt jede Menge Bücher über die tollen Errungenschaften der Menschheit, ihre großen Führer, ihre genialen Erfinder und den unbeugsamen menschlichen Geist. Es gibt auch jede Menge Bücher über Fehler, dir wir uns geleistet haben – sowohl Einzeleseleien als auch schreckliche Fehler ganzer Gesellschaften. Aber es gibt nicht ganz so viele darüber, wie wir es hinbekommen, Dinge immer wieder vollkommen und absolut katastrophal in den Sand zu setzen.

Es gehört zu den schrägen Ironien, an denen das Universum offenbar jede Menge Spaß zu haben scheint, dass die Ursachen dafür, dass wir in derart haarsträubenden Dimensionen Mist bauen, in vielen Fällen in exakt denselben Merkmalen bestehen, die uns von unseren tierischen Mitgeschöpfen unterscheiden und uns befähigen, so viel Großes zu vollbringen. Menschen erkennen in der Welt Muster, wir sind imstande, unsere Beobachtungen anderen Menschen mitzuteilen, und wir haben die Fähigkeit, uns Zukunftsszenarien auszumalen, die noch nicht Wirklichkeit sind: Was, wenn wir nur *diese* eine Sache änderten, dann würde *das* passieren, und die Welt wäre ein kleines bisschen besser.

Das einzige Problem ist … Na ja, wir sind in all diesen Dingen nicht sonderlich gut. Jede ehrliche Bewertung der zurückliegenden Leistungen der Menschheit an all ihren Fronten liest sich wie eine ganz besonders schonungslose Jahresbilanz unserer Leistungen, gezogen von einem Chef, der uns abgrundtief hasst. Wir erkennen Muster, die es nicht gibt. Unsere Kommunikationsfertigkeiten sind, gelinde ausgedrückt, manchmal nicht vorhanden. Und wir blicken auf eine außerordentlich armselige Erfolgsbilanz, wenn es darum geht, uns klarzumachen, dass, wenn wir *diese eine Sache* ändern, dies zu *jener anderen Sache* und die wiederum zu einer *noch viel schlimmeren* führt, und die wieder zu: *Oh mein Gott, nein, jetzt passiert mit einem Mal so was, wie können wir das bloß aufhalten?*

Ganz egal, wie oft die Menschheit erfolgreich nach den Sternen greift, egal, wie viele Herausforderungen wir meistern, die Katastrophe lauert immer gleich um die Ecke. Um ein historisches Beispiel zu nennen: In einem Augenblick sind Sie Sigurd der Mächtige, Graf auf Orkney, im 9. Jahrhundert unterwegs auf Ihrem triumphalen Heimritt aus einer großen Schlacht, an Ihrem Sattel baumelt das Haupt Ihres getöteten Feindes Máel Brigte des Fangzähnigen (so genannt wegen seines vorstehenden Zahns).

Im nächsten sind Sie … Nun ja, sind Sie Sigurd der Mächtige, Graf auf Orkney, ein paar Tage später und siechen an einer Infektion dahin, die Sie sich zugezogen haben, weil sich der vorstehende Zahn von Máel Brigte des Fangzähnigen entleibtem Haupt in Ihr Bein gebohrt hat, als Sie im Triumph nach Hause ritten.

Das ist wahr: Sigurd dem Mächtigen kommt die militärgeschichtlich zweifelhafte Auszeichnung zu, von einem Feind getötet worden zu sein, den er Stunden zuvor längst enthauptet hatte. Was uns ein paar wichtige Lektionen lehrt in puncto (a) der Hybris und (b) der Bedeutung, sich ausschließlich Feinde auszusuchen, die über eine exzellente zahnärztliche Versorgung verfügen. Das Hauptaugenmerk dieses Buches gilt der Hybris und dem ihr auf dem Fuß folgenden tiefen Fall. Freunde historischer Abhandlungen über die Standards der Zahnmedizin hingegen werden sich möglicherweise bitter enttäuscht sehen.

(Es ist an dieser Stelle übrigens auch der Erwähnung wert, dass Sigurd der Mächtige und Máel Brigte der Fangzähnige nur deshalb gegeneinander kämpften, weil Sigurd Máel zu einer »Schlacht vierzig gegen vierzig« gefordert hatte. Máel hatte die Herausforderung angenommen, worauf Sigurd mit achtzig Soldaten aufkreuzte. Somit ist aus Sigurds Geschichte möglicherweise auch eine Lektion darüber zu lernen, dass es vielleicht obendrein günstig sein könnte, sich nicht als wortbrüchiger Lump zu gebärden, ein Thema, das sich lustigerweise ebenfalls durch das ganze Buch zieht.)

Sigurd ist nur einer der vielen Unseligen, deren Lebensgeschichte vor allem wegen ihrer Niederlagen und weniger wegen ihrer Siege in die Geschichte einging. Im Laufe der nächsten zehn Kapitel werden wir einen großen Bogen quer durch die gesamte Menschheitsgeschichte und ihre lange Liste an idiotischen Fehlern schlagen. Kleine Warnung: Wenn Sie es nicht so richtig mit Schadenfreude haben, wäre jetzt vielleicht ein geeigneter Zeitpunkt, mit dem Lesen aufzuhören.

Die Geschichte des menschlichen Fortschritts beginnt mit unserer Fähigkeit, zu denken und schöpferisch tätig zu werden. Das ist es, was uns Menschen von anderen Tieren unterscheidet – aber es ist auch das, was uns regelmäßig dazu bringt, uns komplett zum Affen zu machen.

Im ersten Kapitel dieses Buchs, **Warum Ihr Gehirn ein Vollpfosten ist**, werden wir uns damit befassen, wie unsere Vorfahren dachten – und erkennen, warum unsere Versuche, die Welt zu erklären, so oft damit enden, dass unser Verstand uns im Regen stehen lässt und zu all jenen oberschrecklichen Entscheidungen verleitet.

Dann, im zweiten Kapitel, **Hübsche Gegend hier**, folgen wir der Menschheit zu den Anfängen des Ackerbaus, zurück in jene Zeit, da wir begannen, die Welt um uns herum aktiv zu gestalten. Wir werden sehen, mit welch schöner Regelmäßigkeit wir die Orte, an denen wir leben, komplett zugrunde richten und unserer unfehlbaren Neigung nachgehen, Dinge nicht zu Ende zu denken, beispielsweise wenn es um die Antwort auf die Frage geht: Hey, was wäre das Schlimmste, was passieren kann, wenn wir diesen Fluss umleiten?

Danach werden wir – in dem Kapitel, **Das Leben, nun ja, bahnt sich seinen Weg** – unsere nimmermüden tölpelhaften Versuche beleuchten, die Natur zu kontrollieren. Wir werden unter anderem zu sehen bekommen, wie der Große Vorsitzende Mao und ein eingefleischter Shakespeare-Fan mit einem Kopf voller Grillen es hinbekamen, zwei irgendwie ähnliche Katastrophen mit entgegengesetzten Vorzeichen zu verursachen, indem sie Vögel sträflich unterschätzten.

Als die frühesten menschlichen Gesellschaften sich entwickelten und immer komplexer wurden, zeigte sich bald, dass man jemanden brauchen würde, der sagt, wo es langgeht. Im vierten Kapitel, **Führer, wir folgen dir**, schauen wir uns eine

Auswahl der absolut fürchterlichsten nicht gewählten Typen an, die je an diesen Job gekommen sind. In Kapitel 5, **Alle Macht dem Volke**, werden wir anschließend die Demokratie daraufhin in Augenschein nehmen, ob sie es irgendwie besser hinbekommt.

Ungeachtet all dessen, was wir bereits geleistet hatten, bevor wir anfingen, die Welt um uns herum zu gestalten, offenbarte sich das wahre Potenzial des Menschen, sich wie ein kompletter Vollidiot aufzuführen, erst, als wir begannen, die Welt zu bereisen, und verschiedene Zivilisationen aufeinandertrafen. Nun konnten wir so richtig zeigen, wozu wir imstande sind und zu was für zutiefst katastrophalem Benehmen wir uns immer wieder hinreißen lassen.

In Kapitel 6, **Krieg ... Wozu ist er noch mal gut?**, werden wir sehen, dass wir Menschen auf eine sehr lange Historie im Anzetteln sinnloser Kriege und Reibereien zurückblicken, und einige der idiotischsten Folgen unter die Lupe nehmen, die sich daraus ergeben haben – zum Beispiel werden wir ein Heer kennenlernen, das es fertiggebracht hat, eine Schlacht zu verlieren, zu der sein Gegner überhaupt nicht aufmarschiert war, und erfahren, wie Ihnen ein perfekt koordinierter Angriffsplan durcheinandergeraten kann, wenn Sie vergessen, dass es Zeitzonen gibt.

Wir stoßen in Kapitel 7, **Die große Kolonialismus-Sause**, mit den Helden des Zeitalters der großen Entdeckungen ins Ungewisse vor und werden feststellen (Achtung: Spoileralarm), dass Kolonialismus etwas Grauenvolles ist.

Kapitel 8, **Diplomatie-Leitfaden für Dummies und/ oder aktuell regierende Präsidenten**, wird uns wichtige Dinge lehren in Bezug darauf, wie man Kontakte zwischen verschiedenen Kulturen elegant handhabt, unter anderem werden wir erfahren, wie die Herrscherdynastie von Choresmien, der Großoase von Choresm, die vermutlich schlimmste politische Entscheidung der gesamten Menschheitsgeschichte fällte (neben manchen anderen Gräueltaten wurden Bärte in Brand gesetzt).

In jüngerer Zeit hat der wissenschaftliche und technische Fortschritt eine nie dagewesene Ära brandneuer Innovationen, sich überschlagender Veränderungen und aufregender neuer Möglichkeiten heraufbeschworen, mittels derer die Menschheit sich selbst ein Bein stellen kann. Das ist der Inhalt von Kapitel 9, **Der verdammte Druck der Technik**, in dem wir feststellen werden, dass die Wissenschaft nicht immer alles zum Guten wendet – hier geht es unter anderem um eine geheimnisvolle Strahlung, die nur von Franzosen gesehen werden konnte, und den Mann, der nicht nur einen, sondern gleich zwei der katastrophalsten Fehler des 20. Jahrhunderts beging.

Die Dinge verändern sich heute in einem solchen Tempo, dass die moderne Welt ein höchst verwirrender Ort sein kann. In Kapitel 10, **Eine kurze Geschichte unserer mangelnden Voraussicht,** blicken wir zurück und fragen uns, wie oft wir eigentlich schon falschgelegen und die schrecklichen Neuerungen, die im Begriff waren, auf uns herniederzugehen, nicht vorhergesehen haben.

Und in **Vergeigte Zukunft** schließlich werden wir eine wohlbegründete Vermutung darüber abgeben, wie die nächsten paar Jahrhunderte menschlicher Torheit wohl aussehen werden, und zu dem Schluss kommen, dass wir sie vermutlich in einem Weltraum-Gefängnis verbringen werden, das wir uns aus unserem eigenen Müll selbst geschaffen haben.

*

Dies ist ein Buch über Geschichte und übers Fehlermachen. Es lohnt daher natürlich darauf hinzuweisen, dass wir beim Deuten von Geschichte sehr häufig Fehler machen.

Das Problem ist, dass Geschichte schwer zu fassen ist: Bei der überwiegenden Mehrzahl der Dinge, die passiert sind, hat sich nie jemand die Mühe gemacht, sie aufzuschreiben, und viele von den Leuten, die sich diese Mühe gemacht haben, haben sich womöglich geirrt oder gelogen, waren extreme Rassisten oder irre (und sehr häufig alles zusammen). Wir wissen von Sigurd dem Mächtigen, weil sein Schicksal in zwei Schriften überliefert ist: der Heimskringla (einer mittelalterlichen Chronik über die norwegischen Könige) und der Orkneyinga saga (einer Geschichte der ersten Jarle – oder Grafen – auf Orkney). Aber woher sollen wir wissen, ob sie stimmen? Können wir wirklich sicher sein, dass es sich hierbei nicht um irgendeinen extrem witzigen altnordischen Insiderwitz handelt, den wir bloß nicht kapieren?

Können wir nicht. Nicht so richtig, ungeachtet all der fantastischen Arbeit von Historikern, Archäologen und anderen Experten auf einem Dutzend anderer Forschungsgebiete. Die Menge der Dinge, die wir sicher wissen, ist ganz schön winzig, gemessen an der Menge an Dingen, die wir nicht wissen. Die Zahl der Dinge, von denen wir nicht einmal wissen, dass wir sie nicht wissen, ist vermutlich noch viel größer, aber leider wissen wir das eben nicht.

Was ich damit sagen will, ist: Die Chance, dass in diesem Buch über Fuck-ups keine Fuck-ups enthalten sind, ist minimal. Ich versuche deutlich zu kennzeichnen, wo Unsicherheiten bestehen, an welchen Stellen wir ziemlich sicher sein und an welchen wir allenfalls eine wohlbegründete Vermutung anstellen können. Ich habe versucht, alle Geschichten wegzulassen, die »zu schön [sind] um wahr zu sein«, alle zweifelhaften Überlieferungen und blumigen historischen Anekdoten, die mit jedem Erzählen stärker ausgeschmückt werden. Ich hoffe, ich bringe da nichts durcheinander.

Was uns zurück zu Lucy bringt, die vor 3,2 Millionen Jahren von ihrem Baum herabfiel. Woher wissen wir, dass sie von jenem Baum gefallen ist? Nun, im Jahr 2016 veröffentlichte eine Gruppe Wissenschaftler aus den Vereinigten Staaten und Äthiopien einen Artikel in der weltweit meistgelesenen Wissenschaftszeitschrift *Nature*. Sie hatten aus Computertomogrammen von Lucys versteinerten Knochen ein dreidimensionales Modell ihres Skeletts rekonstruiert und festgestellt, dass ihre Knochenbrüche erstens aussahen, als wären sie lebenden Knochen zugestoßen, und dass diese Frakturen zweitens nie geheilt sind – was den Schluss nahelegt, dass sie noch lebte, als sie herunterfiel und kurz darauf gestorben ist. Sie zogen jede Menge Orthopädiechirurgen zurate, die alle dasselbe sagten: Das Muster der Brüche ist dasselbe wie bei einem Patienten, der aus einiger Höhe heruntergefallen ist. Die Art, wie ihr Arm gebrochen war, lässt darauf schließen, dass sie noch nach einem Ast gegriffen hat, um ihren Sturz abzufangen. Aus geologischen Studien wusste man, dass die Gegend, in der sie gelebt hat, eine bewaldete Ebene in der Nähe eines Flusses gewesen war. Keine Felsen oder Klippen, von denen sie hätte herabfallen können. Schlussfolgerung? Lucy fiel vom Baum.

Das ist ein bemerkenswertes Stück Arbeit, und von vielen anderen Fachleuten auf dem Gebiet wurde es sehr gut aufgenommen. Ein paar andere Experten – unter anderem Donald Johanson, Lucys ursprünglicher Entdecker – aber waren leider nicht so überzeugt. Er und seine Kollegen sagten mehr oder weniger: »Nee, Leute, der Grund dafür, dass man bei ihr Knochenbrüche findet, ist der, dass so was nun mal bei Knochen passiert, die 3,2 Millionen Jahre im Erdreich herumliegen.« (Ich habe mir bei der Wortwahl gewisse Freiheiten erlaubt.)

Also … ist Lucy vom Baum gefallen oder nicht? Vielleicht. Vermutlich sogar. In vieler Hinsicht ist es das, worum es in diesem Buch geht: Wir haben hier diese unglaubliche Meisterleistung wissenschaftlicher Beweisführung, und trotzdem könnte das alles falsch sein. Sie können der Weltbeste auf Ihrem Gebiet sein, die beste Arbeit Ihrer gesamten Berufslaufbahn hinlegen, im renommiertesten Magazin der Welt eine bahnbrechende Studie veröffentlichen, in der Sie auf stupende Weise die neuesten Fortschritte in Paläontologie und Physik, Medizin und Computertechnik, Forensik und Geologie miteinander verquicken, um uns ein einzigartiges Fenster in eine Zeit vor Jahrmillionen zu öffnen … und laufen dennoch Gefahr, dass jemand des Wegs kommt und sagt: »Äääh, nö.«

Genau in dem Augenblick, in dem Sie denken, Sie haben alles auf der Reihe, genau dann schlägt das ewig lauernde Fuck-up-Schreckgespenst zu.

Denken Sie an Sigurd den Mächtigen.

1

Warum Ihr Gehirn ein Vollpfosten ist

Ungefähr 70 000 Jahre ist es her, dass menschliche Wesen angefangen haben, aller Welt die Suppe zu versalzen.

Damals nämlich schickten sich unsere Vorfahren an, Afrika zu verlassen, um sich auf dem ganzen Erdball breitzumachen – erst in Asien, später dann in Europa. Dass dies eine Menge Leute ziemlich unfroh machte, lag daran, dass unsere Art, *Homo sapiens*, seinerzeit nicht die einzige Menschenart auf dem Planeten war – ganz und gar nicht. Wie viele uns nahe verwandte Spezies es damals genau gegeben hat, wird gegenwärtig noch diskutiert. Aus Skelett- und/oder DNA-Fragmenten herauszukitzeln, was genau als eigene Art gelten kann, was als Unterart und was als ein bisschen seltsam geratenes Exemplar ein und derselben Art, ist ein trickreiches Geschäft. (Es ist auch eine ideale Möglichkeit, einen Streit vom Zaun zu brechen, sollten Sie je in einen Haufen Paläoanthropologen geraten und genügend Zeit zum Totschlagen haben.) Aber wie immer Sie sie auch klassifizieren, sicher ist, dass es damals wenigstens ein paar andere Arten von Menschen auf dem Planeten gab, die berühmteste darunter war wohl der *Homo neanderthalensis*, besser bekannt vielleicht unter dem Namen Neandertaler. Selbst mit einer früheren Auswanderungswelle aus Afrika herübergeschwappt, lebten die Neandertaler seit über 100 000 Jahren in weiten Teilen Europas und Asiens. Alles in allem lief es bei ihnen ganz gut.

Leider waren nur ein paar Zehntausend Jahre, nachdem unsere Vorfahren am Ort des Geschehens aufgekreuzt waren – in evolutionären Maßstäben nicht mehr als einen Wimpernschlag später –, die Neandertaler und all unsere anderen Verwandten vom Antlitz der Erde verschwunden. Ein Muster übrigens, das sich sehr bald als exemplarisch für den weiteren Verlauf der menschlichen Geschichte erweisen sollte: Sobald wir eintrudeln, ist es aus mit der Nachbarschaft. Binnen weniger Tausend Jahre nachdem die modernen Menschen in ihre Region gezogen waren, beginnen die Neandertaler in den fossilen Funden zu verschwinden, übrig blieben lediglich ein paar Geistergene, die noch immer in unserer DNA herumspuken. (Es ist unbestritten, dass es zwischen Neandertalern und den Eindringlingen, die sie verdrängen sollten, die eine oder andere Kreuzung gab. So Sie europäischer oder asiatischer Herkunft sind, besteht eine reelle Chance dafür, dass ein bis vier Prozent Ihrer DNA auf die Neandertaler zurückgehen.)

Warum und wie genau wir überlebt haben, während unsere Cousins auf den Schnellzug nach Nirgendwo gerieten, wird ebenfalls lebhaft diskutiert. Tatsächlich sind viele der wahrscheinlichsten Erklärungen Themen und Motive, denen wir in diesem Buch wieder und wieder begegnen werden. Vielleicht haben wir die Neandertaler versehentlich ausgelöscht, indem wir bei unserer Ankunft Krankheiten eingeschleppt haben, gegen die sie nicht resistent waren. (Ein großer Teil der Menschheitshistorie ist wirklich nichts weiter als eine Geschichte von Krankheiten, die wir uns auf unseren Reisen eingefangen und einander großzügig weitergegeben haben.) Vielleicht hatten wir auch das Glück, uns bei schwankenden Klimabedingungen besser anpassen zu können. Die Beweislage legt nahe, dass unsere Vorfahren in größeren sozialen Gruppen lebten und über ein sehr viel größeres Gebiet kommunizieren und Dinge untereinander austauschen konnten als die isolierteren, eher zurückgezogen lebenden Neandertaler, was bedeutet, dass sie auf mehr Ressourcen zugreifen konnten, wenn es zu einem Kälteeinbruch kam.

Oder vielleicht haben wir sie auch einfach umgebracht, weil, hey, dafür hatten wir schon immer was übrig.

Aller Wahrscheinlichkeit nach gibt es keine hübsch saubere Einzelerklärung, weil die Dinge normalerweise so nicht laufen. Aber viele der plausibelsten Erklärungen haben eine Sache gemeinsam – unser Gehirn und die Art und Weise, wie wir damit umgehen. Dabei ist es aber keinesfalls einfach so, dass wir schlau waren und sie dumm. Die Neandertaler entsprachen keineswegs dem Stereotyp des trampeligen Strohkopfs, als der sie so gerne gesehen werden. Ihr Gehirn war genauso groß wie unseres, sie stellten Werkzeuge her, konnten mit Feuer umgehen, schufen abstrakte Kunst und Schmuck, und dies Zehntausende Jahre, bevor *Homo sapiens* des Wegs kam und von Europa aus mit seiner Luxussanierung der Welt anfing. Aber die meisten plausiblen Evolutionsvorteile, die wir unseren Neandertaler-Cousins voraushatten, hingen mit unserem Denken zusammen – ob dies nun unsere Anpassungsfähigkeit betraf, unsere ausgefuchsteren Werkzeuge, unsere komplexeren Sozialstrukturen oder die Art und Weise, wie wir innerhalb unserer Gruppen und zwischen verschiedenen Gruppen kommunizierten.

An der Art und Weise, wie wir Menschen denken, ist etwas, das uns besonders macht. Ich meine, ist doch klar, oder? Es steht schon in unserem Artnamen: *Homo sapiens* – lateinisch für »weiser Mensch«. (Bescheidenheit, seien wir ehrlich, hat nie zu den charakteristischen Merkmalen unserer Art gehört.)

Und um unserem Ego gegenüber Fairness walten zu lassen: Das menschliche Gehirn ist in der Tat ein bemerkenswerter Apparat. Wir erkennen in unserer Umwelt Muster und leiten daraus wohlbegründete Vermutungen darüber ab, wie etwas funktioniert, erschaffen ein komplexes mentales Modell der Welt, das mehr einschließt als das, was wir mit unseren Augen sehen können. Anschließend können wir auf dieses mentale Modell zurückgreifen und unserer Fantasie freien Lauf lassen: Wir sind in der Lage, uns Veränderungen an der Welt auszumalen, die unser Dasein verbessern würden. Wir können diese Ideen unseren Mitmenschen kommunizieren, sodass andere sie ausbauen und Verbesserungen daran vornehmen können, auf die wir selbst nicht gekommen wären, und so Wissen und Erfindungen zu einem gemeinsamen Unterfangen machen, das von einer Generation zur nächsten weitergeführt wird. Danach können wir andere dazu bringen, im Dienste eines Plans, der zunächst allein in unserer Fantasie existiert hat, zusammenzuarbeiten und Durchbrüche zu erzielen, die keiner von uns allein zuwege gebracht hätte. Und dann wiederholen wir das viele, viele Male auf hunderttausenderlei verschiedene Weise, und was einst als wilde Innovation galt, wird zur Tradition, die ihrerseits zu neuen Innovationen Anlass gibt, bis Sie am Ende endlich etwas haben, das man als »Kultur« oder »Gesellschaft« bezeichnen würde.

Stellen Sie sich das Ganze so vor: Sie haben irgendwann gemerkt, dass runde Dinge einen Hügel besser hinunterrollen als unregelmäßig geformtes Gerümpel. Danach ging Ihnen auf, dass Sie von etwas Sperrigem mithilfe eines Werkzeugs Teile abmeißeln können, damit das Teil runder wird und den Hang besser hinabrollt. Drittens schließlich haben Sie Ihrem Freund Ihre neuen runden rollenden Dinge gezeigt, worauf der auf die Idee kam, vier von den Dingern zusammenzusetzen und einen Wagen zu bauen. Daraufhin lassen Sie viertens eine Fahrzeugflotte aus Zeremonienkutschen bauen, damit die Menschen die Herrlichkeit Ihrer gütigen gleichwohl gnadenlosen Herrschaft besser würdigen werden. Und im fünften Stadium donnern Sie zu einem Mixtape von Rockklassikern in einem Vauxhall Insignia die A10 entlang, während Sie einem LKW-Fahrer gestikulierend bedeuten, dass Sie ihn für einen Flachwichser halten.

(WICHTIG FÜR KÜMMELSPALTER: Es handelt sich hier um eine komplett ungenaue Beschreibung der Erfindung des Rades. Räder wurden tatsächlich im großen Lauf der Dinge überraschend spät erfunden, die Gesellschaft hat Jahrtausende fröhlich ohne sie vor sich hin gewurstelt. Das erste Rad, das der archäologischen Geschichtsschreibung zufolge vor ungefähr 5500 Jahren in Mesopotamien auf der Bildfläche erschien, wurde noch nicht einmal für den Transport genutzt, sondern diente als Töpferscheibe. Es scheint noch etliche Hundert weitere Jahre gedauert zu haben, bis jemand auf die glorreiche Idee verfiel, Töpferscheiben auf die Seite zu drehen und dazu zu benutzen, Zeug herumzurollen und damit jene Entwicklung anzustoßen, die letztlich mit dem Automagazin Top Gear ihren vorläufigen Höhepunkt erreichen sollte. Mit der Bitte um Vergebung an alle Radgelehrten, die an dem vorangegangenen Absatz möglicherweise Anstoß genommen haben, er diente allein der Veranschaulichung.)

Aber so bemerkenswert das menschliche Gehirn auf der einen Seite ist, so außerordentlich seltsam tickt es doch auch, und es neigt dazu, im unpassendsten Augenblick völlig danebenzuliegen. Wir treffen mit schöner Regelmäßigkeit falsche Entscheidungen, nehmen lächerliche Dinge für bare Münze, ignorieren offensichtliche Indizien direkt vor unserer Nase und versteigen uns zu Plänen, die absolut unlogisch sind.

Unser Verstand ist imstande, die Relativitätstheorie zu ersin-
nen, sich Konzerte und Städte auszudenken und in die Praxis
umzusetzen, und dennoch offenkundig unfähig, ohne fünf
endlose Minuten mühsamen Abwägens zu entscheiden, welche Sorte Chips wir kaufen wollen.

Wie hat unsere unvergleichliche Art zu denken es uns
ermöglicht, die Welt in unglaublicher Weise nach unseren
Wünschen zu formen, dabei gleichzeitig aber auch unablässig
die absolut schlimmstmöglichen Entscheidungen zu treffen,
obwohl völlig klar sein musste, um was für dämliche Ideen es
sich handelte? Kurz: Wie kann es sein, dass wir einen Mann
auf den Mond schicken und trotzdem *den* Text an unsere Ex?
All das hat damit zu tun, wie sich unser Gehirn im Laufe der
Evolution entwickelt hat.

Der Haken ist, dass die Evolution als Prozess nicht intel-
ligent ist – aber immerhin ist sie auf sehr beständige Weise
unintelligent. Alles, worauf es der Evolution ankommt, ist,
dass Sie den tausend möglichen schrecklichen Toden, die an
jeder Ecke auf Sie lauern, gerade lange genug entkommen,
um sicherzustellen, dass Ihre Gene es in die nächste Generation schaffen. Wenn Sie das hinbekommen, haben Sie es
gepackt. Wenn nicht, Pech gehabt. Das heißt aber, dass die
Evolution mit Weitblick nichts am Hut hat. Wenn irgendein
Merkmal Ihnen jetzt, in diesem Augenblick, einen Vorteil ver-
schafft, wird es selektiert – ohne Rücksicht darauf, dass es
womöglich dermaleinst Ihren Ur-Ur-Ur-Ur-Urgroßkindern
irgendetwas aufhalsen wird, das jämmerlich überkommen ist.
Genauso vergibt sie keine Punkte für Voraussicht – das Argument: »Oh, das mag für den Moment ein bisschen hinderlich
sein, aber in ein paar Jahrmillionen wird es sich für meine
Nachkommen als außerordentlich nützlich erweisen, glauben Sie mir«, macht nullkommanull Eindruck. Die Evolution

erzielt ihre Ergebnisse nicht, indem sie vorausplant, sondern indem sie einfach eine lächerlich große Anzahl hungriger, geiler Organismen auf eine gefährliche und gnadenlose Welt loslässt und schaut, wer als Letzter scheitert.

Das aber bedeutet, dass unsere Gehirne nicht das Ergebnis eines akribischen Designprozesses sind, der zum Ziel hatte, die bestmöglichen Denkapparate hervorzubringen, sondern vielmehr eine lose Ansammlung von Geniestreichs, Pfuschs und Spontanverknüpfungen, sogenannten »Mental Short-cuts«, so etwas wie das Pendant von Hyperlinks, die unsere frühen Vorfahren vielleicht 2 Prozent besser darin sein ließen, Nahrung zu finden, oder 3 Prozent darin, das Konzept zu vermitteln: »Oh, verdammt, pass lieber auf, das ist ein Löwe.«

Solche mentalen Abkürzungen (wir reden hier von Heuristiken menschlichen Handelns, wenn Sie ein Faible fürs Technische haben) sind absolut notwendig für unser Überleben, unsere Interaktion mit anderen und für das Lernen aus Erfahrungen: Sie können sich nicht hinsetzen und alles, was Sie brauchen, jedes Mal neu aus Grundprinzipien herleiten. Müssten wir, um vom Sonnenaufgang am Morgen nicht jedes Mal zu Tode erschreckt zu werden, stets das kognitive Äquivalent einer kontrollierten, randomisierten Großstudie durchführen, wären wir als Art nicht übermäßig weit gekommen. Es macht sehr viel mehr Sinn für Ihr Gehirn, beiläufig zu registrieren: »Oh, ja, die Sonne geht auf«, nachdem es dies ein paarmal wahrgenommen hat. Genauso ist es, wenn Jeff Ihnen erzählt, dass ihm von den violetten Beeren an dem Busch da drüben kotzübel geworden sei, vermutlich am besten, ihm zu glauben und es nicht erst selbst zu probieren.

Aber genau da fangen auch die Probleme an. So nützlich diese mentalen Shortcuts (wie alle Abkürzungen) sind, manchmal führen sie uns auf die falsche Fährte. Und für eine Welt, in der die Themen, mit denen wir uns zu befassen haben, um ein Gehöriges komplizierter sind als die Frage: »Soll ich von den violetten Beeren essen oder nicht?«, liegen sie *sehr oft* daneben. Unverblümt gesagt: Einen Großteil der Zeit benimmt sich Ihr Gehirn (und mein Gehirn, ja eigentlich so ziemlich das Gehirn eines jeden) wie ein ausgemachter Vollpfosten.

Als Einstieg wäre da die Fähigkeit, Muster zu erkennen. Das Problem dabei ist, dass unsere Gehirne derart darauf abfahren, Muster zu erkennen, dass sie anfangen, sie überall zu sehen – auch wenn es gar keine gibt. Das ist kein gravierendes Problem, wenn es nur so etwas bedeutet, wie auf die Sterne des Nachthimmels zu deuten und zu sagen: »Oh, sieh nur, da ist der Fuchs, der ein Lama jagt.« Aber wenn das imaginäre Muster, das Sie erkennen, etwas ist wie »die meisten Verbrechen werden von Angehörigen einer bestimmten ethnischen Gruppe begangen«, ist es … na ja, ein echt großes Problem.

Es gibt eine ganze Reihe Namen für diese Sorte von fehlerhafter Mustererkennung – Sachen wie »Scheinkorrelation« und »Clustering-Illusion«. Während des Zweiten Weltkriegs gelangten viele Menschen in London zu der Überzeugung, dass die deutschen Marschflugkörper und Raketen (die V2 war für sich genommen eine bereits ziemlich furchterregende neue technische Entwicklung) in gezielten Häufungen (engl. *cluster*) auf die Stadt herabregneten – was die Londoner dazu veranlasste, in mutmaßlich sichereren Stadtteilen Zuflucht zu suchen oder zu argwöhnen, dass in irgendwelchen scheinbar verschonten Stadtteilen deutsche Spione beheimatet sein müssten. Das war immerhin so beunruhigend, dass die britische Regierung einen Statistiker namens R. D. Clarke damit beauftragte zu überprüfen, ob das alles der Wahrheit entsprach.

Sein Fazit? Die »Cluster« waren nichts weiter als Streiche, wie sie unser Verstand uns gerne spielt, substanzlose, spukende Geister der Mustererkennung. Die Deutschen hatten mitnichten einen dramatischen Durchbruch in der Lenkflugkörpertechnologie erzielt, und der Stadtteil Clerkenwell war keine Brutstätte für Geheimagenten der Wehrmacht. Die todbringenden »Wunderwaffen« waren in Wirklichkeit völlig wahllos grob Richtung Stadt abgefeuert worden. Die Leute hatten die Muster nur gesehen, weil es das ist, was unsere Gehirne tun.

Selbst hochqualifizierte Profis können dieser Art von Illusion aufsitzen. So werden Ihnen jede Menge Menschen, die im Gesundheitswesen arbeiten, felsenfest versichern, dass Vollmond unweigerlich eine Höllennacht in der Notfallambulanz bedeutet – einen Tsunami an Patienten mit bizarrsten Verletzungen und irrem Benehmen. Das einzige Problem ist, dass es Untersuchungen gibt, die das genauer betrachtet haben, und soweit man es beurteilen kann, ist an diesem Eindruck nichts dran: Es gibt keine Korrelation zwischen den Mondphasen und dem Betrieb in Notfallpraxen. Und dennoch wird ein Haufen begabter, erfahrener Fachleute blind schwören, dass es diese Korrelation gibt.

Warum? Nun, so eine Überzeugung fällt nicht vom Himmel. Die Vorstellung, dass der Mond die Menschen kirre macht, geistert seit Jahrhunderten herum. Man denke an den Begriff »mondsüchtig« oder an die Werwolf-Mythologie. (Vielleicht hängt es zum Teil mit der vermeintlichen Korrelation zwischen den Mondphasen und dem Menstruationszyklus der Frauen zusammen.) Und das Ding ist, dass an dem Ganzen einst mehr oder weniger etwas dran gewesen sein könnte! Vor der Erfindung der künstlichen Beleuchtung – insbesondere der Straßenbeleuchtung – hatte das Mondlicht sehr viel größeren Einfluss auf das Leben der Menschen. Eine Theorie mutmaßt, dass Menschen, die unter freiem Himmel schliefen, durch den Vollmond wachgehalten wurden und die Schlaflosigkeit vorhandene psychische Probleme verstärkt hat. (Weil ich Theorien mag, in denen es um Bier geht, stehe ich persönlich auf eine alternative Erklärung: Die Menschen haben vermutlich mehr getrunken an Abenden, an denen sie wussten, dass sie ihren Heimweg auch spät in der Nacht noch würden sehen können und damit weniger Gefahr liefen, sich zu verirren, ausgeraubt zu werden oder zu stolpern und in einem Graben ihr Leben auszuhauchen.)

Woher auch immer sie stammt, es handelt sich um eine fixe Idee, die seit langer, langer Zeit in unserer Kultur verankert ist. Und sobald Ihnen irgendwer erzählt hat, dass Vollmond irre Zeiten bedeutet, ist es mit einem Mal sehr viel wahrscheinlicher, dass Sie sich an all die Male erinnern, an denen dies zutraf – und die Male vergessen, an denen es nicht so war. Ohne es gewollt zu haben, hat Ihr Gehirn so aus Zufallsereignissen ein Muster konstruiert.

Und wieder sind die Ursache jene mentalen Hyperlinks, die unser Gehirn einsetzt. Zwei der Hauptstolpersteine sind der »Ankereffekt« und die »Verfügbarkeitsheuristik«, und beide haben das Zeug, uns endlos in die Bredouille zu bringen.

Anker in diesem Zusammenhang bedeutet, dass Sie, wenn Sie irgendetwas entscheiden müssen – vor allem, wenn Sie diesbezüglich nicht viele Fakten in der Hand haben –, überdurchschnittlich stark durch das erstbeste Stückchen an Information beeinflusst werden, das Ihnen zu Ohren kommt. Stellen Sie sich zum Beispiel vor, man forderte Sie auf zu schätzen, was irgendetwas kostet, und dies in einer Situation, in der es unwahrscheinlich ist, dass Sie über das Wissen verfügen, ein wohlbegründetes Urteil abzugeben – beispielsweise

über ein Haus, von dem man Ihnen ein Bild zeigt. (Anmer-
kung für alle Angehörigen der Generation Y: Häuser sind jene
großen Dinger aus Ziegelsteinen, die ihr euch nie werdet leisten können.) Ohne irgendeinen weiteren Anhaltspunkt würden Sie vielleicht das Bild anschauen, kurz registrieren, wie
schick es aussieht, und dann wild ins Blaue raten. Aber Ihr
Tipp lässt sich dramatisch verbiegen, indem man Ihnen zu
Anfang mit einer Fantasiezahl vor der Nase herumwedelt –
beispielsweise eingepackt in eine Frage wie: »Glauben Sie,
dass dieses Haus mehr oder weniger als 400 000 Euro wert
ist?« An diesem Punkt ist es wichtig, sich klarzumachen, dass
diese Frage Ihnen in Wirklichkeit keinerlei verwertbare Informationen an die Hand gegeben hat (nicht so, als hätte man
Ihnen zum Beispiel gesagt, andere Häuser dieser Art seien
kürzlich für ebenjenen Betrag verkauft worden). Und doch
schätzen Leute, bei denen man zuvor beiläufig den Betrag
600 000 Pfund erwähnt hat, den Wert des Hauses im Durchschnitt sehr viel höher als jemand, dem gegenüber man die
Summe von 200 000 Pfund genannt hat. Obwohl die voran-
gegangene Frage also keinerlei informativen Wert hat, beeinflusst sie dennoch Ihr Urteil, weil man Ihnen einen »Anker«
geliefert hat – Ihr Gehirn greift auf ihn als Ausgangspunkt für
seine Schätzung zurück und tastet sich von dort voran.

Wir tun das bis zu einem geradezu lächerlichen Grad: Der
Informationsfitzel, den wir als Anker verwenden, kann so
offenkundig unnütz sein wie eine per Zufallsgenerator kre-
ierte Zahl, aber unser Gehirn wird sich trotzdem dranhängen
und unsere Entscheidungen in diese Richtung drehen. Das
kann regelrecht besorgniserregend werden. In seinem Buch
Schnelles Denken, langsames Denken führt Daniel Kahneman
als Beispiel ein Experiment an, das im Jahr 2006 in Deutschland an einer Gruppe sehr erfahrener Richter durchgeführt

wurde. Man legte den Probanden die Einzelheiten eines Gerichtsverfahrens gegen eine Frau vor, die des Ladendiebstahls für schuldig befunden worden war. Dann bat man sie, zwei Würfel zu werfen, die (was die Versuchspersonen nicht wussten) so gezinkt waren, dass sie grundsätzlich nur eine Gesamtsumme von 3 oder 9 ergaben. Anschließend fragte man sie, ob die Frau zu mehr oder weniger Monaten Freiheitsstrafe verurteilt werden sollte, als die Würfel gezeigt hatten, und forderte sie zum Schluss auf, eine Empfehlung für die Dauer der Strafe zu geben.

Sie erraten das Ergebnis vermutlich gleich: Die Richter, die die höhere Zahl gewürfelt hatten, verurteilten sie zu einer weit längeren Gefängnisstrafe als diejenigen mit der geringen Augenzahl. Im Durchschnitt hätte die Frau dank des Würfelns drei Monate länger hinter Gitter gemusst. Das ist alles andere als beruhigend.

Die zweite Sackgasse namens Verfügbarkeit hingegen bedeutet, dass Sie Ermessensentscheidungen auf der Basis der Information fällen, welcher Art auch immer sie sei, die Ihnen am ehesten in den Sinn kommt, statt sorgsam alle möglichen Informationen abzuwägen, die Ihnen potenziell zur Verfügung stünden. Und das bedeutet, dass wir massiv dazu tendieren, unsere Weltsicht auf Dinge zu stützen, die erst vor Kurzem geschehen oder solche, die besonders dramatisch und denkwürdig sind, wohingegen das ganze banale alltägliche Zeug, das vermutlich ein weit zutreffenderes Abbild der Alltagswirklichkeit böte, sozusagen … verblasst.

Deshalb lassen uns Sensationsstorys in den Nachrichten über schreckliche Verbrechen glauben, dass die Kriminalitätsrate weit höher sei, als dies in Wirklichkeit der Fall ist, während dröge Geschichten über sinkende Kriminalitätsraten auch nicht annähernd denselben Einfluss in die andere Richtung haben. Es ist einer der Gründe dafür, dass viele Leute mehr Angst vor einem (sehr seltenen dramatischen) Flugzeugabsturz haben als vor einem Autounfall (sehr viel häufiger und schon allein infolgedessen ein bisschen weniger aufregend). Und es ist der Grund dafür, dass Terrorismus augenblicklich bei Öffentlichkeit und Politikern gleichermaßen reflexartige Spontanreaktionen hervorzurufen vermag, während weit tödlichere, aber auch weniger spektakuläre Gefahren für Leib und Leben ignoriert werden. In dem Jahrzehnt zwischen 2007 und 2017 kamen in den Vereinigten Staaten mehr Menschen durch Rasenmäher ums Leben als durch Terroranschläge, aber der offizielle Aufruf der amerikanischen Regierung zum Krieg gegen Rasenmäher steht, da ich dies schreibe, definitiv noch aus. (Obwohl, wenn wir ehrlich sind, in Anbetracht der jüngsten Ereignisse kann man nicht ausschließen, dass es bald dazu kommt.)

Im Zusammenwirken sind Ankereffekt und Verfügbarkeitsheuristik beide wirklich hilfreich, wenn es darum geht, in Krisenmomenten Spontanentscheidungen zu fällen oder all jene kleinen alltäglichen Fürs und Widers abzuhaken, die wenig folgenreich sind. Aber wenn Sie eine begründete Entscheidung möchten, die aller Komplexität der modernen Welt Rechnung trägt, können sie zu einem ziemlichen Albtraum geraten. Ihr Gehirn wird unablässig versuchen, sich in seine beweistechnische Komfortzone zurückzuziehen und Ihnen nur das zugänglich zu machen, was Sie zuerst gehört haben oder was Ihnen als Erstes in den Sinn kommt.

Beide sind auch mitverantwortlich dafür, dass wir so katastrophale Versager sind, wenn es darum geht, Risiken einzuschätzen und richtig vorherzusagen, welche der zahllosen Optionen, die uns zur Verfügung stehen, am wenigsten sicher zu einer Katastrophe führen werden. Wir haben im Prinzip zwei getrennte Systeme in unserem Kopf, die uns helfen, die Gefahren von etwas einzuschätzen. Das rasche, instinktive und das langsame, abwägende. Die Schwierigkeiten fangen da an, wo sich die beiden überlappen. Ein Teil Ihres Gehirns erklärt ruhig und gelassen: »Ich habe alle Hinweise analysiert, und es hat sich herausgestellt, dass Option 1 die riskanteste Alternative ist«, während ein anderer Teil Ihres Gehirns lauthals schreit: »Ja, aber Option 2 KOMMT MIR SO GRUSELIG VOR.«

Klar, mögen Sie jetzt denken, aber zum Glück sind wir schlau genug. Wir können unser Gehirn zwingen, aus der Komfortzone herauszukommen oder nicht? Wir können diese instinktive Stimme ignorieren und die besonnenere verstärken und so unsere Situation objektiv abwägen, stimmt doch? Leider lässt das den Bestätigungsfehler außer Betracht.

Schon bevor ich anfing, mich für dieses Buch schlauzumachen, hielt ich den Bestätigungsfehler für ein großes Problem, und alles, was ich seither gelesen habe, hat mich davon überzeugt, dass ich recht habe … Und genau das ist das Problem: Unser Gehirn hasst es festzustellen, dass es sich geirrt hat. Der Bestätigungsfehler beschreibt unsere ärgerliche Angewohnheit, uns wie ein lasergelenktes Geschoss auf jedes Fetzchen Information zu stürzen, das bestätigt, was wir ohnehin schon glauben, und fröhlich die möglicherweise viel, viel größeren Berge an Beweisen zu ignorieren, die nahelegen, dass wir komplett auf dem Holzweg sind. In seiner harmlosesten Form hilft dies erklären, warum wir unsere Nachrichten am liebsten aus einer Quelle beziehen, die mit unseren politischen Ansichten im Großen und Ganzen übereinstimmt. In einer schlimmeren Ausgabe ist es der Grund dafür, dass Sie einem Verschwörungstheoretiker seine Überzeugungen nicht ausreden können, weil er wie wir alle von Natur aus Rosinenpickerei betreiben wird in Bezug auf Ereignisse, die seine Version der Realität stützen, und solche verwerfen wird, die das nicht tun.

Auch das ist in mancherlei Weise recht hilfreich. Die Welt ist kompliziert und unordentlich und offenbart uns ihre Regeln nicht in Gestalt hübscher, leicht verständlicher PowerPoint-Präsentationen mit säuberlich gelisteten Aufzählungspunkten. Sich irgendein mentales Modell von der Welt zu schaffen, bedeutet nutzlose Informationen über Bord zu werfen und sich auf die wichtigen Belege zu stützen. Es ist nur so, dass das Herausfinden, welche Information die ist, auf die zu achten sich lohnt, einer Art kognitivem Glücksspiel gleicht.

Es kommt aber noch schlimmer. Die Abneigung unseres Gehirns gegen die Vorstellung, es könne Mist gebaut haben, reicht tiefer. Sie denken vielleicht, dass wir, wenn wir eine Entscheidung getroffen, entsprechend gehandelt und *mit eigenen Augen gesehen haben, dass die Sache furchtbar aus dem Ruder läuft*, wenigstens danach ein bisschen gewiefter darin werden, uns umzuentscheiden, unsere Meinung zu revidieren …. Guter Witz, nein. Da gibt es eine Sache namens »Choice-supportive Bias« oder »Post-purchase Rationalisation« (zu Deutsch etwa: »entscheidungsrechtfertigende Voreingenommenheit«), mit der im Prinzip nichts anderes gemeint ist als dass wir, sobald wir uns für eine bestimmte Handlungsweise entschieden haben, an der Vorstellung, dass diese Entscheidung die richtige war, festhalten wie ein schiffbrüchiger Matrose an einer Holzplanke. Wir spielen sogar unsere Erinnerungen daran, wie und warum wir zu dieser Entscheidung gelangt sind, wieder und wieder neu ab und versuchen uns dadurch selbst den Rücken zu stärken und uns zu vergewissern. In seiner leichtesten Form ist dieses Phänomen der Grund dafür, warum Sie nach dem Erwerb eines

neuen Paars Schuhe schmerzgequält durch die Gegend hum-
peln und jedermann überzeugt erklären, dass sie Sie »STARK
und doch CHARMANT« aussehen lassen. In seiner schlimmeren Ausgabe ist es der Grund dafür, dass Regierungsange-
hörige unbeirrt weiter darauf bestehen, dass bei den Verhand-
lungen alles prima läuft, obwohl für jedermann zunehmend
deutlich wird, dass in der betreffenden Angelegenheit heftigst
die Kacke am Dampfen ist. Die Entscheidung ist gefallen, also
muss sie richtig sein, schließlich haben wir sie getroffen.

Es gibt sogar Belege dafür, dass unter gewissen Umständen
der Versuch, jemandem zu sagen, dass er sich irrt – auch wenn
Sie dem Betreffenden mit aller Geduld schlagende Beweise
vorlegen, die eindeutig zeigen, warum dem so ist –, bewirken
kann, dass er sich nur umso mehr in seine falsche Vorstellung
verbeißt. Unter dem Eindruck dessen, was er als Gegenwind
empfindet, legt er sich doppelt ins Zeug und verankert seine
Überzeugungen nur umso fester. Aus diesem Grund wird
Ihre Auseinandersetzung mit Ihrem rassistischen Onkel auf
Facebook oder Ihre Entscheidung, Journalist zu werden, ein
letzten Endes zum Scheitern verdammtes Unterfangen sein,
das Sie verzweifeln lassen und alle anderen wütend auf Sie
machen wird.

Nichts von alledem bedeutet, dass Menschen grundsätzlich
nicht imstande sind, kluge und wohlbegründete Entscheidungen zu treffen: Klar können sie das. Ich meine, Sie lesen
schließlich dieses Buch. Glückwunsch, Sie unübertreffliches
Entscheidergenie! Es ist nur so, dass uns unser Gehirn oft
eine bemerkenswert große Zahl an Hindernissen in den Weg
legt und dabei die ganze Zeit glaubt, dass diese hilfreich seien.

Natürlich kann es, wenn wir schon so unbegabt darin sind,
Entscheidungen für uns selbst zu treffen, um einiges schlimmer kommen, wenn wir Entscheidungen unter dem Einfluss

anderer zu treffen haben. Wir sind ein soziales Tier, und wir mögen das Gefühl, derjenige zu sein, der in einer Gruppe aus der Reihe tanzt, wiiiiirklich gar nicht. Weshalb wir bei dem Versuch, uns anzupassen, häufig gegen alles bessere Wissen handeln.

Genau deshalb haben wir das sogenannte Gruppendenken – das Phänomen, dass sich in einer Gruppe in der Regel die dominante Idee durchsetzt, Einspruch abgewiesen oder nie geäußert wird dank des obwaltenden Gruppendrucks, der uns abhält, derjenige sein zu wollen, der sagt: »Äh, ich bin nicht sicher, ob das eine gute Idee ist!« Es ist auch der Grund dafür, dass wir mit solcher Leidenschaft zum Mitläufer werden: Allein andere Menschen dabei zu erleben, dass sie etwas Bestimmtes tun oder glauben, verstärkt unser Bedürfnis, es ihnen gleichzutun, Teil der Menge zu werden. Wenn Ihre Mutter Sie früher als Kind fragte: »Oh, und wenn die anderen Kinder von einer Brücke springen, würdest du das auch tun?«, hätte die ehrliche Antwort gelautet: »Eigentlich stehen die Chancen dafür ziemlich gut, aber hallo.«

Und schließlich ist da noch die Tatsache, dass wir uns – offen gesagt – für ziemlich toll halten, wenn wir das genau genommen nicht sind. Nennen Sie es Größenwahn, nennen Sie es Arroganz, nennen Sie es ein bisschen schwachsinnig: Die Forschung zeigt, dass wir unsere eigenen Kompetenzen mächtig überschätzen. Wenn Sie eine Gruppe Schüler auffordern vorherzusagen, wo sie im Klassenschnitt wohl abschneiden werden, überschätzt die überwältigende Mehrheit sich selbst um 20 Prozent. Kaum einer wird sagen: »Oh ja, ich liege vermutlich unter dem Durchschnitt.« (Die häufigste Antwort lautet: »Nicht zu den besten 10 Prozent, aber noch unter den besten 20 Prozent«, so was wie das mit großer Geste bestellte zweitbilligste Glas Wein.)

Dann wäre da noch ein wohlbekanntes kognitives Problem namens Dunning-Kruger-Effekt, das außer dass es nach einem hervorragenden Namen für eine Prog-Rock-Band aus den 1970ern klingt, auch der Schutzheilige dieses Buches sein könnte. Erstmals beschrieben von den beiden Psychologen David Dunning und Justin Kruger in ihrem Artikel »Unskilled and Unaware of It: How Difficulties in Recognizing One's Own Incompetence Lead to Inflated Self-Assessments« (Zu Deutsch etwa: »Inkompetent und ahnungslos: Wie die Schwierigkeit, die eigene Inkompetenz zu erkennen, zu übertriebener Selbsteinschätzung führt.«), liefert er Belege für ein Phänomen, das jeder von uns aus dem eigenen Leben kennt. Leute, die irgendetwas besonders gut können, tendieren dazu, ihre eigenen Fähigkeiten bescheiden zu beurteilen, wohingegen Leute ohne besondere Fähigkeiten oder Talente ihre eigene Kompetenz gerne mal drastisch überschätzen. Wir wissen buchstäblich nicht genug über unsere Unzulänglichkeiten, um zu raffen, wie umfassend sie sind. Und so murksen wir weiter herum, komplett vermessen und in seligem Optimismus betreffs dessen, was immer es ist, das da gerade furchtbar, furchtbar schiefläuft. (Wie der Rest dieses Buchs zeigen wird, haben »Zuversicht« und »Optimismus« von allen Fehlern, die unser Gehirn macht, das Zeug dazu, die allerschlimmsten zu sein.)

All diese kognitiven Fehlleistungen, hübsch aufeinandergestapelt zu einer Gesellschaft, bringen uns dazu, dieselben Fehler immer und immer wieder zu machen. Im Folgenden nur ein paar davon: Sehen Sie das für den Rest dieses Buchs als eine Art Leitfaden für Detektive.

Für den Anfang: Unser Bedürfnis, die Welt zu verstehen und Muster darin auszumachen, bedeutet, dass wir einen ziemlich großen Teil unserer Zeit damit zubringen, uns selbst davon zu überzeugen, dass die Welt in einer bestimmten Weise funktioniert, obwohl sie in Wirklichkeit absolut nicht so gestrickt ist. Das kann alles umfassen, vom kleinen persönlichen Alltagsaberglauben bis hin zu komplett unzutreffenden wissenschaftlichen Theorien, und erklärt, warum wir so bereitwillig auf Propaganda und »Fake News« hereinfallen. Richtig los geht der Spaß erst, wenn jemand es fertigbekommt, einen Haufen anderer Leute davon zu überzeugen, dass seine Lieblingstheorie über das Wirken der Welt die einzig richtige ist, und damit sind wir bei Religionen, Ideologien und all den anderen großen Ideen, die den Verlauf der menschlichen Geschichte so überaus unterhaltsam gestaltet haben.

Menschen sind außerdem extrem schlecht auf den Gebieten Risikobewertung und Vorausplanung. Das liegt zum Teil daran, dass die Kunst des Vorhersagens notorisch schwierig ist, vor allem, wenn Sie versuchen, Prognosen über ein hochkomplexes System wie das Wetter, Finanzmärkte oder die menschliche Gesellschaft abzugeben. Aber auch daran, dass wir, sobald wir uns ein mögliches Zukunftsszenario zurechtgelegt haben, das uns irgendwie gefällt (oftmals, weil es sich mit unseren vorgefassten Überzeugungen bestens verträgt), fröhlich alle zuwiderlaufenden Indizien ignorieren und uns weigern werden, irgendwem zuzuhören, der uns weismachen will, dass wir womöglich falschliegen.

Zu den Haupttriebfedern für diesen Wunschdenken-Ansatz beim Planen gehören – wie könnte es anders sein? – natürlich Neid und Missgunst. Die Aussicht auf schnellen Reichtum ist etwas, das Menschen unter Garantie den letzten Rest Verstand verlieren lässt – es hat sich gezeigt, dass unsere Fähigkeit zur Kosten-Nutzen-Analyse massiv abnimmt, sobald der Reiz des Gewinns zu groß wird. Menschen werden für die (häufig nur eingebildete) Verheißung auf schnellen Reichtum nicht nur

Meere überqueren und Berge bezwingen, wir werden dabei auch munter alle Begriffe von Anstand und Moral über Bord werfen.

Neid und Selbstsucht spielen auch bei einem anderen häufigen Fehlverhalten eine Rolle: Allzu oft nämlich ruinieren wir kollektiv die Dinge so, dass sie für alle hinüber sind, weil jeder Einzelne versucht, den bestmöglichen Vorteil für sich selbst herauszuschlagen. In den Sozialwissenschaften läuft diese Sorte Bockmist unter Begriffen wie »soziales Dilemma« oder »Tragik der Allmende«, die im Prinzip für die Konstellation stehen, dass in einer Gruppe alle etwas tun, was für sich genommen auf kurze Sicht völlig in Ordnung wäre, aber wenn alle anderen es auch tun, auf lange Sicht einen Riesenschaden anrichtet. Häufig besteht dieser Schaden darin, dass wir eine gemeinsame Ressource zugrunde richten, indem wir sie zu sehr beanspruchen – beispielsweise ein Gewässer so heftig befischen, dass sich die Bestände nicht regenerieren können. Es gibt in den Wirtschaftswissenschaften außerdem ein verwandtes Konzept namens »negativer externer Effekt« – es beschreibt ein Geschäft, bei dem beide Parteien gut wegkommen, das aber trotzdem einen Preis hat, der andernorts bezahlt wird, das heißt von jemandem, der an dem Geschäft überhaupt nicht beteiligt war. Umweltverschmutzung ist ein klassisches Beispiel dafür: Wenn Sie etwas in einer Fabrik Gefertigtes erstehen, ist dies durchaus ein Gewinn für Sie und den Hersteller, unter Umständen aber ein Verlustgeschäft für die Menschen, die da leben, wo die Fabrik ihre toxischen Abwässer in den Fluss leitet.

Diese Kategorie von eng miteinander verwandten Fehlern steht hinter einem enorm großen Anteil an menschlichen Fehlleistungen – sie betrifft Systeme wie den Kapitalismus genauso wie den Betrieb von Genossenschaften und Themen, so gigantisch wie den Klimawandel oder so trivial wie das Aufteilen einer Rechnung beim Restaurantbesuch. Wir wissen, dass es für jeden eine blöde Idee ist, den eigenen Anteil am Verzehr herunterzuspielen, aber wenn alle es tun, wollen wir nicht am Ende die Dummen sein. Also zucken wir mit den Schultern und sagen: »Tut mir leid, Kumpels, nicht mein Problem.«

Ein weiterer, extrem häufiger Fehler unsererseits besteht in unserer Vorliebe für Vorurteile – darin, die Welt in »wir« und »die anderen« einzuteilen und sehr rasch dahin zu gelangen, über »die anderen« das denkbar Schlimmste zu denken, wer immer das im Einzelfall auch sein mag. Hier kommen alle unsere kognitiven Verzerrungsfehler zusammen und feiern ein Riesenfest der Bigotterie: Anhand von Mustern, die möglicherweise gar nicht existieren, teilen wir die Welt auf, wir treffen Augenblicksentscheidungen auf der Basis dessen, was uns als Erstes in den Sinn kommt, betreiben Rosinenpickerei an der Beweislage und bestärken so unsere Sicht der Dinge, wir versuchen verzweifelt, uns Gruppen anzupassen, und glauben ohne ersichtlich guten Grund zuversichtlich an unsere eigene Überlegenheit.

(Das spiegelt sich in diesem Buch in mehr als einer Weise: Zwar handelt es sich hier um eine Chronik menschlicher Fehlschläge, aber mit wenigen Ausnahmen ist es in Wirklichkeit eine Chronik der männlichen Fehlschläge, und zwar in den allermeisten Fällen der Fuck-ups weißer Männer. Das hat natürlich auch damit zu tun, dass sie oft die Einzigen waren, die überhaupt Gelegenheit bekamen zu scheitern. Grundsätzlich ist es kein guter Zug von Geschichtsbüchern, wenn sie sich nahezu ausschließlich auf die Missetaten alter weißer Männer beschränken, aber in Anbetracht des Schwerpunkts bei dem hier hat es, glaube ich, vermutlich schon seine Richtigkeit.)

Und schließlich bedeutet unser Wunsch, mit der Menge zu segeln, dass wir extrem anfällig sind für Spleens, Fimmel und irrlichternde Wahnideen aller Couleur – kurze flammende Obsessionen, die die Gesellschaft packen und alle Vernunft über Bord gehen lassen. Sie können vielerlei Formen annehmen: Manche können rein physischer Natur sein wie jene unerklärlichen Anfälle von Tanzwut, von denen Europa im Mittelalter fast vierhundert Jahre hindurch immer wieder heimgesucht wurde: Hunderte, manchmal Tausende Menschen wurden von einem plötzlichen, unwiderstehlichen Drang zu tanzen gepackt und tanzten sich nicht selten zu Tode.

Andere manische Ausnahmezustände betreffen unsere Finanzen, toben da, wo unser Verlangen nach Geld sich paart mit unserem eifrigen Streben dazuzugehören, und bringen uns dazu, willig die Anweisungen jedes der jüngsten Schnellreich-werden-Rezepte zu glauben, das soeben die Runde macht. (In London herrschte in den 1720er-Jahren ein derart irrwitziges Interesse am Investieren in der Südsee, dass ein paar Glücksritter es fertigbekamen, Anteile an einer Firma zu verkaufen, die »ein Unterfangen von großem Nutzen durchführt, von dem niemand wissen darf, was es ist«.) So entstehen Finanzblasen – Situationen, in denen der vermeintliche Wert von etwas dessen tatsächlichen Wert maßlos übersteigt. Die Leute fangen an, nicht deshalb in die Sache zu investieren, weil sie annehmen, das Projekt habe einen immanenten Wert, sondern nur weil sie, sobald genügend andere Leute glauben, es sei irgendetwas wert, auch auf diese Weise Geld verdienen können. Natürlich grätscht ihnen irgendwann die Wirklichkeit dazwischen, verlieren eine Menge Leute eine Menge Kohle, und manchmal geht ein ganzes Gemeinwesen den Bach hinunter.

Eine wieder andere Form von Besessenheit sind Massenpaniken, gegründet oftmals auf Gerüchten, die mit unseren
Ängsten spielen. Sie sind der Grund dafür, dass in so gut
wie jeder Kultur auf der Erde an irgendeinem Punkt der
Geschichte Hexenjagden der einen oder anderen Art vorgekommen sind (in Europa verloren vom 16. bis 18. Jahrhundert schätzungsweise 50 000 Menschen durch die damals
tobenden Hexenverfolgungen ihr Leben).

Es sind dies nur einige wenige Beispiele von Fehlern, die
uns mit ermüdender Regelmäßigkeit im Laufe der Geschichte
der menschlichen Zivilisation immer wieder unterlaufen sind.
Aber bevor wir sie machen konnten, mussten wir die Zivilisation natürlich erst einmal erfinden.

Fünf der sonderbarsten Manien der Menschheitsgeschichte

Tanzwut

Zwischen dem 13. und dem 16. Jahrhundert waren in großen Teilen Europas unerklärliche, unkontrollierbare Ausbrüche von kollektiver Tanzwut mit manchmal Tausenden von Menschen gang und gäbe. Niemand weiß genau, warum.

Brunnenvergiftung

Ungefähr um dieselbe Zeit waren auch Massenpaniken aufgrund falscher Gerüchte über vergiftete Brunnen an der Tagesordnung – meist wurde Juden die Schuld dafür zugeschoben. Manche dieser Paniken endeten in Tumulten und dem Anzünden von Häusern jüdischer Mitbürger.

Penisdiebstahl

Panikausbrüche wegen angeblich böser Mächte, die es auf die Penisse der Männer abgesehen hätten und diese stehlen oder schrumpfen lassen würden, gibt es auf der ganzen Welt – im mittelalterlichen Europa wurde die Schuld Hexen zugeschoben, in Asien vergiftetem Essen und in Afrika bösen Zauberern.

Lachepidemien

Seit den 1960er-Jahren wird in vielen afrikanischen Schulen immer wieder von Lachepidemien berichtet – ein besonders berühmter Fall war die Tanganjika-Lachepidemie von 1962, die anderthalb Jahre dauerte und dazu führte, dass vorübergehend ganze Schulen geschlossen werden mussten.

Die Rote Angst

In den 1940er- und 1950er-Jahren wurden die USA von einer klassischen »Moralpanik« ergriffen, einer antikommunistischen Hysteriewoge, ausgelöst durch Medien und populistische Politiker, die die Mär verbreiteten, kommunistische Agenten hätten alle Teile der amerikanischen Gesellschaft infiltriert.

2

Hübsche Gegend hier

Vor ungefähr 13 000 Jahren begannen die Menschen in einem Teil des Fruchtbaren Halbmonds – im alten Mesopotamien – mit einem Mal, die Dinge ganz anders zu handhaben als bisher. Sie erlebten, wie man heute sagen würde, eine »fundamentale Lifestyle-Änderung«, und in ihrem Falle bedeutete das weit mehr als Low-Carb-Diät und einen Vertrag bei einem Fitnessstudio. Anstelle des althergebrachten Ansatzes bei der Nahrungsbeschaffung – sprich: loszuziehen und danach zu suchen – verfielen sie auf den eleganten Trick, die Nahrung in ihre Reichweite zu holen. Sie begannen Nutzpflanzen anzubauen.

Die Einführung des Ackerbaus machte es nicht nur einfacher, sich ein Mittagessen zu besorgen, es sollte die Gesellschaft als Ganzes komplett umkrempeln und die natürliche Welt um die Menschheit herum tiefgreifend verändern. Vor der Einführung des Ackerbaus bestand der Normalfall darin, dass Gruppen von Menschen mit den Jahreszeiten umherzogen und der Nahrung dorthin folgten, wo sie gerade zu finden war. Sobald Sie aber einen Acker mit Reis oder Weizen angebaut haben, bleibt Ihnen nichts anderes übrig, als sich in der Nähe aufzuhalten, um danach zu sehen. Und schon haben Sie dauerhafte Siedlungen, Dörfer und einige Zeit später auch Städte. Und natürlich den ganzen Kram, der damit zusammenhängt.

Der Ackerbau war eine derart tolle Idee, dass er innerhalb weniger Jahrtausende auf verschiedenen Kontinenten an x verschiedenen Orten mehr oder weniger zugleich entstand – auf jeden Fall in Mesopotamien, Indien, China, Mittelamerika und Südamerika. Allerdings gibt es auch Leute, die der Ansicht sind, dass der Ackerbau keineswegs unser größter Fortschritt gewesen sei. Ja, womöglich war er ein furchtbar großer Fehler.

Es geht damit los, dass mit den Anfängen des Ackerbaus zugleich auch die »Ungleichverteilung von Vermögen« ihren Anfang nahm: Es bildeten sich Eliten heraus, die ungleich mehr besaßen als alle anderen und anfingen, ihre Zeitgenossen herumzukommandieren. Womöglich liegen hier auch die Anfänge der Kriege, wie wir sie heute kennen, denn sobald Sie ein Dorf haben, besteht immer auch die Gefahr des Überfalls durch die Leute vom anderen Dorf. Der Ackerbau bringt den Menschen in Kontakt mit neuen Krankheiten, denn das Zusammenleben in immer größeren Siedlungen schafft beste Grundbedingungen für Epidemien. Es gibt zudem Hinweise darauf, dass Menschen in Gesellschaften ohne Ackerbau besser aßen, weniger arbeiteten und womöglich deutlich gesünder waren.

Im Prinzip (so diese These) ist ein entsetzlich großer Teil von dem, was am modernen Leben nervt, darauf zurückzuführen, dass vor etlichen Jahrtausenden jemand ein paar Samenkörner im Erdreich versenkt hat. Der Ackerbau hat sich nicht deshalb durchgesetzt, weil er jedermann ein besseres Leben einbrachte, sondern weil er zu Gesellschaften führte, die im darwinistischen Sinne einen Vorteil gegenüber solchen hatten, die keinen Ackerbau betrieben: Sie konnten sich in kürzerer Folge mehr Kinder leisten (mithilfe des Ackerbaus lassen sich mehr Menschen ernähren, außerdem müssen Sie, sobald Sie nicht ständig herumzuziehen gezwungen sind, nicht warten, bis Ihr Kind laufen kann, bevor Sie das nächste bekommen), und sie konnten mehr und mehr Land für sich beanspruchen und letzten Endes alle Nichtbauern vertreiben. Wie Jared Diamond, Autor und Verfechter der These »der Ackerbau war ein furchtbarer Fehler« in einem *Discover*-Artikel aus dem Jahr 1987 schrieb: »Gezwungen, zwischen einer Beschränkung der Bevölkerungsgröße oder der Produktion von mehr Nahrung zu wählen, entschieden wir uns für Letzteres und endeten bei Hungersnöten, Krieg und Tyrannei.« Kurz: Wir setzten auf Quantität statt auf Qualität. Typisch Mensch.

Doch neben … alledem hier [vage Handbewegung, die auf den Zustand der Welt verweist] brachte uns der Ackerbau auf einen Weg, der zu vielen weiteren, noch um einiges dramatischeren Fehlleistungen führen sollte. Die Morgendämmerung des Ackerbaus war der Punkt, an dem wir begannen, die Umwelt um uns herum zu verändern – schließlich ist Landwirtschaft nichts anderes als das. Sie nehmen Pflanzen und setzen sie an Orte, an denen sie nicht von selbst gewachsen wären. Sie fangen an, die Landschaft umzugestalten. Sie versuchen, Zeug loszuwerden, das Ihnen nicht passt, damit Sie mehr Platz für das schaffen können, was Sie haben wollen.

Wie dem auch sei, es hat sich gezeigt, dass wir *echt* schlecht darin sind, Dinge solcherart zu Ende zu denken.

Die heutige Welt um uns herum unterscheidet sich zutiefst von der, in der unsere Vorfahren vor 13 000 Jahren ihre ersten Pflanzen aussäten. Der Ackerbau hat die Landschaft verändert und Arten quer über alle Kontinente verbreitet. Städte, Industrie und unser natürlicher Hang, jeden Müll, den wir gerade nicht mehr brauchen, einfach wegzuwerfen, haben Boden, Meere und Luft in Mitleidenschaft gezogen. Und ohne jetzt das ganze WIR DÜRFEN MUTTER ERDE NICHT VERÄRGERN über Ihnen ausleeren zu wollen: Manchmal ist die Natur nicht nur für unsere Schwachsinnsideen da.

Berühmtes Beispiel dafür ist, wie jedermann weiß, das, was in der ersten Hälfte des 20. Jahrhunderts mit den Central Plains der Vereinigten Staaten passiert ist. Wie so oft, wenn man etwas Neues anfängt, lief zu Beginn alles bestens. Amerika expandierte gen Westen, und die Menschen lebten ihre Version des American Dream. Die Politik der Regierung ermunterte die Menschen in den Westen zu ziehen und das Land urbar zu machen, indem sie den Siedlern große Flurstücke in den Great Plains in Aussicht stellte. Leider war zu Beginn des Jahrhunderts der Großteil des fruchtbaren Farmlands – im Prinzip alles, was über eine passable Wasserversorgung verfügte – bereits vergeben. Verständlicherweise brachten die Leute deutlich weniger Leidenschaft dafür auf, ins Ungewisse aufzubrechen, nur um trockenes, staubiges Land zu bewirtschaften, also verdoppelte die Regierung die Flächen an trockenem, staubigem Land, die sie den Betreffenden garantierte. »Klingt nach 'nem guten Angebot«, befanden die Siedler.

Mag sich jener Drang, auch das letzte Fetzchen Land zu bewirtschaften, im Rückblick nicht wie die beste Idee aller Zeiten ausnehmen, so gab es seinerzeit doch eine Menge Gründe dafür, dass die Leute das für völlig in Ordnung hielten. Da gab es romantische – die nostalgische Verlockung einer ländlich geprägten Nation aus lauter Pionieren – und pragmatische – den steigenden Grundbedarf eines stetig wachsenden Landes an Nahrungsmitteln. Aber es gab da auch einiges an zwielichtiger Forschung, hart an der Grenze zu quasireligiöser Verblendung – zum Beispiel die Theorie, dass »Regen dem Pflug folgt« –, sprich: dass allein dadurch, dass

Sie beginnen, ein Land zu beackern, Regenwolken anfangen, sich aufzutürmen und die Wüste fruchtbar werden und ergrünen lassen. Dieser Theorie zufolge war das Einzige, was die Expansion der Landwirtschaft in Amerika stoppen konnte, mangelnder Wille. So wie in dem alten Kevin-Costner-Film, aber mit Getreidepflanzen statt mit Baseball spielenden Geistern. Wenn du den Boden bebaust, wird der Regen kommen.

Die Menschen haben das wirklich geglaubt, es fühlt sich daher fast gemein an, mit dem Argument zu kommen, dass der wahre Grund dafür, dass es so oft anfing zu regnen, wenn die Farmer in ein Gebiet gezogen waren, schlicht und ergreifend der war, dass die Mitte des 19. Jahrhunderts, als diese Theorie entstand, eine ungewöhnlich niederschlagsreiche Zeit war. Leider sollten diese Regenzeiten nicht ewig dauern.

Der Erste Weltkrieg nahm seinen Lauf, und plötzlich schien all das viele Farmland eine Superidee: Europas Lebensmittelproduktion war mehr oder weniger am Boden, aber Amerika konnte einspringen. Die Preise schossen in den Himmel, es regnete genug, und die Regierung entschloss sich zu ein paar großzügigen Subventionen für Farmer, die Weizen anbauten, was daraufhin natürlich immer mehr Farmer taten, die im Zuge dessen immer mehr Prairie umpflügten.

Nach Kriegsende fielen die Weizenpreise dramatisch. Nun, wenn Sie Weizenfarmer sind und mit Ihrem Getreide nicht genügend Geld verdienen, liegt die Lösung auf der Hand: Sie müssen mehr Weizen anbauen. Die Farmer investierten in neue mechanische Pflüge, rissen immer mehr Boden auf. Immer mehr Weizen bedeutet noch niedrigere Preise, und das wiederum heißt ... und so weiter.

Dann plötzlich hörten die Niederschläge auf. Der Boden trocknete aus, aber die Wurzeln der Gräser, die die obere Bodenschicht in früheren Dürreperioden zusammengehalten hatten, gab es plötzlich nicht mehr. Der Boden wurde zu Staub, und der Wind trug diesen Staub in riesigen Wolken übers Land.

Es sind diese beängstigenden Sandstürme – die »schwarzen Blizzards« –, die die Sonne verdunkelten, die Luft zum Atmen nahmen, die Sichtweite auf wenige Meter schrumpfen ließen und die zum Symbol der Dust Bowl, jenem staubigen Erosionsgebiet in der Mitte Nordamerikas, wurden. In den schlimmsten Jahren verging kaum ein Sommertag, an dem das trockene Erdreich nicht durch Stürme aufwirbelt wurde, und wenn die Winde längst abgeflaut waren, hingen die Staubwolken noch ewig in der Luft. Die Bewohner bekamen die Sonne manchmal tagelang nicht zu Gesicht. Diese Stürme hatten eine erstaunliche Reichweite, manche von ihnen legten Tausende Kilometer zurück, hüllten Städte wie Washington DC und New York in dicke Staub-Smog-Wolken und bedeckten Schiffe Hunderte Meilen vor der Ostküste mit einer feinen Schicht.

Die Dürre und die häufigen Sandstürme hielten über fast ein Jahrzehnt an. Es war ein wirtschaftliches Desaster und viele Menschen sahen sich gezwungen, Haus und Hof zu verlassen. So manch einer kehrte nie zurück, sondern ließ sich noch weiter im Westen nieder, viele darunter in Kalifornien. Ein Teil des Landes hat sich – auch nach dem Wiedereinsetzen der Regenfälle – nie wieder vollständig erholt.

Die amerikanische Dust Bowl ist eines der berühmtesten Beispiele für die unbeabsichtigten Folgen, die es haben kann, wenn wir mit unserer Umwelt Schindluder treiben. Aber es ist beileibe nicht das einzige – angefangen vom Geoengineering in gigantischen Dimensionen bis hin zum Mikroplastik in unseren Meeren, von der Abholzung unserer Wälder bis zu Flüssen, die Dinge tun, die Flüsse definitiv nicht tun sollten.

Eine Staubwolke in Colorado zur Hochzeit der
American Dust Bowl, 1936

Nehmen Sie beispielsweise den Aralsee – wobei Sie sich ziemlich beeilen müssen, denn viel ist davon nicht mehr übrig.

Der Aralsee ist ein Salzwassersee – ein sehr, sehr großer Salzwassersee, mit einer Fläche von über 68 000 Quadratkilometern einer der größten Seen der Welt, das war er zumindest. Das Problem ist, wissen Sie, dass er inzwischen keine 68 000 Quadratkilometer mehr misst, sondern allenfalls 6800, wobei das ziemlich schwankt. Der See, der einstmals fast die Fläche Irlands hatte, ist auf ein Zehntel seiner vormaligen Größe geschrumpft und hat 80 Prozent seines Wassers eingebüßt. Er bildet heute auch keinen zusammenhängenden großen Einzelsee mehr, sondern ist in ungefähr vier kleinere aufgesplittert; »ungefähr« deshalb, weil einer davon womöglich komplett verschwunden ist. Das bisschen, was vom Aralsee noch übrig blieb, ist praktisch tot, ein lebloser Geistersee. Umringt von den rostigen korrodierenden Skeletten von bereits vor langer Zeit gestrandeten Schiffen, die nun viele Kilometer weit vom Wasser entfernt liegen.

Womit sich die Frage stellt: Wie genau kriegt man es hin, einen ganzen verdammten See zu verlieren? (Noch dazu einen sehr großen See.)

Die Antwort lautet: Sie leiten zwei Flüsse um, die früher in den See geflossen sind, weil Sie auf die brillante Idee gekommen sind, in der Wüste Baumwolle anzubauen. Genau das taten die sowjetischen Behörden ab den 1960er-Jahren, weil sie unbedingt mehr Baumwolle haben wollten. Also machten sie sich an das gigantische Unterfangen, Wasser aus dem Amudarja (der aus Usbekistan in den Aralsee floss) und dem Syrdarja (welcher aus Kasachstan in den See floss) umzuleiten, damit die knochentrockene Kysylkum-Wüste in eine Monokultur umgewandelt werden konnte, die den Bedarf der Sowjetunion an Baumwolle deckte. Nun, um fair zu bleiben, der Plan, die künftigen Farmen von Turkmenistan, Kasachstan und Usbekistan mit Wasser zu versorgen, war teilweise ein Erfolg – wenn auch ein verflixt unwirtschaftlicher, denn die Krux bei Wüsten ist, dass sie ziemlich trocken und durstig sind, sodass ein Anteil von stolzen 75 Prozent des umgeleiteten Wassers bei den Farmen nie ankam.

Doch während dies leidlich gute Nachrichten für die noch junge Baumwollindustrie sein mochten, für den Aralsee und die Gegend um ihn herum waren sie verheerend. Es scheint niemandem aufgegangen zu sein – oder vielleicht war es den Verantwortlichen auch egal –, dass man, wenn man Wasser daran hindert, in einen See zu fließen, ziemlich bald mit sehr viel weniger See dasteht. (Davon abgesehen war da noch die Sache mit den chemischen Entlaubungsmitteln, die man auf die Baumwolle sprühte und die die Säuglingssterblichkeit und angeborene Fehlbildungen auf Rekordniveau schnellen ließ.)

Schon ab den 1960er-Jahren begann der Aralsee jedenfalls zu schrumpfen, seit Ende der 1980er-Jahre bis heute jedoch mit zunehmender Geschwindigkeit. Nur ungefähr ein Fünftel des Wassers, das ihn früher gespeist hatte, kam aus Niederschlägen, den Rest stellten die Flüsse. Als diese praktisch verschwunden waren, kam nicht mehr genügend Wasser nach, um den Verlust durch Verdunstung auszugleichen. Der Wasserspiegel begann zu sinken, neue Inseln und Landbrücken entstanden. Zur Jahrtausendwende hatte sich der See in zwei aufgespalten: einen kleinen nördlichen Teil und einen größeren südlichen mit einer Insel in der Mitte. Der Wasserstand fiel weiter, sodass die Insel weiter wuchs, bis nur noch ein winziger Streifen Nass die westliche und die östliche Hälfte des südlichen Sees verband. Auch sie wurden letztlich getrennt, und im Sommer 2014 schließlich zeigten Satellitenaufnahmen, dass der östliche Teil komplett ausgetrocknet und zur Wüste geworden war. Dieser östliche Teil kommt und geht nun je nachdem, wie das Wetter ist.

Das wäre an sich schon schlimm genug, aber das Problem an einem See, der verschwindet, ist, dass das ganze Zeug aus dem Wasser nicht notwendigerweise mitverschwindet. Vor allem Salz nicht. Als der Aralsee zurückging, blieb das Salz – machte das Wasser salziger und salziger und immer weniger geeignet, Leben zu erhalten. Die Salzkonzentration schoss um den Faktor zehn in die Höhe, brachte so gut wie alle Lebewesen in den Seen um und zerstörte eine florierende Fischereiindustrie, die 60 000 Menschen ernährt hatte. Damit nicht genug konzentrierten sich durch den Wasserverlust die Schadstoffe aus Industrie und Landwirtschaft immer weiter und lagerten sich dann beim Rückgang des Wassers auf der Oberfläche neu freigelegter Landflächen ab. Wüsten sind nun einmal Wüsten, und der Wind nahm aus den neuen Trockengebieten viele Tonnen Salz und toxischen Staub mit und lud sie auf den Dörfern und Städten um den einstigen See ab, in denen Millionen Menschen zu Hause waren. Atemwegs- und Krebserkrankungen nahmen sprunghaft zu.

Es ist nicht gesagt, dass für den Aralsee das Spiel endgültig aus ist: Jüngste (extrem teure) Bestrebungen, einen Teil des Wassers zu ihm zurückzuleiten, haben im kleineren nördlichen See zu einem gewissen Maß an Verbesserung geführt, die Fischbestände erholen sich langsam, der südliche See aber ist wohl mehr oder minder ein Totalschaden – ein Mahnmal für unsere Vermessenheit zu glauben, wir könnten die Geografie unserer Umgebung bedenkenlos in riesigem Umfang verändern, ohne dass sich dies in irgendeiner Form rächt.

Irrerweise ist es für einen der beteiligten Flüsse nicht das erste Mal, dass ihm Vergleichbares zugestoßen ist. Ich bin nicht sicher, ob es einen Weltrekord für den »am häufigsten umgeleiteten Fluss« gibt, aber der Amudarja hätte garantiert beste Chancen auf den Titel. Jahrhunderte hindurch haben sowohl die Natur als auch eine Reihe von Maßnahmen durch den Menschen seinen Lauf immer wieder verändert – ließen ihn ins Kaspische Meer statt in den Aralsee münden – manchmal auch beides zugleich – und verlegten ihn wieder zurück. Im 2. Jahrhundert vor unserer Zeitrechnung floss er, wie man annimmt, in die Wüste, wo er versickerte, bevor er seinen Lauf irgendwann Richtung Aralsee änderte. Zu Beginn des 13. Jahrhunderts veränderte eine besonders drastische Maßnahme der damaligen mongolischen Herrscher seinen Lauf erneut (mehr darüber in einem späteren Kapitel) und lenkte zumindest einen Teil von ihm ins Kaspische Meer um, bevor er irgendwann vor dem Anbruch des 17. Jahrhunderts wieder in den Aralsee fließen sollte. In den 1870er-Jahren, lange vor dem Entstehen der Sowjetunion, erwog man im Zarenreich ernstlich, ihn zurück ins Kaspische Meer zu lenken, weil man dachte, das Süßwasser sei verschwendet, wenn es in einen Salzsee fließe. Aber so ist es nun mal nicht, Leute.

Es war der Ackerbau, der uns erstmals dazu veranlasste, unsere Umwelt auf dramatische Weise und oft mit unvorhergesehenen Konsequenzen zu verändern, aber er ist längst nicht mehr der einzige Grund dafür, dass wir so handeln. Die Landwirtschaft ist in vielerlei Hinsicht durch den Aufstieg der Industrie überholt worden – und durch das allem Anschein nach unstillbare menschliche Verlangen, Zeug, das wir nicht mehr wollen, irgendwo in der Gegend abzuladen, ohne über die Folgen nachzudenken.

Ein anschauliches Beispiel in diesem Zusammenhang ist jener Vormittag an einem warmen Sommermorgen im Jahr 1969, an dem der Cuyahoga River Feuer fing.

Flüsse, um es klar zu sagen, sollten so etwas nicht tun. Für alle Leser, die mit dem allgemeinen Konzept Fluss nicht so vertraut sind: Es handelt sich dabei um mittel- bis sehr große natürliche Kanäle mit fließendem Wasser, und Wasser gilt ganz allgemein nicht als besonders leicht entflammbar. Flüsse können einen Haufen Sachen – verfrachten Wasser aus dem Hochland in die Ebenen, liefern eine gern genutzte Metapher für das Vergehen von Zeit, bilden Seiten- und Altwasserarme, damit die Kinder im Erdkundeunterricht etwas auswendig zu lernen haben –, aber in Flammen aufgehen gehört absolut nicht zu ihren Eigenarten.

Der Cuyahoga hat es trotzdem fertiggebracht, und, mehr noch, jener Sommermorgen war nicht das erste Mal, dass er das getan hat. Nicht annähernd. Ja, der Cuyahoga – der träge durch das nördliche Ohio und die dort ansässigen Industrieansiedlungen mäandert, bevor er die Stadt Cleveland zweiteilt und in den Eriesee plätschert, und der von einem Bürgermeister von Cleveland im 19. Jahrhundert als »offener Abwasserkanal für die Stadtmitte« beschrieben wurde – war derart verdreckt, dass er in den zurückliegenden 101 Jahren nicht weniger als dreizehnmal Feuer fing. Er brannte 1868, 1883, 1887, 1912 (bei der anschließenden Explosion fanden fünf Menschen den Tod), 1922 und 1930. 1936 war es so schlimm, dass das Feuer fünf Tage lang wütete – was, um es noch einmal zu betonen, kein herkömmliches Verhalten für Flüsse ist. Er brannte noch einmal im Jahre 1941 und auch 1948, und dann, am verheerendsten, 1952, als sich die fünf Zentimeter dicke Ölschicht, die ihn bedeckte, entzündete und eine gewaltige Feuersbrunst auslöste, der eine Brücke und eine Werft zum Opfer fielen und die einen Schaden von anderthalb Millionen Dollar anrichtete.

Im Vergleich zu dem von 1952 war der Großbrand von 1969 eine vergleichsweise kleine Sache. Ausgelöst durch die Selbstentzündung eines Koagulats aus Öl, Industrieabwässern und sonstigem Unrat, das sich zu einer Art schwimmender, leicht entflammbarer Mülldeponie zusammengefunden hatte und den Fluss hinuntertrieb, lieferte das Ganze eine beeindruckende Show (die Flammen schlugen fünf Stockwerke hoch), war aber innerhalb einer halben Stunde unter Kontrolle, die Feuerwehr von Cleveland hatte seinerzeit augenscheinlich das Flussfeuerlöschspiel bestens im Griff. Die Bewohner der Stadt waren offenbar an diese Art von Ereignis dermaßen gewöhnt, dass die Story: *Der verdammte Fluss hat mal wieder Feuer gefangen* lediglich fünf knappe Sätze irgendwo auf den hinteren Seiten des *Cleveland Plain Dealer* verdiente.

Aber mochte auch die leidgeprüfte Bevölkerung von Cleveland 1969 mit Flussbränden nach dem Motto »Oh, ist es mal wieder so weit« umgehen, für die Nation als Ganzes galt solches nicht. Die Dinge hatten sich verändert, seit der Cuyahoga das letzte Mal gebrannt hatte. Es waren immerhin die Sechziger, und die Gesellschaft war durch eine Reihe revolutionärer neuer Ideen wie »weniger Krieg«, »kein Rassismus« und »den Planeten vielleicht nicht komplett versauen« bis ins Mark erschüttert.

Als sich daher das *Time*-Magazin ein paar Wochen später in die Debatte um das Feuer einschaltete, verpackte es das Ganze in eine Story über den allgemeinen Zustand der Flüsse im Land, übertitelt mit »America's Sewage System and the Price of Optimism« (zu Deutsch: »Amerikas Abwassersystem und der Preis des Optimismus«), die unter anderem diese denkwürdige Beschreibung des Cuyahoga enthielt: »Schokoladenbraun, ölig, blubbernde Gasblasen auf der Oberfläche, sickert er eher, statt zu fließen ... ein offenes Abflussrohr, das sich in zähen schäumenden Wellen in den Eriesee entleert.« Der Artikel erregte die Aufmerksamkeit der Leser des Landes und löste weit und breit die Forderung nach Veränderung aus – großenteils dank des umwerfenden Fotos, das den Artikel zierte: ein dramatischer Schnappschuss, der ein von den Flammen des brennenden Flusses umzüngeltes Boot zeigte und die Fontänen der tapferen Feuerwehren, die versuchten, Herr über das Inferno zu werden. Genau genommen stammte das Bild gar nicht von dem Feuer 1969 (es handelte sich vielmehr um ein Archivbild von der Feuersbrunst 1952), denn das Feuer von 1969 war so rasch gelöscht worden, dass es aus war, bevor irgendwelche Fotografen und Kamerateams es dorthin geschafft hatten. Damals, 1952, hatte das Bild den nationalen Nerv nicht getroffen, aber jetzt wirkte es Wunder. Timing ist eben manchmal alles.

Foto aus dem Jahr 1952, veröffentlicht 1969 im *Time*-Magazin: ein von
Flammen umschlossenes Boot auf dem Cuyahoga in Cleveland, Ohio

Seit dem 19. Jahrhundert hatten die Industrieunternehmen
von Ohio sowohl die Abfallprodukte ihrer Arbeit als auch tatsächlich die Produkte selbst fröhlich in den Cuyahoga geleitet.
Das hatte mit schöner Regelmäßigkeit zu kurzen Momenten
der Aufmerksamkeit von Medien, Politik und Öffentlichkeit
geführt, etwa in der Form »Hmm, vielleicht sollte man doch
mal was dagegen unternehmen?«, woraufhin niemand wirklich etwas dagegen unternahm. In den Jahren nach dem Krieg
waren ein paar halbherzige Maßnahmen ergriffen worden,
aber dabei ging es großenteils eher darum, den Fluss sicher
für die Schifffahrt statt darum, ihn weniger leicht entflammbar zu machen.

Dennoch war es vielleicht doch ein wenig unfair, dass der
Cuyahoga zum nationalen Symbol für die Untätigkeit des
Menschen in Bezug auf die Zerstörung seiner Umwelt avan-
cierte, hatte doch die Stadt Cleveland soeben tatsächlich ein

paar Gesetze verabschiedet, um den Fluss sauber zu bekommen. Nicht wenige der lokalen Würdenträger klangen ein wenig verschnupft in Anbetracht dessen, dass ihr Gewässer nun zum Musterfluss für den desolaten Zustand der Wasserwege des Landes geworden war (das Ganze ging so weit, dass sogar Lieder darüber geschrieben wurden). »Wir haben längst getan, was zu tun war, um die Dinge hier aufzuräumen, und dann kam das Feuer«, klagte einer von ihnen.

Schließlich war der Cuyahoga seinerzeit auch noch nicht einmal der einzige brennende Fluss im Land. Der Buffalo River hatte 1968, ein Jahr vor dem Cuyahoga, Feuer gefangen, der Rouge River in Michigan stand nur wenige Monate nach ihm im Oktober 1969 in Flammen. (»Wenn bei Ihnen ein Fluss brennt, haben Sie nichts als Ärger, verdammt noch mal!«, lamentierte die *Detroit Free Press* im Nachhinein.) Der Cuyahoga war noch nicht einmal der einzige Fluss in den Vereinigten Staaten, der mehr als einmal brannte – der Chicago River erlebte solche Feuersbrünste im 19. Jahrhundert immerhin mit solcher Regelmäßigkeit, dass die Allgemeinheit hinauszog, um das Spektakel zu betrachten, als handle es sich um ein Feuerwerk zum 4. Juli –, immerhin räumt er definitiv den Preis für den am häufigsten in Flammen stehenden Fluss ab. Kategorie Nordamerika.

Dennoch: Die Story um den lodernden Fluss verfehlte ihre Wirkung nicht. Die aufkeimende Umweltbewegung – angestoßen durch Bücher wie Rachel Carsons *Der stumme Frühling* von 1962 – begann sich zu konsolidieren (im Jahr darauf wurde der erste Earth Day begangen). Der Kongress sah sich gezwungen zu handeln und erließ 1972 den Clean Water Act zur Reinhaltung der Gewässer des Landes. Allmählich verbesserte sich der Zustand der amerikanischen Gewässer bis an den Punkt, dass sie heute kaum mehr Feuer fangen. In einem der seltenen Beispiele dieses Buches für ein Happy End taten die Menschen schließlich, was sie tun mussten, um die Dinge zu verbessern, und haha, es besteht absolut nicht die Gefahr, dass die Trump-Regierung je den Versuch unternehmen würde, die Standards zur Reinhaltung von Gewässern zu kippen, weil sie Sorge hat, die Industrie dürfe die Flüsse nicht genug verschmutzen. [Hand an die Ohrmuschel] Oho, soso, man sagt mir soeben, dass sie genau das getan hat.

Große Gewässer, die in Flammen aufgehen, mögen zu den dramatischeren Beispielen für das unfehlbare Talent der Menschen gehören, die Welt um sich herum zum Schlechteren zu wenden, aber sie sind mitnichten die einzigen. Die Welt ist voll von Beispielen in denen wir es fertiggebracht haben, so gut wie überall, wohin wir uns begeben, eine Riesensauerei zu hinterlassen. Wussten Sie, dass es im Golf von Mexiko eine riesige »Todeszone« gibt? Es handelt sich dabei um einen gewaltigen Streifen aus größtenteils komplett lebensfeindlichem Wasser längs der Küste, überall dort, wo der massive Düngereintrag von den landwirtschaftlich genutzten Flächen im Süden der USA zu mächtigen Algenblüten geführt hat, die wild gewordenen Algen dem Wasser allen Sauerstoff entzogen und alles, was nicht Alge ist, haben eingehen lassen. Gute Arbeit, Jungs!

Oder wie steht es mit unserer Vorliebe dafür, Zeug einfach wegzuwerfen, ohne darüber nachzudenken, dass es ja irgendwo landen muss, Ursache für die riesige Elektronikschrottwüste von Guiyu in China – ein mehr als 50 Quadratkilometer großer Friedhof der ausgedienten technischen Spielereien der Welt aus Bergen von Laptops und Smartphone-Modellen vom letzten Jahr. Technisch gesehen betreibt Guiyu das Geschäft des Recycelns, eine gute Sache! Leider war es (bis vor Kurzem) auch die Hölle auf Erden – die Luft geschwängert von dicken schwarzen Rauchwolken, toxische Schwermetalle, die in den Boden und die Menschen dort gleichermaßen eindrangen, wenn der Schrott von Salzsäure durchspült wurde, und über allem der Geruch von brennendem Plastik. (Das war so, bis die chinesische Regierung in den letzten paar Jahren anfing, durchzugreifen und höhere Gesundheits- und Sicherheitsstandards durchzusetzen – wonach sich, wie ein Bewohner der *South China Morning Post* berichtete, die Qualität der Luft deutlich verbesserte. »Sie können das brennende Metall jetzt nur noch riechen, wenn Sie wirklich nahe dran sind«, erklärte Yang Linxuan.)

Ein Berg aus Elektronikschrott in Guiyu, China

Das vielleicht beeindruckendste Kunstwerk dieser Art ist der Große Pazifische Müllstrudel. Es hat etwas nahezu Poetisches, dass in der Mitte des Pazifischen Ozeans eine ungeheure rotierende Müllhalde aus Schrott existiert, den wir lässig weggeworfen haben – ein Gebiet so groß wie Texas, in dem die Meeresströmungen des Nordpazifikwirbels unseren Müll endlos im Wasser am Tanzen halten. In erster Linie aus mikroskopisch kleinen Plastikteilchen und Bruchstücken von Angelausrüstungen und Fischereizubehör bestehend ist er für das bloße Auge unsichtbar, für das marine Leben aber sehr real. Wissenschaftler haben vor Kurzem geschätzt, dass wir, seit wir in den 1950er-Jahren begonnen haben, Plastik in großem Stil zu verwenden, über 8300 Millionen Tonnen davon hergestellt haben. Davon haben wir 6300 Millionen Tonnen weggeworfen, die jetzt auf der Erdoberfläche herumhängen. Juhu, Leute!

Aber wenn Sie das bewegendste Beispiel dafür lesen wollen, wie Menschen ihr eigenes Habitat zerstören können, ohne es eigentlich zu wollen, müssen Sie Ihren Blick auf eine Insel richten, die von gewaltigen Steinköpfen beherrscht wird.

Kopf verliert

Als 1722 die ersten Europäer auf der Osterinsel anlegten (es handelte sich um eine niederländische Expedition auf der Suche nach einem mutmaßlich unentdeckten Kontinent, den es gar nicht gab, was für Trottel), staunten sie nicht schlecht. Wie um alles in der Welt konnte dieses winzige, extrem isolierte polynesische Volk ohne jedwede moderne Technik und ohne Bäume die riesigen, fein behauenen Statuen – einige davon 20 Meter hoch und fast 90 Tonnen schwer – errichtet haben, die einen Großteil der Insel bedeckten?

Offensichtlich hielt der Zustand des Staunens bei den Niederländern nicht allzu lange an: Sehr bald fingen sie an, ihr normales europäisches Vorgehen durchzuziehen, sprich, nach einer Reihe von Missverständnissen einen Haufen Einheimischer zu erschießen. Im Verlauf der nächsten Jahrzehnte kamen mehr Europäer zu Besuch und taten, was Europäer so zu tun pflegen an Orten, die sie soeben »entdeckt« haben: tödliche neue Krankheiten einschleppen zum Beispiel, die ortsansässige Bevölkerung in die Sklaverei verschleppen und in jeder Hinsicht tyrannisieren bis zum Anschlag. (Siehe unser späteres Kapitel zum Kolonialismus.)

In den folgenden Jahrhunderten wartete der weiße Teil der Menschheit mit jeder Menge Theorien darüber auf, wie jene geheimnisvollen Statuen möglicherweise auf eine Insel voller »primitiver« Menschen gelangt sein könnten – die meisten kreisten um völlig unlogische Ozeanüberquerungen aus fernen Ländern oder manchmal auch um Außerirdische. »Das müssen Außerirdische gewesen sein« ist eine bemerkenswert beliebte und offenkundig äußerst rationale Antwort auf die schwierige Frage, wie Nichtweiße Dinge haben bauen und zuwege bringen können, von denen Weiße sich nicht vorstellen können, dass sie selbst dazu imstande wären. Die Antwort auf die Frage lautet natürlich, dass die Polynesier sie dort hingestellt haben.

Zu der Zeit, als sie auf Rapa Nui (um den polynesischen Namen zu verwenden) anlandeten und die Insel zu besiedeln begannen, waren die Polynesier eine der großen Weltzivilisationen, erforschten und besiedelten in einem Umkreis von vielen Tausend Kilometern Inseln im Meer. Die Europäer hatten unterdessen, von ein paar vereinzelten Wikingern abgesehen, ihre Scholle noch nicht groß verlassen.

Rapa Nui war die Heimat einer hoch entwickelten Kultur mit einer gut funktionierenden Kooperation zwischen den einzelnen gesellschaftlichen Gruppen, intensivem Ackerbau, einer hierarchisch strukturierten Gesellschaftsordnung und Leuten, die zur Arbeit pendeln mussten: im Grunde der ganze Mist, den wir im Allgemeinen mit schick und modern assoziieren. Die Statuen – auf Polynesisch *Moai* – waren die krönende Errungenschaft einer Kunstform, die es auch in anderen polynesischen Gesellschaften gab. Für die Gesellschaft auf Rapa Nui waren die Figuren aus spirituellen und politischen Gründen wichtig, man ehrte mit ihnen die Ahnen, deren Antlitze sie verkörperten, gleichzeitig fungierten sie als Prestigesymbol für diejenigen, die sie in Auftrag gaben.

Somit verkehrte sich ein Rätsel in ein anderes: Nicht mehr: Wie waren die Statuen dahingekommen? Sondern: Wo waren all die Bäume geblieben? Denn damit die Leute von Rapa Nui die Statuen an ihren vorgesehenen Ort hatten bringen können, mussten sie haufenweise große Baumstämme zum Transport gebraucht haben. Und wie konnte die mächtige Zivilisation, die all das fertiggebracht hatte, zu jener kleinen Gesellschaft aus Subsistenzbauern mit windigen Kanus werden, die freudig jene ersten holländischen Seefahrer begrüßten, um sich dann von ihnen erschießen zu lassen?

Die Antwort lautet, dass die Menschen auf Rapa Nui Pech hatten und obendrein Riesenfehler gemacht haben.

Pech hatten sie, weil Geografie und Ökologie ihrer Insel, wie sich zeigen sollte, ungewöhnlich verwundbar für die Folgen von Abholzung waren. Wie Jared Diamond (der mit der Theorie »Der Ackerbau war unser schlimmster Fehler«) in seinem Buch *Kollaps*, in dem er das Schicksal der Polynesier ausführlich erörtert, erklärt, ist die Osterinsel im Vergleich zu anderen polynesischen Inseln klein, trocken, topfeben, kalt und entlegen. Lauter Dinge, die die Wahrscheinlichkeit dafür senken, dass die Bäume, die sie abholzen, auf natürliche Weise nachwachsen werden.

Und vergeigt haben sie es, weil sie bei ihrem Streben, immer bessere Häuser, bessere Kanus und eine bessere Infra-

struktur zu schaffen, um die Statuen an ihre Standorte bug-
sieren zu können, ihre Wälder immer weiter abgeholzt haben
(möglicherweise ohne zu realisieren, dass diese Bäume nicht
von allein zurückkommen werden), bis plötzlich keine mehr
übrig waren. Es war die klassische Tragik der Allmende, wie
sie im Buche steht. Niemand der einen einzelnen Baum gefällt
hatte, war für das Problem verantwortlich – bis es zu spät war,
von da an war jeder verantwortlich.

Die Folgen für die Gesellschaft von Rapa Nui waren verheerend. Ohne die Bäume konnten die Menschen nicht mehr
die stabilen Kanus bauen, die sie zum Fischen hinaus aufs
offene Meer trugen. Der nicht mehr von Wurzeln gehaltene
ungeschützte Boden begann, durch Wind und Regen zu ero-
dieren, wurde unfruchtbar und löste sich zu Erdrutschen, die
ganze Dörfer unter sich begruben. In den kalten Wintern
waren die Menschen gezwungen, den Rest der Vegetation zu
verbrennen, um nicht zu erfrieren.

Und da die Verhältnisse schlechter wurden, nahm die
Konkurrenz unter einzelnen Gruppen um die rarer werden
Ressourcen zu. Das scheint zu einer Entwicklung geführt zu
haben, die tragisch, aber sonderbar vorhersehbar war in Anbetracht dessen, wie Menschen in einer verzweifelten Situation
agieren, in der sie um Haltung ringen, nach sozialem Ansehen
hungern oder auch nur nach ein bisschen Bestätigung, um sich
zu vergewissern, dass sie keinen schrecklichen Fehler begangen haben. Sie hören nicht auf, nein, hängen sich vielmehr
doppelt so sehr rein. Die Menschen von Rapa Nui scheinen
sich ins Bauen immer größerer und größerer Statuen verrannt
zu haben, weil … Nun, weil es mehr oder weniger immer das
ist, was Menschen tun, wenn sie vor einem Problem stehen,
bei dem sie fürchten, dass sie es nicht in den Griff bekommen
werden. Die letzten Statuen, die auf der Insel gehauen wur-

den, schafften es nie aus dem Steinbruch heraus, andere lagen über Kopf am Wegesrand, ohne je ihr Ziel erreicht zu haben, aufgegeben beim Zusammenbruch des gesamten Projekts.

Die Polynesier waren nicht weniger gescheit als Sie oder ich. Sie waren nicht primitiv oder unachtsam in Bezug auf ihre Umwelt. Wenn Sie glauben, dass es ein bisschen dumm klingt, wenn eine Gesellschaft angesichts einer potenziellen Umweltkatastrophe das Problem ignoriert und immer weiter die Dinge tut, durch die diese überhaupt erst möglich wird, dann … ähm, hallo? Viiiiiiiiiiiiiiielleicht schauen Sie sich mal kurz um? (… drehen dann bitte den Thermostaten herunter und fangen an zu recyceln.)

In *Kollaps* denkt Jared Diamond über die Frage nach: »Was hat wohl der Osterinsulaner gesagt, der die letzte Palme fällte?« Das ist eine sehr gute Frage und eine, die ganz hübsch schwer zu beantworten ist. Womöglich war es irgendeine polynesische Version von: »Man lebt nur einmal.«

Aber eine noch bessere Frage wäre vielleicht, was der Osterinsulaner gedacht hat, der die vorletzte, drittletzte oder viertletzte Palme fällte. Wenn die übrige Menschheitsgeschichte hier als Richtschnur dienen kann, dann besteht eine ziemlich reelle Chance, dass er irgendwas gedacht hat wie: »Was soll's, nach mir die Sintflut.«

Sieben faszinierende Sehenswürdigkeiten, die Sie nie zu sehen bekommen werden, weil sie vom Menschen zerstört wurden

Der Parthenon

Eines der Juwelen des antiken Griechenlands – bis er im 17. Jahrhundert von den Osmanen im Zuge einer Belagerung durch die Venezianer als Munitionsdepot genutzt wurde. Einen venezianischen Glückstreffer später war's das mit dem Parthenon.

Der Tempel der Artemis in Ephesos

Eines der Sieben Weltwunder der Antike – bis 356 vor unserer Zeitrechnung, als ein Typ namens Herostratos ihn niederbrannte, weil er sich Aufmerksamkeit verschaffen wollte.

Der Boeung-Kak-See

Der größte und schönste See der kambodschanischen Hauptstadt Phnom Penh – bis man beschloss, ihn mit Sand aufzufüllen, um darauf Luxus-Appartements zu errichten. Heute eine Pfütze.

Die Buddha-Statuen von Bamiyan

Die prachtvollen Statuen in Zentralafghanistan waren über 50 Meter groß und wurden 2001 von den Taliban in die Luft gejagt, weil sie angeblich »Götzenbilder« seien. Geht's noch?

Die Pyramide von Noh Mul

Eine großartige Maya-Pyramide in Belize, ein präkolumbianisches Artefakt vom Feinsten, wurde 2013 von irgendwelchen Bauarbeitern abgetragen, weil man Kies für Straßenarbeiten brauchte.

Der Slims River

Ein riesiger Fluss im kanadischen Territorium Yukon, der 2017 über einen Zeitraum von vier Tagen spurlos verschwand, weil der Klimawandel den Gletscher, von dem er gespeist wurde, schlagartig komplett verändert hat.

Der Arbre du Ténéré

Garantiert der einsamste Baum auf dem Planeten, ganz allein mitten in der Sahara – bis 1973, als ein betrunkener LKW-Fahrer es fertigbrachte, diesen einzigen Baum in einem Umkreis von 400 Kilometern umzufahren.

3

Das Leben, nun ja, bahnt sich seinen Weg

Außer Nutzpflanzen zu kultivieren begannen die ersten Farmer vor all den Tausenden von Jahren, auch etwas anderes zu tun, was unsere Welt auf seltsame und unabsehbare Weise verändern sollte – sie begannen, Tiere zu domestizieren.

Genau genommen ging das erste domestizierte Tier mit an Sicherheit grenzender Wahrscheinlichkeit der Einführung des Ackerbaus um mehrere Jahrtausende voraus – wenngleich es sich hierbei womöglich eher um einen glücklichen Zufall denn um einen cleveren Plan handelte. Hunde waren die ersten Haustiere, und der Zeitpunkt, an dem sie dazu wurden, scheint zwischen 40 000 und 15 000 Jahre zurückzuliegen, das Ganze geschah in Europa, Sibirien, Indien, China oder sonst wo (diese Ungewissheit verdankt sich dem Umstand, dass Hunde-DNA ein ziemliches Durcheinander ist, weil jeder Hund fröhlich jede Hündin bespringt, die ihm über den Weg läuft). Auch wenn es natürlich sein kann, dass es dazu kam, weil ein unternehmungslustiger Jäger und Sammler unter unseren Vorfahren eines Morgens aufwachte und erklärte: »Ich werde mich mit einem Wolf anfreunden, und er wird ein gaaanz guter Junge sein«, ist wohl eher anzunehmen, dass Hunde sich (am Anfang zumindest) mehr oder weniger selbst domestiziert haben. Die plausibelste Erklärung zu den Anfängen des Hundes als Haustier lautet schlicht, dass Wölfe anfingen, sich Menschen anzuschließen, weil Menschen Essen hatten und ihre Reste wegzuwerfen pflegten. Mit der Zeit fingen die Wölfe an, sich mehr und mehr an das Leben mit dem Menschen anzupassen, während die Menschen unterdessen realisierten, dass es eigentlich ganz schön praktisch war, ein paar zahme Wölfe um sich zu haben, weil diese sie schützten und bei der Jagd unterstützten, und außerdem waren sie so schön kuschelwuschelig, jawohl, das waren sie.

Als aber der Ackerbau ernsthaft Fahrt aufnahm, kamen die Menschen dahinter, dass sie dasselbe, was sie mit Pflanzen anstellten, vielleicht auch mit Tieren probieren könnten, und dies jedermann die Mühe ersparen würde, zum Jagen losziehen zu müssen. Vor rund 11 000 Jahren wurden in Mesopotamien die ersten Ziegen und Schafe domestiziert, fünfhundert Jahre später sowohl in der heutigen Türkei als auch im heutigen Pakistan die ersten Rinder. Schweine wurden ebenfalls zweifach domestiziert – vor ungefähr 9000 Jahren in China und wiederum in der Türkei. In der eurasischen Steppe, vermutlich irgendwo in der Gegend des heutigen Kasachstan, wurden vor 6000 bis 5500 Jahren Pferde zu Nutztieren. Unterdessen zähmte man in Peru vor etwa 7000 Jahren die ersten Meerschweinchen, was zugegebenermaßen ein bisschen weniger beeindruckend klingt, aber ehrlich gesagt ziemlich cool war.

Die Domestikation von Tieren hatte einen Haufen guter Seiten – einen steten Nachschub an Protein, Wolle zur Herstellung von Kleidung und Dünger für die Nutzpflanzen. Natürlich gab es nicht nur gute Nachrichten, wie wir bereits im vorigen Kapitel erwähnten. Tiere und Menschen auf engem Raum erleichtern die Übertragung von Krankheitserregern vom Tier auf den Menschen, die Haltung von Pferden und Kühen scheint im Zusammenhang zu stehen mit der zunehmenden Ungleichverteilung von Wohlstand, und der militärische Einsatz von Pferden und Elefanten machte einen Krieg um einiges kriegsähnlicher.

Hinzu kommt, dass uns die Domestikation von Tieren sehr klar die Vorstellung vermittelt hat, wir seien Herr über die Natur, und von Stund an hätten Tiere und Pflanzen nach unserer Pfeife zu tanzen. Leider haut das, wie wir in diesem Kapitel sehen werden, nicht immer so ohne Weiteres hin. Die zählebige Überzeugung von uns Menschen, wir könnten lebende Wesen dazu bringen, genau das zu tun, was wir wollen, hat die unschöne Angewohnheit, nach hinten loszugehen.

Lassen Sie uns zum Beispiel ins Jahr 1859 zurückspulen, zu Thomas Austin, der ein wenig unter Heimweh litt.

Thomas war Engländer, aber bereits als Teenager in die Kolonie Australien gekommen. Jahrzehnte später herrschte er als wohlhabender Landbesitzer und Schafzüchter auf seinem Anwesen nahe Victoria über ein Areal von knapp 120 Quadratkilometern. Dort kopierte er die Gepflogenheiten seines Heimatlandes: Als leidenschaftlicher Mann des Sports züchtete und trainierte er Rennpferde und machte einen Großteil seines Landbesitzes zu einem Wildreservat mit Jagdrevier. Sein Anwesen gelangte in der australischen High Society zu einem solchen Ruhm, dass der Herzog von Edinburgh auf seinen Reisen nach Australien regelmäßig zu Besuch kam. Als Austin Jahrzehnte später starb, pries ein leidenschaftlicher Nachruf, dass sich »nirgends, weder hier noch zu Hause, eine würdigere Verkörperung des echten englischen Landedelmanns finden ließe«.

Seine Entschlossenheit, am anderen Ende der Welt das traditionelle Dasein eines englischen Gutsherrn führen zu wollen, veranlasste ihn, alles in seiner Macht Stehende zu tun, dortselbst bei den Antipoden ein kleines Stück England zu kopieren. Und das war leider der Punkt, an dem das Ganze aus dem Ruder lief.

Und zwar deshalb, weil Austin beschlossen hatte, dass sich sein Jagdvergnügen durch den Import von ein paar klassischen englischen Tieren zum Abschießen ungemein erhöhen ließe (Kängurus brachten es seiner Ansicht nach offenbar nicht). Er hieß seinen Neffen, Fasane und Rebhühner, Hasen, Stare und Amseln nach Australien einzuschiffen. Und vor allem 24 englische Wildkaninchen. »Das Aussetzen von ein paar Kaninchen«, sagte er, »kann wenig Schaden anrichten und bringt außer einem kleinen Jagdvergnügen vielleicht einen Hauch von Heimat.«

Mit dem »wenig Schaden« lag er sehr, sehr falsch. Wobei der Fairness halber gesagt sein muss, dass er mit dem Jagdvergnügen sehr, sehr richtiglag.

Austin war nicht der Erste, der Kaninchen nach Australien brachte, aber es waren seine Kaninchen, die für die sich nun anbahnende Katastrophe großenteils verantwortlich waren. Das Ding an Kaninchen ist, dass sie sich vermehren wie … nun ja wie Kaninchen. Welche Ausmaße das Problem annehmen würde, hätte sich vermutlich an der Tatsache ablesen lassen, dass er 1862, nur wenige Jahre nachdem seine tierische Schiffsladung in Australien eingetroffen war, in einem Brief prahlte: »Englische Wildkaninchen habe ich zu Tausenden.«

Es blieb nicht bei den Tausenden. Zehn Jahre, nachdem Austin sie eingeführt hatte, wurden in Victoria jährlich zwei Millionen Kaninchen geschossen, ohne dass sich das Populationswachstum dadurch auch nur im Geringsten verlangsamt hätte. Die Kaninchenarmee breitete sich bald über ganz Victoria aus, wobei sie pro Jahr ungefähr 130 Kilometer weiter vordrang. In New South Wales wurden sie 1880 gesichtet, in

Südaustralien und Queensland 1886, 1890 in Westaustralien und um 1900 im Nordterritorium.

In den 1920ern, auf dem Höhepunkt der Kaninchenplage, schätzte man die Populationsgröße auf 10 Milliarden. Auf jeden Quadratkilometer kamen mehr als tausend Kaninchen. Australien war buchstäblich mit Kaninchen zugepflastert.

Eine Kaninchenkolonie an einem Wasserloch im australischen Adelaide im Jahr 1961

Die Kaninchen vermehrten sich nicht nur, sie fraßen auch (sich vermehren macht schließlich hungrig). Sie fraßen die Landschaft von aller Vegetation kahl, ließen manche Pflanzen komplett von der Bildfläche verschwinden. Die Konkurrenz ums Fressen brachte auch eine Reihe von australischen Tierarten an den Rand des Aussterbens, und das Land, dem die Wurzeln fehlten, das Erdreich zusammenzuhalten, erodierte.

Mitte der 1880er-Jahre wurden die Dimensionen des Problems klar, und die Behörden waren mit ihrer Weisheit am Ende. Was auch immer sie probierten, nichts schien den Ansturm der Schlappohren aufhalten zu können. Die Regierung von New South Wales schaltete eine leicht verzweifelt klingende Anzeige im *Sydney Morning Herald* und versprach »die Summe von £ 25 000 für die Person oder Personen, die zu berichten weiß oder wissen von … einer bisher in der Kolonie unbekannten Methode oder einem Verfahren zur wirksamen Auslöschung von Kaninchen«.

Im Verlauf der folgenden Jahrzehnte versuchte Australien es mit Abschießen, Fallenstellen und Vergiften. Man versuchte, die Bauten in Brand zu setzen, auszuräuchern oder Frettchen in die Gänge zu schicken, um sie herauszutreiben. Anfang des 20. Jahrhunderts baute man einen mehr als anderthalbtausend Kilometer langen Zaun, um die Kaninchen aus Westaustralien herauszuhalten, aber das hat nicht geklappt, es zeigte sich nämlich, dass Kaninchen Gänge buddeln – und offenbar auch lernen können, über Zäune zu klettern.

Australiens Kaninchenproblem ist eines der berühmtesten Beispiele für etwas, das wir erst ziemlich spät kapiert haben: Ökosysteme sind geradezu lächerlich komplizierte Angelegenheiten, und wenn Sie darin herumpfuschen, dann auf eigene Gefahr. Tiere und Pflanzen werden sich nicht einfach an die Regeln halten, die Sie sich ausdenken, wenn Sie lässig beschließen, sie von einem Ort an einen anderen zu verpflanzen. »Das Leben«, sagte ein großer Philosoph einst, »bahnt sich seinen Weg. Es bricht aus. Auf eine schmerzhafte, manchmal sogar gefährliche Art und Weise. Aber das Leben bahnt sich seinen Weg.« (Okay, es war Jeff Goldblum als Ian Malcolm, der das in *Jurassic Park* von sich gab. Wie ich schon sagte: ein großer Philosoph.)

Witzigerweise war nach dem anfänglichen Granatenfehler, die Karnickel in Australien überhaupt eingeführt zu haben, auch die schlussendliche Lösung des Problems ein echter Krampf. Mehrere Jahrzehnte hatten australische Wissenschaftler herumexperimentiert, wie sich der Karnickelplage mit den Mitteln der biologischen Kriegsführung Herr werden ließe: Krankheitserreger, von der Leine gelassen in der Hoffnung, die Tiere würden dahingerafft – berühmtestes Beispiel ist das Myxomatosevirus in den 1950er-Jahren. Eine Zeitlang funktionierte es ganz gut, die Kaninchenpopulation wurde dramatisch verringert, aber der Erfolg hielt nicht an. Man brauchte Stechmücken als Überträger, daher griff das Verfahren nicht in Gegenden, in denen die Bedingungen für Stechmücken ungünstig waren, die übrig gebliebenen Kaninchen entwickelten schließlich eine Resistenz gegen das Virus, und die Zahlen gingen wieder in die Höhe.

Aber die Wissenschaftler begannen an neuen biologischen Agenzien zu forschen. In den 1990er-Jahren arbeiteten sie an einem für Kaninchen tödlichen Virus, das die Blutgerinnung der Tiere sabotiert (der deutsche Name für die Krankheit lautet Chinaseuche, der wissenschaftliche: Rabbit Haemorrhagic Disease, kurz RHD). Mit Krankheitserregern zu experimentieren ist ein gefährliches Unterfangen, daher führten die Wissenschaftler ihre Versuche auf einer Insel vor der Südküste Australiens durch, um der Gefahr vorzubeugen, dass das Virus freigesetzt wird und sich auf dem Festland ausbreitet. Nur weiter. Raten Sie, was passierte.

Genau, 1995 wurde das Virus freigesetzt und gelangte aufs Festland. Das Leben bahnte sich seinen Weg, in diesem Falle als Anhalter auf ein paar Mücken. Aber nachdem sie nun einmal aus Versehen einem (für Kaninchen) tödlichen Pathogen zur Freiheit verholfen hatten, konnten die Wissenschaftler recht zufrieden feststellen, dass es zu wirken schien. In den zwanzig Jahren seit der unbeabsichtigten Freisetzung des Chinaseuchenerregers sind die Kaninchenpopulationen in New South Wales wieder geschrumpft, die Vegetation erholt sich, und bei vielen Tierarten, die kurz vorm Aussterben standen, steigen die Populationszahlen ebenfalls wieder. Lassen Sie uns hoffen, dass das RHD-Virus keine unliebsamen Nebenwirkungen hat.

Australiens Kaninchen sind bei Weitem nicht die einzigen Beispiele, an denen sich lernen lässt, dass es manchmal besser wäre, Tiere und Pflanzen dort zu lassen, wo wir sie gefunden haben.

Den Nilbarsch beispielsweise – besser bekannt vielleicht als Viktoriabarsch –, einen bis zu zwei Meter langen gefräßigen Räuber, der, wie Sie womöglich am Namen bereits erraten haben, ursprünglich aus dem Nil stammt. Die britischen Kolonialherren von Ostafrika aber hatten Größeres mit ihm vor. Sie hielten es für eine schrecklich gute Idee, ihn in Afrikas größtem See, dem Viktoriasee, anzusiedeln. Der Viktoriasee beherbergte bereits jede Menge Fische, und die lokalen Fischer waren völlig damit zufrieden, diese Fische zu fischen, aber die Briten dachten, die Situation ließe sich doch wohl verbessern. Die größte Gruppe von Fischen im See waren zu jener Zeit Hunderte verschiedene Arten von Buntbarschen (Cichliden), jene kleinen wunderbar schillernden Fische, die Aquariumsbesitzer so lieben. Bedauerlicherweise für die Cichliden hatten die britischen Kolonialbeamten nichts für diese Tiere übrig und bezeichneten sie als »Abfallfische«.

Sie entschieden, dass der Viktoriasee mit größeren, cooleren Fischen besser dran sei. Die Fischerei würde viel rentabler, dachten sie. Eine Menge Biologen warnten, dass dies keine gute Idee sei, aber 1954 machten die Herren Nägel mit Köpfen und setzten den Nilbarsch im See aus. Die Nilbarsche taten, was Nilbarsche so tun: Sie fraßen sich Art für Art durch die Tierwelt.

Ein Mann transportiert in Uganda einen 80 Kilogramm schweren Nilbarsch

In einem hatten die britischen Kolonialherren richtiggelegen, die Fischerei wurde wirklich rentabler. Die Fischereiindustrie boomte, der Nilbarsch erwies sich nicht nur als beliebter kommerzieller Speisefisch, auch die Sportangler schätzten ihn. Aber während die Fischereiindustrie explosionsartig um 500 Prozent an Wert zulegte und Hunderttausende Jobs garantierte, ging die Artenzahl im Viktoriasee massiv zurück. Über 500 Spezies starben aus, darunter mehr als 200 Arten der unglückseligen Cichliden.

Und nicht nur Tiere können außer Kontrolle geraten. Kudzu, eine in Asien weit verbreitete Kletterpflanze, wurde in den 1930er-Jahren großzügig in den USA angesiedelt, um einem Problem beizukommen, über das wir bereits gesprochen haben: der Erosion in der Dust Bowl. Die offiziellen Stellen hofften, dass die rasch wachsende Hülsenfrucht helfen würde, den Boden wieder zu stabilisieren und die weitere Erosion zu verhindern. Und darin war sie ziemlich gut. Leider war sie auch ausgesprochen gut darin, anderen Pflanzen und Bäumen sowie Häusern und Autos und allem anderen, was ihr in den Weg kam, die Luft abzuschnüren. Sie verbreitete sich im Süden der Vereinigten Staaten derart, dass man ihr den Spitznamen gab: »die Pflanze, die den Süden fraß.«

Um Kudzu nicht unrecht zu tun: Es handelt sich hier ganz sicher nicht um eine Dämonenpflanze wie John Wyndhams Triffids oder die Monsterpflanze Audrey aus dem kleinen Horrorladen, als die manche Legenden sie gerne sehen, jüngsten Untersuchungen zufolge nimmt sie auch weniger Landfläche ein, als gemeinhin angenommen. Trotzdem gibt es dort, wo vor 80 Jahren noch keine Spur von ihr war, einen ganz schön großen Haufen davon, und sie wird von den amerikanischen Behörden auf der Liste der »eingeführten, invasiven und schädlichen Pflanzen« geführt.

Inzwischen aber kann sie einem womöglich auch schon wieder leidtun, denn dieser invasive Eindringling hat inzwischen selbst einen invasiven Eindringling am Hals. Irgendwann im Jahr 2009 schaffte es eine japanische Kugelwanze, die sich von Hülsenfrüchten und mit besonderer Vorliebe von Kudzu ernährt, den Pazifik zu überqueren, und wird bei der Landung in Atlanta mit Sicherheit höchst erfreut festgestellt haben, dass dort schon eine Ladung ihrer Lieblingsspeise auf sie wartete. Über einen Zeitraum von drei Jahren hat sich die Wanze über drei Staaten ausgebreitet und bereits ein Drittel der Kudzu-Biomasse vertilgt. Für den Fall, dass Sie jetzt denken: Na prima, gut so, Kudzu-Problem gelöst – leider ist es mal wieder nicht ganz so einfach: Die Kudzu futternde Wanze macht auch Sojapflanzen den Garaus – eine Haupteinnahmequelle in vielen der betroffenen Bundesstaaten. Die beiläufige Lösung für ein Problem kann ihrerseits leicht selbst zu einem noch viel größeren Problem werden.

Doch unser offenkundiges Verlangen, neue Arten einzuführen, wo diese von Rechts wegen nicht sein sollten, begnügt sich nicht nur mit Arten, die es bereits gibt: Manchmal schaffen wir es, ganz neue Arten entstehen zu lassen. Das passierte 1956, als der brasilianische Wissenschaftler Warwick Estevam Kerr ein paar afrikanische Bienenköniginnen aus Tansania importierte, um sie mit europäischen Bienen zu kreuzen – er hoffte, dass die daraus entstehende Merkmalskombination besser an die brasilianischen Umweltbedingungen angepasst sein würde.

Leider passierte nach einem Jahr der Zuchtexperimente das, was immer passiert. Ein Imker in Kerrs Labor in Rio Claro, einer Stadt südlich von São Paulo, hatte einen richtig schlechten Tag. Sechsundzwanzig der tansanischen Bienenköniginnen entkamen, jede davon dicht gefolgt von ihrem jeweils persönlichen Bedienstetenschwarm aus europäischen Honigbienen, und ließen sich in Brasilien häuslich nieder. Die Königinnen ließen sich mit jeder beliebigen Drohne ein, die des Wegs kam, und sorgten so für Hybridstämme mit vielen verschiedenen Bienenrassen. Diese neuen »afrikanisierten« Bienen begannen sich rasch über ganz Südamerika, dann Mittelamerika und schließlich die Vereinigten Staaten auszubreiten. Sie sind ein bisschen kleiner und verfügen über weniger Gift als die Bienen, die vor ihnen da waren, aber sie sind weit aggressiver, was die Verteidigung ihrer Beuten angeht – sie sind zehnmal stechlustiger. Um die tausend Menschen sind infolge ihrer Angriffe bereits gestorben, weshalb man ihnen den Spitznamen »Killerbienen« verpasst hat. Was ein bisschen unfair ist. Sie werden einfach missverstanden.

Aber zwei Geschichten sind in den Annalen des Lehrgeldzahlens menschlicherseits für die Erkenntnis, dass Ökosysteme komplex sind und das Herumgepfusche am delikaten Gleichgewicht der Natur zurückschlagen und einem querkommen wird, nicht zu überbieten. An verschiedenen Enden der Erde begingen ein fanatischer Diktator und ein exzentrischer Literaturliebhaber im Abstand von etlichen Jahrzehnten denselben Fehler, allerdings mit entgegengesetztem Vorzeichen. Bei beiden hatte dies tiefgreifende Konsequenzen. Die Ursache war bei beiden Männern dieselbe: Sie unterschätzten Vögel radikal.

Mach nie den Fehler, Vögel zu unterschätzen, Teil 1: Eine Plage zu viel

Mao Zedongs Kampagne zur »Ausrottung der vier Plagen« gilt mit Fug und Recht als die katastrophalste erfolgreiche gesundheitspolitische Maßnahme aller Zeiten: Sie vereinte alle Kräfte der Gesellschaft, um die angestrebten Ziele zu erreichen, übertraf sie sogar in ganz erstaunlichem Maße, und die Hälfte dieser Ziele brachte ganz sicher massive und weitreichende Verbesserungen für die Gesundheit im Lande. Zwei von vier ist nicht schlecht, mögen Sie jetzt denken.

Das Problem ist, dass das vierte Ziel zig Millionen Tote forderte.

Ursache dafür war wieder die fehlende Einsicht in die Tatsache, dass Ökosysteme komplex und schwer zu überblicken sind. Oh, ja, denken wir, lass uns doch einfach hier eine Art dazugeben und diese oder jene Art ein bisschen eindämmen. Das wird alles besser machen. An diesem Punkt tritt Madame Unbeabsichtigte Folgen auf den Plan, begleitet von ihren Gefährten Dominoeffekt und Fehlerkette, und schon tanzt die Hybris Salsa.

Als die Kommunisten des Großen Vorsitzenden Mao Ende

1949 die Macht in China übernahmen, befand sich das Land im Würgegriff massiver medizinischer Probleme. Infektionskrankheiten von Cholera über Pest bis Malaria feierten fröhliche Urständ. Wenn Maos Ziel einer Modernisierung des Landes von einer größtenteils landwirtschaftlich geprägten Nation, die den Feudalismus erst wenige Jahrzehnte hinter sich gelassen hatte, in ein modernes industrielles Kraftzentrum erreicht werden sollte, würde etwas geschehen müssen.

Einige der Maßnahmen lagen auf der Hand und waren nur sinnvoll: Massenimpfungen, verbesserte Hygiene – solche Dinge eben. Das Problem nahm seinen Lauf, als Mao anfing, Tiere für die Missstände des Landes verantwortlich zu machen.

Stechmücken übertragen Malaria, Ratten die Pest, so viel stand einigermaßen fest. Und so wurde ein nationaler Plan ausgebrütet, ihre Zahl zu dezimieren. Unglücklicherweise beließ Mao es nicht dabei. Hätte er lediglich eine Zwei-Plagen-Kampagne ausgerufen, wäre womöglich alles zum Besten verlaufen. Doch Mao beschloss (ohne sich die Mühe zu machen, solche Sachen zu tun wie, na ja, Fachleute nach ihrer Ansicht zu fragen oder so), zwei weitere Arten in das Programm einzuschließen. Fliegen hatten dran zu glauben – aus dem einfachen Grund, weil sie lästig waren. Und die vierte Plage? Spatzen.

Das Problem bei Spatzen, so befand man, sei, dass sie Getreide fraßen. Ein einzelner Spatz kann in jedem Jahr seines Daseins 4,5 Kilo Getreide verputzen – Getreide, das man viel besser verwenden konnte, um das chinesische Volk zu ernähren. Man stellte Berechnungen an und kam zu dem Schluss, dass pro Million Spatzen, die eliminiert wurden, zusätzliche 60 000 Menschen ernährt werden könnten. Wer hätte dagegen etwas sagen können?

Die Kampagne gegen die vier Plagen begann 1958, und es handelte sich um ein bemerkenswertes Unterfangen. Eine landesweite Plakataktion forderte jeden Bürger vom jüngsten bis zum ältesten auf, seine Pflicht zu tun und so vielen Tieren wie möglich den Garaus zu machen. »Vögel«, so erklärte man, »sind staatsfeindliche Tiere des Kapitalismus«. Die Menschen erhielten von der Fliegenklatsche bis zum Gewehr alle möglichen Waffen, Schulkinder wurden darin trainiert, so viele Spatzen wie möglich abzuschießen. Triumphierende Spatzenhassermobs strömten Fahnen schwingend auf die Straßen und zogen gegen die Vögel in den Krieg. Spatzennester wurden zerstört, die Eier zerschmettert, Töpfe und Pfannen schlagende Bürger scheuchten die Tiere unablässig aus den Bäumen, damit sie nie Ruhe fanden, sodass sie schließlich vor Erschöpfung tot vom Himmel fielen. Allein in Shanghai, so schätzt man, verloren am ersten Tag der Feindseligkeiten fast 200 000 Spatzen ihr Leben. »Kein Krieger wird abgezogen«, schrieb die Zeitung *Renmin Ribao* (zu Deutsch *Das Volk*), »bis die Schlacht gewonnen ist.«

Die Schlacht wurde in der Tat gewonnen. Was das Erreichen der gesteckten Ziele anging, war sie ein Triumph – ein überwältigender Sieg der Menschheit gegen die Heerscharen der kleinen Tiere. Insgesamt wurden während der Vier-Plagen-Kampagne, so schätzt man, 1,5 Milliarden Ratten getötet, 11 Millionen Kilogramm Moskitos, 100 Millionen Kilogramm Fliegen … und eine Milliarde Spatzen.

Leider zeigte sich rasch, wo hier das Problem lag: Jene eine Million Spatzen hatte nicht nur Getreide gefressen. Die Vögel hatten auch Insekten vertilgt. Heuschrecken zum Beispiel.

Schlagartig von dem Druck befreit, mit einer Milliarde umherflatternder Räuber rechnen zu müssen, die ihre Zahl gering hielt, feierten Chinas Insekten, als sei jeden Tag Neujahr. Im Unterschied zu Spatzen, die hier und da ein Körnchen pickten, zogen die Heuschrecken in riesigen erbarmungslosen Wolken durch Chinas Getreidefelder. Im Jahr 1959 wurde endlich ein echter Fachmann angehört (der Ornithologe Tso-hsin Cheng, der von vorneherein versucht hatte, die Menschen zu warnen und ihnen klarzumachen, was für eine miserable Idee das alles war), und die Spatzen wurden auf der offiziellen Liste der Plagegeister-die-wir-töten-wollen durch Bettwanzen ersetzt. Aber da war es bereits zu spät. Sie können nicht mal so eben locker eine Milliarde Spatzen wieder herbeischaffen, nachdem Sie sie zuvor ausgelöscht haben.

Um eins klarzustellen: Die Ausrottung der Spatzen war nicht die einzige Ursache jener großen Hungersnot, die China in den Jahren 1959 und 1962 heimsuchte – ein ganzer Tsunami an fürchterlichen Entscheidungen trug ebenfalls dazu bei. Ein von der Partei geforderter Wechsel von der traditionellen Subsistenzwirtschaft hin zum Anbau hochwertiger Nutzpflanzen, ein ganzes Arsenal an zerstörerischen neuen Landwirtschaftstechniken, die auf der Pseudowissenschaft des sowjetischen Biologen Trofim Lysenko fußten, sowie der Umstand, dass die Zentralregierung alle Waren zentral verwaltete und daher den lokalen Genossenschaften entzog, all das spielte ebenfalls eine Rolle. Ein Klima, das Beamte aller Rangstufen dazu verführte, nur positive Ergebnisse zu vermelden, führte auf Seiten der Führung des Landes zu der irrigen Annahme, dass im Großen und Ganzen alles in bester Ordnung sei und das Volk mehr als genug zu essen habe. Das bedeutete, dass es, als das Land mehrere Jahre hintereinander unter schlechten Witterungsbedingungen zu leiden hatte (Überflutungen in einigen Teilen, Dürre in anderen), keine Reserven gab, um die Menschen durchzubringen.

Aber die ganze Spatzentöterei und das anschließende Dahinraffen der Ernten durch echte Schädlinge war ein entscheidender Baustein für die nachfolgende Katastrophe. Schätzungen zur Zahl der Hungertoten schwanken zwischen 15 und 30 Millionen, und die Tatsache, dass wir *nicht einmal wissen*, ob 15 Millionen Menschen gestorben sind oder nicht, verleiht dem Ganzen eine zusätzliche Dimension des Schreckens. Man sollte hoffen, dass die Grundlektion bei alledem – pfusch nicht an der Natur herum, so du nicht sehr, sehr sicher bist, was für Konsequenzen dich erwarten, und selbst dann ist es vermutlich keine gute Idee – ein für alle Mal gesessen hat. Aber danach sieht es nicht aus. Im Jahr 2004 befahl die chinesische Regierung die Massenvernichtung von Säugetieren wie Schleichkatzen und Dachsen in Reaktion auf den Ausbruch einer sich rasch ausbreitenden virusbedingten Atemwegserkrankung namens SARS (Schweres Akutes Respiratorisches Syndrom), von der man annahm, dass sie durch die in manchen Teilen Chinas als Wildbret geschätzten Schleichkatzen übertragen wurde – was den Verdacht nahelegt, dass die menschliche Fähigkeit, aus den eigenen Fehlern zu lernen, so kümmerlich ausgeprägt ist wie eh und je.

Mach nie den Fehler, Vögel zu unterschätzen, Teil II: Shakespeare im Park

Eugene Schieffelin beging im Prinzip denselben Fehler wie der Große Vorsitzende Mao, allerdings mit umgekehrtem Vorzeichen. Und während Maos Verhängnis durch das Streben nach einer Verbesserung der Volksgesundheit und eine Diktatorenfaust verursacht wurde, war das Unheil, das Schieffelin in seinem Ökosystem anrichtete, ein großdimensionierter Pfusch an der Natur, dessen Folgen bis zum heutigen Tag zu spüren sind, allein einer Laune geschuldet.

Was Schieffelin an einem kalten Frühlingsmorgen im Jahr 1890 anrichtete, endete in der Verbreitung verschiedener Krankheiten, der alljährlichen Zerstörung von Feldfrüchten im Wert von vielen Millionen Dollar und obendrein dem Tod von 62 Menschen bei einem Flugzeugabsturz. Ganz schön viel Flurschaden für jemanden, der lediglich zu zeigen bemüht war, was für ein glühender Shakespeare-Verehrer er war.

Schieffelin war ein wohlhabender Arzneimittelhersteller und lebte in New York City. Aber ungeachtet des ungeheuren Potenzials an üblen Kunstfehlern, die sich bei dieser Art von Arbeit begehen lassen, hatte sein Beitrag zum allgemeinen Umweltchaos nichts mit seiner Profession zu tun, sondern entsprang seinem außerdienstlichen Zeitvertreib. Er war ausgesprochen begeistert von zwei Modetrends seiner Zeit – einer absoluten Hingabe an die Werke William Shakespeares und an das Verpflanzen von Arten in neue Habitate.

Zu jener Zeit durchlebte die westliche Kultur ein allumfassendes Shakespeare-Revival, was zur Folge hatte, dass der Dichter in den Augen der Allgemeinheit eine Popularität erlangte, die vergleichbar ist mit der von Beyoncé. Zeitgleich hatten sich – ausgehend von einer Modeidee aus Frankreich – in der gesamten westlichen Welt Gruppen verbreitet, die sich »Akklimatisierungsgesellschaften« nannten – Freiwilligengruppen aus begüterten Wohltätern, die sich der Aufgabe verschrieben hatten, in ihren Ländern fremde Pflanzen- und Tierarten heimisch zu machen. (Das war viele Jahre, bevor die Menschen kapiert hatten, was für eine idiotische Idee das unter Umständen sein konnte.)

Schieffelins Fehler verdankte sich der Tatsache, dass er der Vorsitzende der New Yorker Akklimatisierungsgesellschaft war und gleichzeitig eine verdammte Vorliebe für Shakespeare hegte. Und so verfiel er auf einen reizend exzentrischen Plan: Wie ließe sich dem größten Dichter der englischen Sprache besser huldigen, dachte er, als jede der von ihm in seinen Stücken besungenen Vogelarten in die Vereinigten Staaten einzuführen? Und so machte sich die amerikanische Akklimatisierungsgesellschaft an die Arbeit.

Zu Anfang hatte sie mit einer Reihe von Fehlschlägen zu kämpfen: Vögel wie Feldlerche, Dompfaff und Singdrossel wurden in die freie Wildbahn (nun ja, die Stadt zumindest) entlassen, schafften es aber nicht, Fuß zu fassen, und starben nach ein paar Jahren in der fremden Umgebung aus. Aber dann, am 6. März 1890, stand Eugene Schieffelin mit seinen Helfern im Central Park und fing an, eine Reihe von Käfigen zu öffnen, in denen sich insgesamt 60 Gemeine Stare aus Europa befanden.

Sie können wahrlich nicht Shakespeare die Schuld an alledem geben, aber hätte er in Akt I, Szene III im ersten Teil seines *Heinrich IV.* ein etwas anderes übertriebenes Bild gewählt, hätten sich die Dinge völlig anders entwickelt. In jener Szene bekräftigt Sir Henry Percy alias Harry Hotspur seine Entschlossenheit, nicht nachzulassen, vom König die Auslösung seines Schwagers Mortimer aus der Gefangenschaft zu fordern (obwohl der König ihm befohlen hatte, Mortimers Namen nie wieder in den Mund zu nehmen), und zwar mit den Worten:

Mortimer!
Ich will einen Staaren abrichten lassen,
daß er nichts als Mortimer ruffe,
und will ihm den Staaren geben,
um seinen Zorn immer in Athem zu erhalten.

Das ist das einzige Mal, dass Shakespeare Stare je erwähnt hat. In den ganzen übrigen gesammelten Werken findet sich kein Wort von diesem Piepmatz. Aber diese eine Erwähnung war unserem Eugene genug.

Jene ersten 60 Stare wurden 1890 in die Freiheit entlassen, 1891 kam Schieffelin zurück und setzte weitere 40 aus. Anfänglich sah es nicht gut aus für die amerikanischen Einwanderer – nach wenigen bitterkalten New Yorker Wintern waren nur noch 32 der ursprünglichen 100 am Leben, und es sah ganz so aus, als würden sie dem Flügelschlag ihrer unglückseligen Vorgänger folgen. Aber Stare sind zähe, flexible Geschöpfe, geschickt darin, sich neuen Umgebungen anzupassen und sich den Weg zum Überleben freizurempeln. Es entbehrt nicht einer gewissen Komik, dass eine Handvoll von ihnen in der Traufe des American Museum of National History Zuflucht vor den Elementen fand – eine Institution, gegründet zur Bewahrung und Pflege der heimischen Naturgeschichte, trug also dazu bei, deren Lauf dramatisch zu verändern. Denn allmählich begann die Starenpopulation zu wachsen. Und sie wuchs. Und wuchs.

Bevor das Jahrzehnt zu Ende war, sah man die Tiere überall in New York City. In den 1920er-Jahren hatten sie sich über halb Amerika ausgebreitet. In den 1950ern hatten sie Kalifornien im Griff. Heute leben in Nordamerika kreuz und quer verteilt 200 Millionen dieser Mistviecher, Sie finden sie überall von Mexiko bis Alaska.

Sie wurden, um es mit den Worten der *New York Times* zu sagen, zu »einem der teuersten und lästigsten Vögel auf unserem Kontinent« – oder, wie die *Washington Post* sie einst nannte: »zum unbestritten meistgehassten Vogel Nordamerikas.« Sie scharen sich zu riesigen Schwärmen von bis zu einer Million Vögel zusammen, fallen in Massen über Feldfrüchte und Nutzpflanzen her, leeren Getreidespeicher. Sie sind aggressiv, jagen heimische Vögel von ihren Nestern und tragen dazu bei, Krankheiten zu verbreiten, die Mensch und Vieh gleichermaßen befallen: Pilzinfektionen und Salmonellen, um nur zwei zu nennen. Ihren Schiss findet man überall, und er stinkt zum Himmel.

Die Riesenschwärme stellen überdies eine Gefahr für den Luftverkehr dar – in Boston gerieten 1960 schätzungsweise 10 000 Stare in die Triebwerke eines auf dem Logan Airport startenden Flugzeugs und brachten es zum Absturz, 62 der 72 Passagiere an Bord starben.

Stare sind eine Pest in Tüten, eine Gefahr für die Gesundheit, die überdies beträchtliche finanzielle Einbußen für die nordamerikanische Landwirtschaft bedeutet. Der einzige Grund dafür, dass sie überhaupt auf dem Kontinent vorhanden sind, besteht darin, dass ein Typ der oberen Mittelschicht bis über beide Ohren in sein Hobby verknallt war und sich nicht die Mühe machte, über potenzielle Folgen nachzudenken. Hätte er dem Langlauf gefrönt, sein eigenes Bier gebraut oder Aquarelle gemalt, wäre nichts von alledem passiert.

Auf der Habenseite nehme ich mal an, die Viecher haben vermutlich dazu beigetragen, die Insektenpopulationen in Schach zu halten?

Fünf weitere Arten, die wir an Orte verfrachtet haben, an denen sie nicht sein sollten

Katzen

Jeder mag Katzen. Nur nicht in Neuseeland, wo es keinerlei Raubtiere gab, bis wir sie mitgebracht haben – schlechte Neuigkeiten für heimische Arten wie den Kakapo, einen flugunfähigen Eulenpapagei.

Die Agakröte

Genau wie die Feldkaninchen wurden auch die (ursprünglich in Südamerika heimischen) Riesenkröten mit besten Absichten nach Australien verpflanzt – in diesem Falle, um einem Zuckerrohr-Schädling an den Kragen zu gehen, dem Rohrkäfer Dermolepida albohirtum. Die Käfer haben sie nicht gefressen. Dafür aber so ziemlich alles andere.

Grauhörnchen

Als das amerikanische Grauhörnchen in Großbritannien und Irland eingebürgert wurde, warf es auf der Stelle sein ganzes Gewicht in den Ring und terrorisierte das heimische Rote Eichhörnchen an den Rand des Aussterbens.

Der Asiatische Tigermoskito

Diese besonders lästige Stechmücke und potenzielle Krankheitsüberträgerin (die anders als viele andere Stechmückenarten zu jeder Tageszeit saugt) hat es auf sehr extravagante Art und Weise verstanden, von einem Kontinent auf den anderen zu hüpfen – 1985 überquerte sie den Nordpazifik mit einer Schiffsladung gebrauchter Autoreifen.

Der Argus-Schlangenkopffisch

Hören Sie, wenn Sie vorhaben, eine Tierart aus Asien in Amerika zu etablieren, dann verzichten Sie vielleicht darauf, einen gefräßigen Riesenraubfisch auszusuchen, der sich an Land fortbewegen kann und nicht mal dann eingeht, wenn er mal ein paar Tage kein Wasser unter dem Kiel hat. Das bringt nichts als Ärger.

4

Führer, wir folgen dir

Im Zuge dessen, dass menschliche Gesellschaften immer komplexer wurden – Dörfer wurden zu Städtchen, diese zu Großstädten –, waren wir gezwungen, uns mit einem Problem auseinanderzusetzen, das jeder großen Gruppe vertraut ist, vor der eine komplizierte Aufgabe liegt – egal, ob es sich dabei nun um die Gründung einer Zivilisation handelt oder die Frage, wohin es zum Abendessen gehen soll. Letzten Endes brauchen Sie jemanden, der eine Entscheidung trifft.

Wir wissen nicht viel darüber, wie die ersten menschlichen Gesellschaften sich organisiert haben. Da die menschliche Natur nun einmal ist, wie sie ist, stehen die Chancen gut, dass es immer Menschen gegeben hat, die andere gerne herumkommandiert haben, aber es nicht ganz klar, wann aus diesem Hobby ein echter Job wurde.

Was wir wissen, ist, dass die Menschheit (wie bereits erwähnt) kurz nach der Einführung des Ackerbaus die Ungleichheit erfand. Gut gemacht, Leute. Archäologen sehen das an der Größe der Häuser in frühen Siedlungen. Ganz am Anfang gibt es kaum Unterschiede. Die Gemeinwesen schienen ziemlich egalitär. Doch binnen weniger Tausend Jahre, nachdem die Menschen begonnen hatten, Nutzpflanzen anzubauen, begann sich eine Elite herauszubilden aus Leuten mit sehr viel größeren und schickeren Häusern, als alle anderen sie hatten. Auf dem amerikanischen Doppelkontinent scheint diese zunehmende Ungleichheit nach etwa 2500 Jahren Ackerbau ein Plateau erreicht zu haben, aber in der Alten Welt nahm sie einfach immer weiter zu. Warum? Eine mögliche Erklärung lautet, dass die Menschen in der Alten Welt sich Tiere wie Pferde und Rinder heranzogen, mit denen sie Dinge transportieren und ihre Äcker bestellen konnten, was die Anhäufung von persönlichem Vermögen erleichterte, welches sich an die nächste Generation weitergeben ließ. Und so wurde das eine Prozent geboren.

An irgendeinem Punkt hören solche Eliten auf, einfach nur ein bisschen reicher zu sein als alle anderen, und beginnen, Letztere zu beherrschen. In den frühesten Stadtstaaten waren es vermutlich spirituelle oder religiöse Führer, die einem Herrscher am ehesten gleichkamen, aber vor ungefähr 5000 Jahren hat sich sowohl in Ägypten als auch im alten Sumer (dem heutigen Irak) etwas zu verändern begonnen, und wir finden die ersten Beispiele für die allgemeine Lieblingsform der Regierung – die absolute Monarchie! Es gibt eine sumerische Steintafel, die überaus hilfreich alle Könige (und eine einzige einsame Königin) nacheinander auflistet, möglicherweise die erste Chronik der ersten Könige in der Menschheitsgeschichte. Wenig hilfreich ist daran allerdings, dass ein Großteil davon eindeutig Blödsinn ist. Der erste König, der dort erwähnt wird, Alulim, soll angeblich 28 800 Jahre regiert haben, was offen gestanden unwahrscheinlich klingt in Anbetracht dessen, dass ihm damit zum heutigen Tage noch mehr als 22 000 Jahre der Herrschaft blieben.

Warum genau setzt die Menschheit, wenn es ums Entscheiden geht, wieder und wieder auf den Ansatz »Gib einem Typen die Verantwortung für alles«? Womöglich blieb ihr nicht viel anderes übrig: Die ersten Herrscher haben sich die Macht vielleicht mit Gewalt oder irgendeiner Form von

Zwang angeeignet. Aber es scheint auch ziemlich sicher einen Zusammenhang zu Kriegen zu geben – die Pharaonendynastie in Ägypten nimmt ihren Anfang, als Ägypten vereinigt wird, die sumerischen Könige erscheinen während einer Zeit zunehmender Konflikte zwischen einzelnen Stadtstaaten auf der Bildfläche. Ein Weilchen später – im Jahr 2334 vor unserer Zeitrechnung – wurden die sumerischen Könige nach ein paar Hundert Jahren Herrschaft vom benachbarten König Sargon von Akkad unterworfen, der sich flugs daranmachte, das erste Großreich der Weltgeschichte zu errichten.

In den Hochtälern von Oaxaca, Mexiko, können Archäologen an einem Ort komprimiert beobachten, wie sich so etwas abgespielt hat. In ihren Anfängen vor 3600 Jahren unmittelbar nach der Einführung des Ackerbaus war die Siedlung San José Mogote ein kleines, egalitäres, hierarchisch unstrukturiertes Dorf. Im Laufe des nächsten Jahrtausends etwa eskalierten die Konflikte mit benachbarten Dörfern, Wohlstand und Ungleichheit nahmen zu, bis vor 2400 Jahren ein Stammeshäuptling die Dinge in die Hand nahm, worauf das Tal in einen Kriegszustand verfiel, die Bevölkerung von San José Mogote ein Stück den Berg hinaufzog und einen Verteidigungswall errichtete.

»Was kam zuerst, die Anführer oder der Krieg?«, hat ein bisschen was von der Frage nach Henne und Ei, aber es scheint wirklich so, als gingen beide Hand in Hand – und zum großen Ungemach aller Beteiligten ist diese Entwicklung etwas, gegen das sie sich nicht wehren können, und wenn sie noch so gerne ein kleines egalitäres Dorf bleiben würden. Als gute Nachricht für alle Kriegsinteressierten sei gesagt, dass wir ein paar Kapitel später mehr zum Thema haben werden, für den Augenblick lassen Sie uns unser Augenmerk auf die Anführer richten.

Ich weiß, es ist in unseren glücklichen aufgeklärten Zeiten schwer zu glauben, aber gelegentlich sind die Leute, die zu Führern eines Landes werden, für den Job nicht besonders gut geeignet. Tatsächlich ist das keine sonderliche Überraschung: Sie müssen vermutlich von Anfang an zumindest ein kleines bisschen merkwürdig gestrickt sein, wenn Sie überhaupt den Wunsch verspüren, ein Land zu regieren. Manche von uns haben genug Probleme damit, sich morgens zu entscheiden, welche Socken sie anziehen wollen – stellen Sie sich vor, entscheiden zu wollen, was für Socken eine ganze Nation tragen soll?

Natürlich gibt es jede Menge unterschiedlicher Arten von Führern und nicht minder viele Möglichkeiten, wie ein Land an ihnen hängen bleiben kann. Sie haben alle möglichen unterschiedlichen Geschmacksrichtungen an autokratischen Systemen zur Auswahl: Erbdynastien, die Herrschaft qua göttlichem Recht, die gewaltsame Machtergreifung und verschiedene Sorten von Diktaturen. Oh, und dann gibt es auch noch demokratische Wahlen. Wir werden uns im nächsten Kapitel eine kleine Spritztour durch die Fehlschläge der Demokratie leisten, in diesem werden wir uns einige der inkompetentesten, schlimmsten oder einfach schrägsten Autokraten der Geschichte zu Gemüte führen.

Lassen Sie uns beginnen mit Qin Shi Huang, dem ersten Kaiser von China, einem Mann, der durch eine Kombination aus weitsichtigen Visionen und einem brutalen, aber effizienten Ansatz, Dinge zu regeln, unsere moderne Welt in recht erstaunlicher Art und Weise mitgestaltet hat. Zu seinem Pech hat er es durch seine klassisch wahnhafte Super-Bösewicht-Übergriffigkeit auch sensationell vergeigt.

Qin einte Chinas sieben zerstrittene Reiche mittels der abgefeimten List, sie allesamt gewaltsam zu unterwerfen und zu einem einzigen zu machen. Niemand hatte dies je zuvor zuwege gebracht: 222 vor unserer Zeitrechnung, zu einer Zeit, da Rom gerade eben angefangen hatte, ernsthaft darüber nachzudenken, möglicherweise vielleicht auch über Italien hinaus zu expandieren und ein Kaiserreich zu errichten, gründete Qin ein politisches Riesenkonstrukt, das alle anderen überdauern sollte.

Nicht nur das, er hat es überdies geschafft, dabei gleichzeitig eine Reihe von Reformen anzustoßen, die Maßstäbe setzen sollten für die Art und Weise, wie ein modernes Land organisiert zu sein hat: Er verringerte den Einfluss der Feudalherren und etablierte eine zentralisierte Bürokratie, vereinheitlichte Rechtschreibung, Währung und Maßsysteme und schuf eine landesweite Kommunikationsinfrastruktur – zum Beispiel ein Riesennetz an Straßen und ein frühes Postsystem. Oh, und er begann mit der Arbeit an den ersten Abschnitten der künftigen Chinesischen Mauer.

Also … was ist an Qin denn so verkehrt? Nun, leider tat er all das, indem er jeden Widerspruch unterdrückte, widerstreitende Ansichten verbot, Leute exekutierte, die mit ihm nicht übereinstimmten, und zur Umsetzung seiner Bauprojekte Bauern gewaltsam versklavte. Das alles überrascht vermutlich nicht übermäßig in Anbetracht dessen, wie sich die Dinge in unserer Geschichte gern entwickelt haben.

Ein bisschen überraschender ist schon, wozu er all diese in nie zuvor gekannter Weise zentralisierte Macht und sein ausgedehntes Kommunikationsnetzwerk nutzte … Kurz und bündig: um seine Untertanen nach dem Elixier des Lebens suchen zu lassen.

Qin, einer von der ehrgeizigen Sorte, war besessen von der Idee der Unsterblichkeit und glaubte, er könne sich vermittels der Stärken seines neuen Staatswesens den Weg zum ewigen Leben mit brachialer Gewalt bahnen. Er ließ im ganzen Land Aufrufe verlesen, spannte vom Arzt über den Soldaten bis hin zum Handelsreisenden in den entlegensten Gegenden seines Landes jedermann für seine Suche ein. Er verfolgte sein persönliches Anliegen wie ein großes Regierungsprojekt und ließ sich von den verschiedenen Außenposten regelmäßige Fortschrittsberichte sowie Kräuter- und Heiltrankproben an seinen Hof senden. Im Zuge all dessen hatte jeder Arzt sich beim Staat registrieren zu lassen. In gewisser Weise schuf er damit eine frühe Form eines zentralisierten Gesundheitssystems. In anderer hingegen absolut nicht.

Tragischerweise erwies sich das Ganze von Qins Standpunkt aus betrachtet als kein allzu tolles Unterfangen. Wie bei allen echten Erzbösewichten sorgte das Streben nach Unsterblichkeit für den eigenen Untergang: Man glaubt, dass viele der angeblichen Elixiere des Lebens Quecksilber enthielten – was ihn natürlich ums Leben brachte. (Und mit ziemlicher Sicherheit trieb ihn die Quecksilbervergiftung vor seinem Tod gehörig in den Wahnsinn, was selbstredend so ziemlich das Erstrebenswerteste ist bei einem machthungrigen, absolutistischen Herrscher, bei dem jedes Wort Gesetz ist.)

Als er starb, hatte jeder dermaßen die Nase voll von Qin, dass so gut wie in dem Augenblick, als er die Bühne verlassen hatte, ein Aufstand losbrach und sein Erbe binnen weniger Jahre nach seinem Tod vom Thron gestoßen wurde. Die Qin-Dynastie hatte keinen Bestand, auch wenn das Land, das ihr Ahnherr gegründet hatte, bis zum heutigen Tag eine Supermacht ist. Das Geheimnis ewigen Lebens haben sie dort allerdings noch immer nicht gefunden.

Um bei China zu bleiben, aber im Zeitraffer 17 Jahrhunderte vorzuspulen ins Jahr 1505, wäre, so Sie hilfreichen Rat suchen, warum es das Beste ist, nie jemandem mit dem Temperament eines verzogenen Kindes die Verantwortung für ein Land zu überlassen, für den Anfang Kaiser Zhengde (geboren als Zhu Houzhao) vermutlich ein ganz gutes Beispiel.

Seine Abneigung dagegen, sich ernsthaft mit der Arbeit des Regierens zu befassen, wenn er doch viel lieber auszog, um Tiger zu jagen oder mit irrwitzig vielen Frauen zu schlafen, war das eine. Nicht ideal, aber, hey, man muss mit dem klarkommen, was man hat.

Deutlich schräger war, dass er eine Art Alter Ego für sich erfand – einen schneidigen militärischen Führer namens General Zhu Shou – und anfing, diesem Fantasiegeneral Befehle zu erteilen, beispielsweise in den Norden zu gehen und Schlachten zu schlagen, denen er als Zhu Shou natürlich pflichtbewusst nachkam. Und die ihn durch eine bemerkenswerte Koinzidenz der Ereignisse für viele Monate von seiner Arbeit abzog.

Das war echt schräg.

Aber vielleicht nicht ganz so schräg wie die Tatsache, dass er auf dem Gelände seines Palastes originalgetreu einen Markt hatte nachbauen lassen, für dessen Betrieb er die meisten seiner höheren Beamten und militärischen Führer zwang, sich als Ladenbesitzer zu verkleiden und vorzugeben, sie seien Händler, damit er sich wie ein Bürger kleiden, auf dem Markt herumspazieren und so tun konnte, als kaufe er ein. Und wenn er einen dabei erwischte, dass er ein bisschen mürrisch dreinschaute ob dieser für ihn zutiefst demütigenden Form von Zeitverschwendung, wurde er gefeuert – oder schlimmer.

Tja, diese Sache war vermutlich am seltsamsten.

Oh, und dann war noch dieses Mal, als er beschloss, es sei eine gute Idee, kurz vor einem Laternenfest das gesamte Schießpulver im Palast zu lagern. Was ziemlich genau so endete, wie Sie es vermutlich erwarten würden: explosiv. (Er überlebte das Feuer, starb aber im Alter von 29 Jahren an einer Krankheit, die er sich zugezogen hatte, als er aus einem Boot fiel, der Trottel.)

Ein Problem an hereditären Systemen ist, dass sie ziemlich häufig irgendwann jemanden an der Macht haben, der eindeutig besser etwas anderes tun sollte als regieren. Das war der Fall bei Kaiser Zhengde, aber auch bei dem armen König Ludwig II. von Bayern. Im Unterschied zu den meisten Herrschern auf dieser Liste war der »geisteskranke« König großenteils harmlos. Er stand bloß nicht im Geringsten auf all das Zeug, das man vom König von Bayern erwartete, sondern zog es vielmehr vor, sein Leben in den Dienst des Märchenhaften zu stellen.

Wenn Sie sich die Historie der vermeintlichen Fälle von Irrsinn bei Herrschern anschauen, ist schwer zu übersehen, dass viele der Fälle, die auf diesen Listen der »verrücktesten Herrscher« stehen, etwas gemein haben. Nämlich, dass die für die Geschichtsschreibung Verantwortlichen den Begriff »Geisteskrankheit« oder »Exzentrik« scheinbar gerne als Chiffre für »unzureichend heterosexuell« verwenden. (Ein Toast an dieser Stelle auf Königin Christina von Schweden, die sich weigerte zu heiraten, es vorzog, Männerkleidung zu tragen, ihr Haar unfrisiert ließ und an ihrer Seite eine Person hatte, die man heute vermutlich als Gal Pal bezeichnen würde. Als man sie zu zwingen versuchte, sich einen Ehemann zu nehmen, verzichtete sie stattdessen auf den Thron, verließ Schweden als Mann gekleidet und zog nach Rom, wo sie im Gewand einer Amazone auf dem Rücken eines Pferdes in die Stadt einritt.)

Wir können nur sehr, sehr vage Vermutungen über die sexuelle Orientierung historischer Personen anstellen (und dürfen auf keinen Fall vergessen, dass sich die Begriffe »schwul« und

»lesbisch« als eigenes Identitätsmerkmal erst in den vergangenen ungefähr 150 Jahren in westlichen Gesellschaften etabliert haben). Nichtsdestotrotz scheint man ziemlich auf der sicheren Seite zu sein, wenn man feststellt, dass Ludwig II. super-super-schwul war.

Ludwig war ein schüchterner, kreativer Tagträumer und am politischen Geschäft oder am Anführen einer Armee zutiefst uninteressiert. Als er im Jahr 1864 im relativ zarten Alter von 19 Jahren König wurde, zog er sich vielmehr aus der Öffentlichkeit zurück und sah es als vornehmstes Ziel seiner Regentschaft, sich als Mäzen der Künste zu betätigen. Und das machte er ziemlich gut.

Er ließ Unmengen Gelder ins Theater fließen, heuerte Spitzenkräfte an und verwandelte München in eine der Kulturhauptstädte Europas. Er war ein ergebener Verehrer Richard Wagners und wurde zu dessen persönlichem Mäzen, förderte und unterstützte den Komponisten bei der Schaffung seiner späten Meisterwerke auch dann noch, als man ihn der Stadt verwiesen hatte, weil er ein solches Ekel war. Und vor allen Dingen waren da die Schlösser.

Ludwig wünschte, dass Bayern ein Land der Märchenschlösser würde. Er holte sich für die Planung Bühnenbildner statt Architekten und gab Unsummen für eine Reihe extravagant verschnörkelter Paläste aus – Schloss Linderhof, Herrenchiemsee und vor allem das spektakuläre Schloss Neuschwanstein auf einem felsigen Alpenausläufer ganz in der Nähe von Schloss Hohenschwangau, wo er seine Kindheit verbracht hatte.

All das kam den Reichen und den Schönen Bayerns ausgesprochen beunruhigend vor. Nicht dass Ludwig seine Pflichten vernachlässigt hätte – er erledigte den Papierkram im Eiltempo, damit er rasch zu seinen wahren Leidenschaften zurückkehren konnte –, aber durch seine künstlerischen Unternehmungen häuften sich die Schulden, er verabscheute es, bei öffentlichen Anlässen zu erscheinen, und sein Hauptinteresse an militärischen Fragen schien sich darauf zu beschränken, dass es in der Kavallerie genügend heiße Jungs gab.

Schloss Neuschwanstein

Und dann war da noch die leidige Frage nach einem Erben. Wie alle anderen Könige stand auch Ludwig unablässig unter dem Druck, heiraten und Kinder produzieren zu sollen. Er verlobte sich mit einer Herzogin, die seine Liebe zur Musik Wagners teilte, aber als die Hochzeit näher rückte, schob er sie ein ums andere Mal auf und sagte schließlich ganz ab. Er sollte nie wieder auch nur ansatzweise den Versuch unternehmen zu heiraten.

Letzten Endes, als Ludwigs Schuldenberg immer weiter wuchs und seine Pläne für neue Schlösser immer wildere Dimensionen annahmen, beschlossen seine Gegner bei Hofe zu handeln und gingen den althergebrachten Weg, ihn für unzurechnungsfähig zu erklären. Nun ist die Vermutung nicht allzu weit hergeholt, dass es in Ludwigs Familie das eine oder andere psychische Problem gegeben haben könnte (seine Tante Alexandra glaubte, ein gläsernes Klavier verschluckt zu haben, was sie nicht hinderte, als Schriftstellerin und Übersetzerin zu wirken). Aber von den vier berühmten Ärzten, die die Verschwörer überredeten, Ludwigs Diagnose zu unterschreiben, hatte kein Einziger Ludwig untersucht und nur einer ihn überhaupt je zu Gesicht bekommen (und das lag zwölf Jahre zurück). Zu den Belegen für seine offensichtliche Unfähigkeit zu regieren gehörte die stark belastende Tatsache, dass er einem Bediensteten untersagt hatte, ihm Milch in den Kaffee zu schütten.

Aber der Plan ging auf, und ungeachtet der größten Anstrengungen einer ihm wohlgesonnenen Baronin, die die Regierungsbevollmächtigten mit ihrem Schirm abwehrte, wurde Ludwig abgesetzt und in einem Schloss südlich von München eingesperrt (Entschuldigung: »seiner Gesundheit zuliebe behandelt«). Der Verdacht, dass hier nicht alles mit rechten Dingen zugegangen ist, wird nicht eben zerstreut durch die Tatsache, dass Ludwig und sein Arzt drei Tage später im seichten Ufer eines Sees tot aufgefunden wurden – unter Umständen, die man nicht anders als »mysteriös« nennen kann.

In gewisser Weise aber lachte Ludwig doch zuletzt. All die Schlösser, für die er so großzügig Geld ausgegeben hatte? Sind heute in der ganzen Welt berühmt – Schloss Neuschwanstein ist weltweit Inbegriff der Marke Bayern – und ziehen jährlich Millionen Besucher an, all das ist eine Supersache für die bayrische Wirtschaft. Hätten die Intriganten Ludwigs Zukunftspläne nicht torpediert, indem sie ihn sich vom Hals schafften, wer weiß, über wie viel mehr Attraktionen die Bayern heute verfügen würden. Derjenige, der es in diesem Falle vergeigt hat, war nicht der arme tagträumende Ludwig. Es waren die anderen.

Selbst wenn Sie noch nie von Schloss Neuschwanstein gehört haben, werden Sie es hundertmal gesehen haben. Seine romantischen Türmchen und Erker bilden die direkte Vorlage für die Schlösser in Disneys *Cinderella* und in *Dornröschen*, die ihrerseits zu Synonymen des größten Unterhaltungsunternehmens der Welt wurden. Jedes Mal, wenn in Disneys Filmlogo die Sternschnuppe ihren Feenstaub über jenem Schloss abregnet, werden Sie Zeuge der Tatsache, dass Ludwigs Traum weiterlebt.

Ludwig war beileibe nicht der einzige Staatenlenker der Geschichte, dessen Träume und Begabungen auf anderem Gebiet lagen als auf dem des Regierens. Seine Leidenschaft für den Bau von Schlössern war immerhin eine Neigung, die mehr oder weniger grob in der richtigen Richtung für einen Monarchen lag. Eine deutlich weniger geeignete Passion wäre zum Beispiel eine Laufbahn als begeisterter, nimmermüder Taschendieb.

König Faruq I. von Ägypten (1920–1965)

Nun, wenn das einzig Bemerkenswerte, was Faruq von Ägypten in seinem Leben getan hat, darin bestanden hätte, Winston Churchill bei einem entscheidenden Treffen während des Zweiten Weltkriegs die Taschenuhr zu entwenden, wäre er vielleicht ein bisschen anders in Erinnerung geblieben. Er hätte schlimmstenfalls als ein bisschen exzentrisch, bestenfalls als absolute Legende gegolten, ein König der Spaßmacher vielleicht.

Aber Faruq ließ es nicht dabei bewenden.

Obschon reicher als jeder von uns sich träumen lassen könnte, hatte Faruq – der zweite und letzte erwachsene König von Ägypten – ein verdammtes Faible fürs Stehlen. Er beklaute nicht nur die Reichen und die Schönen, er bestahl auch seine Untertanen. Er ließ einen der meistberüchtigten Taschendiebe Ägyptens aus dem Gefängnis frei, nur damit dieser ihm beibrachte, wie er seine Technik verbessern konnte. Als die Leiche des kurz zuvor verstorbenen Schahs von Persien auf dem Weg nach Teheran in Ägypten Zwischenstation machte, stahl er aus dem Sarg tatsächlich ein juwelenbesetztes Schwert und andere Wertgegenstände. (Es verwundert nicht, dass er damit einen handfesten diplomatischen Zwischenfall provozierte.)

Aber es war nicht allein das Stehlen, das Faruq als vielleicht doch nicht so geeignetes Königsmaterial auswies. Er war außerdem weithin bekannt für seinen enormen Appetit, seine Lust am Feiern und seinen verschwenderischen Lebensstil. Der einst gut aussehende Teenager – später als »Magen mit Kopf« beschrieben – legte nach der Übernahme der Königswürde rasch an Gewicht zu und brachte es auf über 130 Kilo. Auch war er so vernarrt in seinen Dienstwagen – einen roten Bentley –, dass er per Dekret verfügte, niemand sonst in Ägypten dürfe ein rotes Auto fahren. Er legte sich eine Riesensammlung an billigen Pornos zu. Als unverbesserlicher und verschwendungssüchtiger Spieler umgab er sich mit einer Clique von Opportunisten, Hochstaplern und korrupten Beamten. Als er eines Tages aus einem Albtraum erwachte, in dem er von Löwen angegriffen worden war, verlangte er, dass man ihn zum Kairoer Zoo fuhr, wo er prompt sämtliche Löwen erschoss.

Mit alledem wäre er vielleicht durchgekommen, hätte er nicht angefangen, die Menschen noch auf andere Weise gegen sich aufzubringen. Die Briten hatten 1922 zähneknirschend der ägyptischen Unabhängigkeit zugestimmt, unterhielten im Land jedoch noch immer unverändert eine große, wenig beliebte Militärpräsenz, und viele von Faruqs Untertanen fingen an, den Monarchen mehr und mehr als Marionette des Westens zu sehen. Die Briten ihrerseits wurden zunehmend sauer auf Faruq, weil er ihrer Ansicht nach *nicht genug* von einer Marionette hatte (mehr davon im späteren Kapitel Kolonialismus).

Als der Zweite Weltkrieg begann, waren es nicht mehr nur Angelegenheiten wie das Stibitzen von Armbanduhren anderer Staatenlenker, die die Menschen gegen Faruq aufbrachten. Es waren so Kleinigkeiten wie beispielsweise seine Weigerung, bei Verdunkelungsalarm wegen deutscher Bomber das Licht in seinem Palast in Alexandria zu löschen. Oder die Tatsache, dass er Adolf Hitler eine Nachricht schickte, in der es hieß, er würde eine Nazi-Invasion sehr begrüßen, weil er damit womöglich die Briten loswürde.

Faruq schaffte es so gerade durch die Feindseligkeiten, erklärte verspätet – ungefähr zu dem Zeitpunkt, da die Kampfhandlungen ein Ende gefunden hatten – den Achsenmächten den Krieg, konnte sich aber danach nicht mehr lange halten. Im Jahr 1952 wurde er durch einen Militärputsch abgesetzt (sein sechs Monate alter Sohn wurde für weniger als ein Jahr auf dem Papier zum König, bevor die Monarchie endgültig abgeschafft wurde) und verbrachte seine letzten Jahre in Monaco und Italien, wo er, wie das *Time*-Magazin schrieb, »immer hartnäckiger und widerwärtiger Frauen nachstellte«. Er starb schließlich, wie Führer im Exil seit ewigen Zeiten zu sterben pflegen: an einem Herzinfarkt bei einer Zigarre nach einem schweren Essen in einem Restaurant in Rom.

(Fürs Protokoll: Churchill fand die Sache mit der Uhr alles andere als witzig und verlangte sie verärgert zurück.)

Man sollte hoffen, dass die Qualität der politischen Führer, die uns beschert werden, im Laufe der Zeit steigt, aber es gibt in moderner Zeit reihenweise Gestalten, die es an abgrundtiefer Schrecklichkeit mit ihren historischen Pendants locker aufnehmen können. Da wäre zum Beispiel Saparmyrat Nyýazow, der mehr als 20 Jahre über Turkmenistan herrschte (seit den Tagen des Landes als Teil der Sowjetunion, später dann bis zu seinem Tod im Jahr 2006 über das unabhängige Land) und als Musterbeispiel für die Tatsache gelten kann, dass Sie um jeden Diktator einen Personenkult aufziehen können, auch wenn die Persönlichkeit des Betreffenden sich durch extreme Dummheit auszeichnet.

Zwei Jahrzehnte hindurch regierte der Staatschef auf Lebenszeit das Land nach seinen persönlichen Launen, die allesamt äußerst verschroben waren. Er bestand darauf, als Türkmenbaşy bezeichnet zu werden, was so viel bedeutet wie »Führer der Turkmenen«. Er verbot in der Hauptstadt Aschgabat alle Hunde, weil er ihren Geruch nicht mochte. Er verbot Goldzähne sowie Männern Bärte und langes Haar. Er mischte die Regeln für das Aussehen von Fernsehpersönlichkeiten auf und untersagte den Fernsehsprechern jedes Make-up, weil er fand, das mache Männer und Frauen schwer voneinander zu unterscheiden. Er verbot Oper, Ballett und Zirkus, das Playback bei musikalischen Darbietungen, das Abspielen von Musikaufnahmen bei Hochzeiten und Ähnlichem und sogar das Radiohören im Auto.

Goldene Statue von Saparmyrat Nyýazow (auch bekannt als Türkmenbaşy) in Aschgabat

Er ließ in Aschgabat eine riesige Goldstatue von sich selbst errichten, die sich um ihre Achse drehte, damit sie immer mit dem Gesicht zur Sonne stand, und hatte ein ausgeprägtes Faible dafür, Dinge mit seinem Namen zu versehen. Im Jahr 2002 benannte er den Monat Januar in »Türkmenbaşy« um, den April nach seiner Mutter in »Gurbansoltan-eje«. Eine der größeren Städte wurde ebenfalls in »Türkmenbaşy« umgetauft. Brot hieß fortan nach seiner Mama. Der Flughafen von Aschgabat wurde umbenannt in »Großer Saparmurat Turkmenbaschi (Saparmyrat Türkmenbaşy International Airport). Er führte einen Feiertag Melonen zu Ehren ein, gemeint war dabei insbesondere eine neue Sorte von Zuckermelone, die – wer hätte es gedacht – den Namen »Türkmenbaşy« trug.

Er schrieb ein Buch mit dem Titel *Ruhnama*, eine Mischung aus Gedichtsammlung, Autobiografie, geklitterter Geschichtsschreibung und Selbsthilfehandbuch. Das Buch abzulehnen wurde mit Folter bestraft. Es in- und auswendig zu kennen war Voraussetzung für das Bestehen der Führerscheinprüfung. Er ließ sämtliche Bibliotheken außerhalb der Hauptstadt schließen mit der Begründung, dass der Koran und die *Ruhnama* die einzigen Bücher seien, die ein Mensch je lesen müsse. Er errichtete in der Hauptstadt ein kolossales Standbild seines eigenen Buchs, das sich um sich selbst drehte und in regelmäßigen Abständen Teile daraus zu Gehör brachte. Die Lektüre des Buchs wurde zur Vorbedingung für den Eingang ins Himmelreich. (Vermutlich war es von Ghostwritern verfasst worden.)

Er gab Unsummen für alberne Bauwerke aus – eine Eissporthalle in der Wüste, eine gigantische Pyramide und eine Sechzig-Millionen-Dollar-Moschee, die unter dem Namen »Moschee seiner Geistlichkeit Turkmenbaschi« läuft. Er ließ quer durchs Gebirge einen gewaltigen »Gesundheitspfad« (vor allem aus Betonstufen) bauen und verlangte von allen Schulklassen und Staatsdienern, dass sie die knapp 50 Kilometer darauf zu Fuß pilgerten. 2004 entließ er 15 000 medizinische Fachkräfte aus dem Gesundheitswesen und ersetzte sie durch Soldaten. Er ließ alle Krankenhäuser außerhalb der Hauptstadt schließen mit der Begründung, dass die Leute ja anreisen könnten, wenn sie krank würden. Er schaffte den hippokratischen Eid ab und ersetzte ihn durch einen Eid auf Türkmenbaşy. Es wird berichtet, dass er wiederholt geschmuggelte Medikamentenlieferungen beschlagnahmt habe, um sie für sich selbst zu behalten, und in seinem abgedunkelten

Wohnsitz mit scharfen Waffen auf imaginäre Feinde schoss. Es gab keine freie Presse, abweichende Meinungen wurden unterdrückt, und alle öffentlichen Gruppen, politischen Parteien und Religionen hatten sich beim »Fairness-Ministerium« registrieren zu lassen. Außerhalb des Ministeriums stand eine riesige Statue der Justitia – die, wie sich nicht übersehen ließ – verblüffende Ähnlichkeit mit Türkmenbaşys Mutter hatte.

Es ist nicht ganz klar, welche allgemeineren Lehren wir aus Nyýazows langer, extrem schrecklicher Herrschaft ziehen können, außer: Wann immer Sie sich dabei ertappen, auch nur ein kleines bisschen so zu agieren wie er, bitte, bitte, hören Sie damit auf.

Aber so schlimm Türkmenbaşy auch war und so unglücklich das Los Turkmenistans die zwanzig Jahre unter seiner Herrschaft, er schafft es doch nicht an die Spitze der Liste von »extrem bedauerlichen Autokraten«. Es gab bösere Führer und möglicherweise auch inkompetentere. Aber wenn Sie ein gutes Beispiel dafür lesen möchten, wie abgefahren Autokratien tatsächlich werden können, dann ist das Osmanische Reich kaum zu überbieten, bewies es doch schlagend, dass auch aller schlechten Dinge manchmal drei sein können.

Der Goldene Käfig

Nur wenige Orte können einen solchen Lauf an Schreckensherrschern verzeichnen wie das Osmanische Reich während der ersten Hälfte des 17. Jahrhunderts. Zwei von ihnen wurde posthum die Bezeichnung »der Wahnsinnige« zuteil, und das ist selten ein gutes Zeichen. Schlimmer noch, es hätte womöglich derjenige, dem besagter Zusatz gar nicht verliehen wurde, ihn am meisten verdient.

In Anbetracht dessen, dass zwei von ihnen Brüder und der Dritte deren Onkel war, kann man fast nicht umhin zu vermuten, dass da irgendetwas Erbliches im Gange war. Aber auf der anderen Seite beschleicht einen auch das unwiderstehliche Gefühl: »Na ja, was hast du *erwartet?*« Wenn Sie wirklich darauf aus sind, ein System zu etablieren, das darauf angelegt ist, instabile Herrscher hervorzubringen, ist schwer vorstellbar, wie Sie es hätten besser machen können.

Der Topkapı-Palast in Istanbul war zu jener Zeit kein besonders sicherer Aufenthaltsort, das galt insbesondere, wenn Sie der Sohn des gerade herrschenden Sultans waren. Das Problem waren nämlich Ihre Brüder – oder zumindest wurden sie das, sobald der gerade herrschende Sultan das Zeitliche segnete und alle Nachkommen gleichzeitig versuchten, ihren Anspruch auf den Thron geltend zu machen.

Wie es sich seinerzeit in so vielen Monarchien eingebürgert hatte, waren auch hier im Laufe der vergangenen Jahrhunderte blutige Kämpfe um die Nachfolge mehr oder weniger Tradition geworden – eine Tradition, die die gerne mal unangenehme Gewohnheit hatte, in einen längeren Bürgerkrieg auszuarten. Das war für niemanden sonderlich gemütlich, vor allem nicht, wenn Sie ein Reich zu führen und eine Herrschaft auszubauen hatten, also beschlossen die Söhne des Sultans in aller Regel, es sei effizienter, jeder Rivalität unter den Geschwistern zuvorzukommen, indem sie … Nun ja, indem sie sämtliche Brüder ermorden ließen.

Die Kehrseite dieses institutionalisierten Brudermords war, dass die Dynastie des Hauses Osman auf diese Art besonders gefährdet war, ein abruptes Ende zu finden, falls der Sultan starb, ohne Söhne zu haben und ohne Brüder, die ihm nachfolgen konnten, weil alle ermordet worden waren. Außerdem war da noch die kleine Sache mit Sultan Mehmed III., der nicht weniger als 19 jüngere Brüder ermorden ließ, als er sich 1595 anschickte, den Thron zu besteigen, was, wie jedermann beipflichtete, nun doch ein bisschen zu viel des Guten war. Unter seinem Nachfolger Ahmed I. wurde daher ein Kompromiss geschaffen: der Kafes (zu Deutsch »Käfig«), das Prinzengefängnis als Ort, wo Sie Ihre überzähligen Brüder unterbringen konnten.

Der Käfig war kein Käfig im eigentlichen Sinne, es handelte sich um einen ziemlich luxuriösen, geschmackvoll eingerichteten Turm gleich neben dem Harem, aber er hatte ganz sicher ein paar Eigenschaften mit einem solchen gemein. Beispielsweise die, dass man ihn nicht verlassen konnte.

Als Ahmed 1603 Sultan wurde, brach er unerwarteterweise mit der Tradition des Brudermordens und ließ seinen jüngeren Bruder Mustafa am Leben. Die Tatsache, dass er selbst erst 13 und Mustafa seinerzeit zwölf war, mag für die Entscheidung eine Rolle gespielt haben – es würde bis zum nächsten Jahr dauern, bis Ahmed überhaupt Vater wurde. Zum Teil mag es auch Mitgefühl mit dem Bruder gewesen sein, der damals bereits recht kränklich gewesen sein muss. Im Prinzip scheint die Möglichkeit zu bestehen, dass Ahmed vielleicht ... beinahe ganz nett war?

Wie dem auch sei, statt getötet zu werden, wurde Mustafa in den Käfig geschickt, während Ahmed I. Sultan wurde. Alles ging glatt bis zum Jahr 1617, in dem Ahmed an Typhus starb.

Zu diesem Zeitpunkt war er bereits Vater einer Reihe von Söhnen, die ihm rein praktisch als Erben auf den Thron hätten folgen können. Aber dank einer Kombination aus dem Umstand, dass sie noch ziemlich klein waren, und der einen oder anderen Palastintrige (großenteils ausgehend von Ahmeds Lieblingsfrau Kösem, die nicht wollte, dass ihre Söhne ermordet würden, wenn ihr älterer Halbbruder an die Macht

käme), beschlossen die Mächte hinter dem Thron, die Erb-
folge zu ändern. Statt Ahmeds ältestem Sohn Osman würde
nun der Bruder dem Bruder nachfolgen. Und so wurde aus
Mustafa Mustafa I.

Man kann mit Fug und Recht sagen, dass das nicht gut lief.
Mustafa war wahrhaftig nicht dazu geschaffen, Sultan zu
werden. Er scheint nicht besonders begeistert von der Vorstellung gewesen zu sein, auch waren die Umstände dem
Ganzen nicht eben förderlich – er hatte die ersten zwölf Jahre
eingesperrt verbracht in der Gewissheit, dass sein Bruder ihn
irgendwann umbringen würde, und dann die nächsten 14
mit nichts anderem als Opium und Konkubinen zum Zeitvertreib. Die mächtigen Eunuchen am Hof hofften, dass die
Wiedereingliederung in die Gesellschaft seinen Geist ein bisschen aufs Wesentliche lenken würde. Daraus wurde nix.

Mustafas Hauptansatz beim Regieren scheint darin bestanden zu haben, irre viel zu kichern, seine Wesire am Bart zu
ziehen und ihnen die Turbane vom Kopf zu schlagen, während sie versuchten, ihm wichtige Regierungsangelegenhei-
ten zu unterbreiten. Er neigte dazu, Zufallsbekanntschaf-
ten – beispielsweise einen Bauern, der ihm beim Jagen über
den Weg gelaufen war – auf einflussreiche Posten zu berufen.
Außerdem war er bekannt dafür, sich im Palast überallhin von
zwei nahezu unbekleideten Sklavinnen begleiten zu lassen,
und dafür, dass er seine Fische mit Gold- und Silbermünzen
fütterte.

Die ganze Sache ging ungefähr drei Monate, bis jedermann
die Nase voll hatte und Mustafa I. von dem vierzehnjährigen
Osman gestürzt wurde. Irgendwie brachte er es ein zweites
Mal fertig, nicht ermordet zu werden, und wurde stattdessen
wieder in den Käfig zurückgeschickt.

Damit hätte es gut sein können, wäre da nicht die Tatsache gewesen, dass der frühreife Osman II. ein ehrgeiziger unorthodoxer Sultan mit großem Reformeifer war, der sich um Tradition nicht scherte. (Na ja, großenteils. Er schaffte es immerhin, dem guten alten Brauch Genüge zu tun und in seine Amtszeit die Ermordung mindestens eines Bruders hineinzuzwängen.) Osman beging den entscheidenden Fehler, die Eliteeinheiten des osmanischen Heeres – die Janitscharen – richtig zu verärgern: Er gab ihnen die Schuld an der Niederlage in einer Schlacht, die er angezettelt hatte, strafte sie, indem er ihnen ihre Kaffeehäuser nahm und ihnen das Rauchen und Trinken verbot, bevor er schlussendlich den Plan fasste, sie ganz aufzulösen und sich in Syrien eine neue Armee heranzuziehen.

Nun mochte Osman in Bezug auf ihre militärische Schlagkraft vielleicht nicht ganz unrecht gehabt haben, aber die Janitscharen – wen wundert's – waren von seinem Plan nicht übermäßig angetan. Somit wurde Osman II. die Ehre zuteil, zum ersten Fall von Königsmord in der Geschichte des Osmanischen Reiches zu werden, umgebracht von seiner eigenen Armee mittels einer originellen Kombination aus Erwürgen und »Hodenkompression«.

Und in Ermangelung irgendeiner anderen Person, die hätte übernehmen können, kam nun wieder Mustafa aus seinem Käfig frei. Und er machte seine Sache … nicht gut.

Es ist im Nachhinein nicht zu klären, ob wirklich alle dachten, dass vier weitere Jahre Haft seinem Geisteszustand irgendwie zuträglich hätten sein müssen, aber wenn doch, wurden sie nur zu rasch enttäuscht, denn Mustafa nahm auf der Stelle seine alten üblen Gewohnheiten wieder auf. Es ging schon damit los, dass er sich, als sie kamen, um ihn aus dem Käfig zu holen, und ihm erklärten, er sei nun wieder Sultan, drinnen verbarrikadierte und sich weigerte herauszukommen mit dem (nicht ganz unvernünftigen) Argument: »Ich will nicht Sultan werden.« Nachdem sie es fertigbekommen hatten, ihn mittels einer Winde durch ein Loch im Dach herauszubugsieren, verbrachte er viel Zeit damit, durch den Palast zu laufen und verzweifelt nach Osman II. zu suchen, von dem er glaubte, er sei noch am Leben und halte sich in einem Schrank versteckt. Wenn er Osman finden könnte, so seine Überlegung, konnte *dieser* wieder Sultan sein und er, Mustafa, wäre raus.

Das ging 17 Monate so (immerhin fand er unterdessen die Zeit, einen Eselstreiber, der ihm irgendwo begegnet war, an die Spitze einer großen Moschee zu setzen), bis jedermann zu dem Schluss kam, genug sei genug. Selbst Mustafas Mutter konnte sich mit der Idee anfreunden, ihn abzuservieren, wenngleich unter dem Vorbehalt, dass sie es vorziehen würde, wenn man das hinbekäme, ohne ihn umzubringen. Bemerkenswerterweise willigten alle ein, und Mustafa wurde für den Rest seines Lebens wieder in den Käfig geschickt, immerhin konnte er für sich verbuchen, zweimal Sultan gewesen und keinmal ermordet worden zu sein.

Der neue Sultan, Murad IV., hatte für die Machtstrategen am osmanischen Hof zwei große Pluspunkte auf der Habenseite: (a) er war nicht offenkundig irre, und (b) er war ein elfjähriges Kind. Seine Mutter Kösem, ihrerseits eine bemerkenswert versierte Machtplayerin, gewann aus diesem Arrangement ein paar Jahre eigene Herrschaft im Namen eines Marionettensultans. Das war, bevor Murad IV. alt genug war, um erkennen zu lassen, dass er, wenn schon nicht geistesgestört, so doch zumindest ein heillos, heillos übler Mistkerl war.

Da in seinem ererbten Reich keineswegs alles zum Besten stand, fasste er den Entschluss, seine Autorität zu festigen. Mit fester Hand. Er befand, sein Halbbruder Osman sei nicht weit genug gegangen, als er nur dem Militär Dinge verbat, und untersagte fortan jedermann im Osmanischen Reich das Rauchen, das Trinken und insbesondere den Genuss von Kaffee.

In der Liste der »Maßnahmen, die angelegt sind, eine Menge Menschen stinksauer zu machen«, rangiert ein Kaffeeverbot für die Türkei vermutlich irgendwo in der Nähe eines Käseverbots für Frankreich, eines Waffenverbots für die Vereinigten Staaten und … nun, eines Verbots von Nationalklischees für Großbritannien. Aber Murad war finster entschlossen. Er verabscheute Kaffeetrinker derart, dass er nächtens als normaler Bürger verkleidet durch die Straßen patrouillierte, um nach Leuten zu suchen, die Kaffee tranken, und diese auf der Stelle zu exekutieren.

Wenn er nicht damit beschäftigt war, sein strenges Anti-Kaffee-Gesetz durchzusetzen, entspannte er sich gerne damit, Leute für so ziemlich jeden anderen Grund hinrichten zu lassen, der ihm gerade einfiel: dafür, die falsche Art von Musik zu spielen, zu laut zu reden, dafür, zu nahe an seinem Palast vorbeizulaufen oder zu -segeln, oder einfach nur dafür, weiblich zu sein. *Ganz besonders dafür,* weiblich zu sein. Er schob einen echten Hass auf Frauen.

Am Ende seiner Regierungszeit richtete Murad Leute nicht mehr im eigentlichen Sinne hin – was ja beinhalten würde, dass er zumindest irgendeinen fadenscheinigen Vorwand gesucht hätte. Im Grunde rannte er nur noch bis zum Anschlag angefressen mit gezogenem Schwert durch die Gegend und tötete jeden armen Schlucker, der ihm über den Weg lief. Es gibt Schätzungen, die besagen, er allein habe womöglich in nur fünf Jahren seiner siebzehnjährigen Regierungszeit um die 25 000 Leute hingerichtet – das entspräche 13 Menschen an jedem einzelnen Tag. Nochmals sollte aber an dieser Stelle gesagt werden, dass er *nicht* derjenige war, der den Beinamen »der Wahnsinnige« verliehen bekam.

Oh, und er brachte offensichtlich auch die meisten der übrigen Brüder um, die Osman verschont hatte.

Als Murad IV. 1640 starb (an Leberzirrhose, was für die Untertanen, denen er den Genuss von Alkohol untersagt hatte, eine gelinde Überraschung gewesen sein muss), war tatsächlich nur noch ein nicht ermordeter Bruder übrig: Ibrahim. Zu diesem Zeitpunkt hatte Ibrahim so gut wie sein ganzes fünfundzwanzigjähriges Leben in steter Angst vor seiner scheinbar unausweichlichen Ermordung im Käfig verbracht. Mit seiner Furcht hatte er nicht ganz falschgelegen: Murad hatte tatsächlich vom Sterbebett aus seinen Tod angeordnet, hätte das Haus Osman lieber aussterben sehen als zugelassen, dass Ibrahim den Thron besteigt. Der einzige Grund dafür, dass es nicht zur Ermordung kam, war, wie so häufig bei zwei zankenden Brüdern, dass ihre Mutter Kösem einschritt und das Ganze stoppte.

Doch wer sich nun bemüßigt fühlte, einen Seufzer der Erleichterung von sich zu geben, nun, da Murad die Biege gemacht hatte, wurde von Ibrahim rasch von dieser Fehleinschätzung kuriert. Denn falls er nicht irre gewesen war, als man ihn einsperrte, so war er es mit Sicherheit, als er wieder herauskam.

Ganz ähnlich wie vor ihm Mustafa, verließ auch Ibrahim sein Gefängnis mehr als zögerlich, war er doch überzeugt davon, dass all das ein großer fieser Trick von Murad sein müsse, ihn leichter um die Ecke zu bringen. Das Einzige, was ihn schlussendlich überzeugte, war der Anblick von Murads Leiche, die man ihm schließlich brachte.

Nachdem sie ihn endlich überredet hatten herauszukommen, schlug Kösem vor – möglicherweise, weil ihr klar wurde, dass er nicht allzu gut geeignet war, ein Land zu regieren –, er möge sich lieber mit ein paar Konkubinen befassen. Leider übertrieb Ibrahim es mit ihrem Vorschlag bis zum Äußersten.

Neben seinen anderen Vorlieben (beispielsweise einer obsessiven Schwäche für Pelze – er trug ständig Pelzmäntel und verlangte, dass jeder Raum in seinem Palast mit Unmengen an Tierfellen ausgestattet werde), war Ibrahim eindeutig sexbesessen und in dieser Hinsicht unersättlich. Das kam Kösem, die emsig an seiner statt regierte, sehr zupass – sie verschaffte Ibrahim Sexsklavinnen in rauen Mengen und sorgte dafür, dass er ununterbrochen unter Aphrodisiaka stand, damit es ja nicht dazu kam, dass Erschöpfung oder Impotenz ihn lange genug sexuell außer Gefecht setzten und er womöglich aus Versehen selbst ein bisschen würde regieren wollen.

Zu Ibrahims sexuellen Gepflogenheiten gehörte – ich will ehrlich sein – ein Haufen echt abstoßendes Zeug. Der moldawische Woiwode, Seine Durchlaucht von Russland Dimitrie Cantemir, beschrieb es ein paar Jahre später so: »Oft versammelte er sämtliche Jungfrauen in den Palastgärten, ließ sie sich entkleiden und sprang wiehernd wie ein Hengst zwischen ihnen herum und vergewaltigte sie nach Belieben, wobei sie sich auf sein Geheiß gehörig zu wehren hatten.«

Es kommt noch schlimmer. Cantemirs Schilderungen zufolge sah Ibrahim eines Tages auf einer Reise ein Wildrind und wurde von wilder Bewunderung für dessen Genitalien gepackt. Das ging so weit, dass er einen Gipsabdruck davon fertigen und seine Bediensteten Goldabgüsse davon im gesamten Reich herumschicken ließ mit dem Befehl, eine Frau zu finden, deren Genitalien zu denen des Rindes passen würde.

Yeah.

(Ein kleines Caveat vielleicht an dieser Stelle: Es sollte vielleicht gesagt sein, dass Cantemir vielleicht keine *ganz* unvoreingenommene Quelle darstellt. Auf der einen Seite hatte er in Konstantinopel gelebt und studiert, sprach Türkisch und schrieb seine Berichte nur wenige Jahrzehnte nach den Ereignissen nieder. Auf der anderen Seite trug sein Buch den Titel *Geschichte des osmanischen Reiches nach seinem Anwachsen und Abnehmen*, und geschrieben hat er es, kurz nachdem er in führender Position maßgeblich dazu beigetragen hatte, dass das Fürstentum Moldau sein Bündnis mit dem Osmanischen Reich aufkündigte und dem russischen Zarenreich treuepflichtig wurde – das alles, nachdem er eine Schlacht katastrophal verloren hatte, worauf er abgesetzt und ins Exil vertrieben worden war. Es kann daher sein, dass er leichten Groll verspürte. Und das mutmaßlich »abnehmende«, sprich dem Niedergang geweihte Osmanische Reich hatte noch zweihundert Jahre Bestand.)

Ibrahims Suche nach einer idealen Frau – mit oder ohne tierische Intermezzi – endete damit, dass er in Armenien fündig wurde. Sie trug den Namen »Zuckerwürfel« und wurde rasch zu seiner Lieblingsgefährtin. An diesem Punkt fingen die Dinge an, ein bisschen außer Kontrolle zu geraten: Zuckerwürfel erzählte Ibrahim, dass eine seiner Konkubinen ihm untreu gewesen sei, was Ibrahim derart in Zorn versetzte, dass er seinem eigenen Sohn mit einem Messer das Gesicht aufschlitzte, weil dieser sich erlaubt hatte, darüber zu scherzen, und dann – da es unmöglich war herauszufinden, welche der Gespielinnen die Schuldige war – alle Frauen seines 280-köpfigen Harems bis auf zwei in Säcke stecken und im Bosporus ertränken ließ. Nur eine überlebte. Kurze Zeit später lud Kösem, die Zuckerwürfels zunehmenden Einfluss zu fürchten begann, Letztere zum Abendessen und einem kleinen Plausch unter Mädels ein und brachte sie kurzerhand um.

(Ibrahim erzählte sie, Zuckerwürfel sei ganz plötzlich an einer Krankheit gestorben.)

Zu diesem Zeitpunkt hatte Ibrahim durch seine Exzesse dafür gesorgt, dass sich so ziemlich jeder von ihm abgewandt hatte, und die Finanzierung seines verschwenderischen Lebensstils aus Sex und Pelz nagte an den Staatsgeldern. Er hatte mehrere Söhne, die Dynastie war demnach nicht länger gefährdet. Selbst Kösem befand, dass die Dinge zu weit gegangen waren und billigte einen Plan, sich seiner zu entledigen. Und so begehrten zum zweiten Mal innerhalb weniger Jahrzehnte die Janitscharen auf, der Mob zerstückelte den Großwesir und schleppte Ibrahim zurück in den gefürchteten Käfig. Er brachte die letzten elenden zehn Tage seines Lebens am selben Ort zu, an dem er die meiste Zeit seiner Kindheit verlebt hatte, bis die Verschwörer endlich beschlossen, die Dinge abzukürzen und ihn zu ermorden.

Die Geschichte dieser Ära des Osmanischen Reichs liest sich wie ein blutiger, menschenverachtender Fiebertraum – einer, der *Game of Thrones* aussehen lässt wie eine Folge von *Land und Lecker* –, sodass es gelegentlich schwerfällt zu glauben, dass das alles wahr sein sollte. Und ganz sicher ist dies einer von den Fällen, in denen manchmal schwer zu unterscheiden ist, was Wirklichkeit und was reine Propaganda war, um all die politischen Tumulte und Morde zu rechtfertigen.

Die Geschichte dieser Epoche ist jedoch nicht nur eine von wildgewordenen Männern und ein paar mächtigen Frauen, die versucht haben, die Dinge irgendwie stabil und im Lot zu halten – in vielen Teilen der Welt war dies eine Zeit des technologischen Aufbruchs und dramatischer wirtschaftlicher Umwälzungen, der wechselnden Allianzen und der Neuordnung von Grenzen, der Kriege an allen Ecken und Enden. Das Osmanische Reich bildete da keine Ausnahme. In der zweiten Hälfte des 17. Jahrhunderts, als diese Phase der Instabilität zu Ende ging, hatten die Osmanen die Zeit des institutionalisierten Brudermords, der Kriege und Bürgerkriege hinter sich gelassen, ihre Finanzen neu geordnet und die Regierungsform praktisch aus einer feudalistischen absoluten Monarchie in eine moderne Bürokratie überführt. So viel zu der Behauptung, dies sei der Punkt, an dem der Niedergang des Osmanischen Reichs seinen Anfang nahm – alles in allem hatte man all das ziemlich gut überstanden!

Für alle die, die dabei ermordet wurden, ist das vermutlich nur ein schwacher Trost.

Fünf weitere Führer, denen man wahrhaftig nicht die Verantwortung für irgendetwas hätte übertragen sollen

Kaiser Wilhelm II.

Der deutsche Kaiser Wilhelm II. hielt sich für einen Meister des Verhandelns mit goldenem, diplomatischem Händchen. In Wirklichkeit bestand sein einziges Talent darin, so gut wie jedes Land, mit dem er in Berührung kam, zu beleidigen, was möglicherweise erklären hilft, wie es zum Ersten Weltkrieg hatte kommen können.

James VI. und I.

Nicht unbedingt der schlimmste König aller Zeiten – er einte die Kronen von Schottland, England und Irland und gab eine Standardbibel in Auftrag –, aber dabei besessen von der Jagd auf Hexen, er überwachte die Folter der Beschuldigten persönlich und verteidigte die Hexenverfolgung in einem Traktat zur Dämonologie.

Christian VII.

Christian der VII. von Dänemark war in vieler Hinsicht ein armer König, aber seine unkontrollierbare Sucht zu masturbieren war wohl das Unköniglichste an ihm.

Zar Peter III.

Hatte ein echtes Faible für Zinnsoldaten. Weigerte sich jahrelang, die Ehe mit seiner Frau Katharina (später, nachdem sie ihn los war, »die Große«) zu vollziehen, womöglich weil er zu beschäftigt mit seinem Spielzeug war, ließ einst eine Ratte standrechtlich erschießen, weil sie einen seiner Spielzeugkerle angenagt hatte.

Karl IV.

Vielleicht am besten bekannt dafür, dass er glaubte, aus Glas zu sein und jederzeit zerbrechen zu können, blieb König Karl IV. von Frankreich nicht viel Zeit zum Regieren, er starb keine fünf Jahre nach der Amtsübernahme, nicht ohne vorher von den Engländern dahingehend ausgetrickst worden zu sein, dass er einen Vertrag unterzeichnete, der die Engländer zu Erben des französischen Throns machte – womit faktisch hundert Jahre Krieg garantiert waren.

5

Alle Macht dem Volke

In Anbetracht dessen, mit welcher Nonchalance autokratische Herrscher große Bockmistopern von erschreckenden Ausmaßen verzapfen können, haben verschiedene Staaten im Laufe der Geschichte versucht, die Lage zu entschärfen, indem sie eine kleine Neuheit namens »Demokratie« ausprobierten. Mit, wie man sagen muss, durchaus gemischtem Erfolg.

Wo genau die Demokratie erstmals getestet wurde, ist einigermaßen umstritten – mit Sicherheit waren Formen kollektiver Entscheidungsfindung Merkmal früher Kleingesellschaften. Auch gibt es aus Indien zweieinhalbtausend Jahre alte Hinweise auf eine Staatsform, die der Demokratie zumindest nahekommt. Im Allgemeinen aber kassiert der griechische Stadtstaat Athen die Lorbeeren, sich zu etwa derselben Zeit – 508 Jahre vor unserer Zeitrechnung – als Erster eine demokratische Verfassung und Regierung gegeben zu haben.

Natürlich hängen viele der Schlüsselfaktoren einer demokratischen Regierungsform (eine Regierung, deren Posten allen Bürgern zugänglich sind, sowie freie Wahlen, mit denen ein Volk seine Regierung durch eine andere ersetzen kann, wenn es diese leid ist) wohl davon ab, wer als Bürger gilt. Und über weite Strecken der Geschichte und in vielen Ländern haben ein paar unbedeutende kleine Gruppen von Leuten nicht dazugehört – Frauen zum Beispiel, Arme oder ethnische Minderheiten. Ich meine, Sie können schließlich nicht *jedem* Macht anvertrauen, oder?

Ein weiteres Problem bei der Regierungsform Demokratie ist, dass Menschen im Allgemeinen große Fans davon sind, wenn sie glauben, dadurch Macht zu gewinnen, aber plötzlich sehr viel weniger wild darauf sind, wenn es danach aussieht, als ginge ihnen dadurch Macht verloren. Die Folge ist, dass es in einer Demokratie häufig echt kraftraubende Anstrengungen erfordert sicherzustellen, dass sie weiterbesteht.

Rom beispielsweise hat mit verschiedenen listigen technischen Tricks experimentiert, um zu verhindern, dass seine Demokratie in eine Autokratie schlittert. Einer bestand darin, den Posten des Konsuls – des mächtigsten gewählten Funktionsträgers, in dem sich zivile und militärische Führerschaft vereinten – auf zwei Personen aufzuteilen. Sie wurden jeweils auf ein Jahr gewählt, tauschten jeden Monat die machtpolitisch wichtigsten Aufgaben untereinander und befehligten jeder zwei der vier Legionen des römischen Heeres. Eine ziemlich schlaue Art sicherzustellen, dass die absolute Macht nicht in den Händen eines einzelnen Menschen liegt.

Leider erwies sich dieses Konstrukt als nicht ideal, sobald alle vier Legionen des Heeres in einer einzigen Schlacht gebraucht wurden – wie bei der Schlacht von Cannae im Jahr 216 vor unserer Zeitrechnung, bei der Rom sich mit der geballten Kampfkraft der karthagischen Streitkräfte unter dem Kommando des renommierten Elefantenliebhabers Hannibal konfrontiert sah. In jenem Fall wechselte das Kommando über das römische Heer *täglich* zwischen den beiden Konsuln Lucius Aemilius Paullus und Gaius Terentius Varro. Nicht geringer wurde das Problem dadurch, dass die beiden sich nicht auf eine gemeinsame Strategie einigen konnten. An einem Tag hatte der vorsichtige Paullus das Sagen, am nächsten der draufgängerische Varro und so weiter. Hannibal, der die Römer zum Kampf stellen wollte, wartete einfach einen Tag ab, an dem Varro den Oberbefehl hatte, das Ergebnis war eine vernichtende Niederlage und die nahezu komplette Auslöschung des römischen Heeres.

Die Römer hatten obendrein eine Möglichkeit gefunden, diese Art von Aufgabenteilung im Bedarfsfalle zu unterbinden – sie ernannten einen »Diktator«, einen Mann, dem in Krisenzeiten die absolute Macht zufiel, mit der Maßgabe, dass dieser zurücktrete, sobald die spezielle Aufgabe erledigt war, zu deren Lösung man ihm diese Macht übertragen hatte. (Es entbehrt nicht der Ironie, dass der römische Senat sich unmittelbar vor der Schlacht von Cannae eines Diktators entledigt hatte, weil ihm dessen Taktik nicht passte.) Wieder war es in der Theorie eine tolle Idee, allerdings hatte sie den Haken, dass derjenige, den sie mit der absoluten Macht und dem Oberbefehl über ein riesiges Heer ausgestattet hatten, beides freiwillig wieder hätte abgeben müssen. Was die meisten auch taten, so lange bis ein ehrgeiziger Typ namens Julius Caesar beschloss, dass ihm diese Machtvollkommenheit gefiel und er sie gerne behalten würde, wenn es denn recht wäre. Für Caesar endete das auf bestechend unschöne Weise, aber auch seine Nachfolger entschieden, dass uneingeschränkte Macht eine feine Sache sei, und so wurde aus der Römischen Republik sehr schnell das römische Kaiserreich.

Einige Wege, die demokratische Staaten gegangen sind, um die Machthungrigen daran zu hindern, in ungebührlichem Maße Einfluss auf den Lauf der Dinge zu nehmen, waren einigermaßen bemerkenswert. Wenn Sie, sagen wir, das amerikanische Wahlmännersystem irritiert, dann seien Sie froh, dass Sie nicht in der Republik Venedig leben mussten. Etliche Jahrhunderte bevor das Wort »Doge« vorwiegend mit einem beliebten Internet-Mem in Gestalt eines verdutzt-friedfertig dreinblickenden Hundes der Rasse Shiba assoziiert wurde, stand Venedig unter der Herrschaft eines Dogen, eines Staatsoberhauptes, das durch das vermutlich komplizierteste Wahlmännersystem aller Zeiten bestimmt wurde.

In Anbetracht dessen, dass der Doge vom sogenannten Großen Rat aus etlichen Hundert Oligarchen auf Lebenszeit gewählt wurde – ein Arrangement mit einigem Korruptionspotenzial, wie sich denken lässt –, wurde 1268 ein Wahlsystem etabliert, mit dem verhindert werden sollte, dass irgendwer die Wahl manipulieren konnte. Und so wurde der Doge von Venedig gewählt: Zunächst wurden per Los 30 Ratsmitglieder bestimmt. Aus diesen wurden – wiederum per Losentscheid – 9 ausgewählt. Diese 9 wählten darauf 40 Ratsmitglieder, die dann wiederum per Los auf 12 reduziert wurden. Die 12 wählten 25 Ratsmitglieder, die wiederum per Los auf 9 dezimiert wurden. Diese 9 wählten nun 45 Ratsmitglieder, das Los verringerte ihre Zahl auf 11, die dann 41 Personen zu wählen hatten – und in der zehnten Runde des ganzen Verfahrens wählten diese 41 nun endlich den Dogen, der dann noch vom Großen Rat bestätigt werden musste.

Versuchen Sie mal, das laut vorzulesen, ohne zwischendrin Luft zu holen.

Das ist offenkundig komplett aberwitzig und muss für venezianische Politikgelehrte, die irgendwelche Vorhersagen zu treffen versuchten, ein verflixter Albtraum gewesen sein. Aber um den Oligarchen von Venedig gegenüber fair zu bleiben, das Ganze scheint ziemlich erfolgreich gewesen zu sein (mindestens für die venezianischen Oligarchen, heißt das), denn das System blieb über mehr als fünfhundert meistenteils prosperierende Jahre, wie es war, bis die Stadt 1797 von Napoleon besetzt wurde.

Offen gesagt macht das Venedig zu einem Leuchtfeuer der
Stabilität, vor allem, wenn man bedenkt, dass zum Zeitpunkt,
da ich dies schreibe, Italien bekanntermaßen allein in den
72 Jahren seit dem Ende des Zweiten Weltkriegs 65 Regierungen mit insgesamt 43 Ministerpräsidentschaften verschlis-
sen hat. Das Vereinigte Königreich hat im Vergleich dazu im
selben Zeitraum nur 15 Premierminister-Amtszeiten erlebt
(in beiden Fällen hatten manche Regierungschefs den Posten mehr als einmal inne, daher »Ministerpräsidentschaften«
und »Premierminister-Amtszeiten«). Die Formulierung »zum
Zeitpunkt, da ich das schreibe« ist in diesem Zusammenhang
wichtig, denn wenig hilfreicherweise erlebt Italien um den
Abgabetermin des Buchmanuskripts herum gerade eine seiner
regelmäßigen Verfassungskrisen. Es kann gut sein, dass es, bis
das Buch auf dem Markt und zudem übersetzt ist, bei Regierung Nummer 66 und Premierminister Nummer 44 – oder
möglicherweise noch weiter ist. Im Interesse der Genauigkeit
daher hier noch einmal obige Feststellung mit einem Leer-
raum versehen, in den Sie den aktuellen Stand an italienischen
Regierungen eintragen können.

Italien hatte seit 1946 [ ] Regierungen.
(Um die aktualisierte Zahl einzusehen, gehen Sie bitte
auf howmanygovernmentshasitalyhad.com. Und vielleicht verwenden Sie einen Bleistift?)

Eins von den Dingen, die Demokratie so fragil machen, ist
der Umstand, dass Politiken, die unter schön duftenden libe-
ralen und demokratischen Verhältnissen absolut vernünftig
waren, fürchterlich nach hinten losgehen können, wenn ein
autokratisches Regime den Laden übernimmt. Blicken Sie
beispielsweise nach Mexiko in der ersten Hälfte des 19. Jahr-

hunderts, wo die mexikanischen Behörden des soeben von der spanischen Kolonialherrschaft befreiten Landes beschlossen hatten, den unterentwickelten Teil der nördlichen Provinz Texas besser zu nutzen. Man strebte eine Pufferzone an, die Mexiko vor den Überfällen durch die Komantschen ebenso bewahren sollte wie vor den US-amerikanischen Expansionsbestrebungen gen Westen, und begann, amerikanische Rancher und Farmer in der Region zum Siedeln zu ermutigen, indem man große Streifen Land an sogenannte *empresarios* übergab, Makler und Unternehmer, die Amerikaner überreden sollten, den Schritt zu wagen (wobei die Tatsache, dass es kein Auslieferungsabkommen gab, für einige Leute eine triftige Rolle gespielt haben mag).

Dass etwas nicht mit rechten Dingen zuging, dämmerte den Mexikanern erst, als sich herausstellte, dass einige *empresarios* zu beträchtlicher politischer Macht gelangt und viele Siedler nicht willens waren, sich zu integrieren und an die Gesetze der mexikanischen Regierung zu halten. Von plötzlicher Panik getrieben, versuchte die mexikanische Regierung in den 1830er-Jahren, die weitere amerikanische Einwanderung zu unterbinden, musste aber feststellen, dass es nicht in ihrer Macht stand, den Einstrom amerikanischer Immigranten zu stoppen, der sich über ihre Grenze ergoss.

Die Dinge spitzten sich zu, als die (relativ) liberale mexikanische Regierung mit Antonio López de Santa Anna durch ein autokratisches autoritäres Staatsoberhaupt ersetzt wurde, das 1835 den mexikanischen Kongress auflöste und größere Veränderungen an der Verfassung des Landes durchdrückte, die eine Zentralisierung der Macht bewirkten und ihn de facto zum Diktator machten. Obendrein begann er Widerspruch seitens der texanischen Siedler mit Gewalt zu unterdrücken und ging scharf gegen die amerikanische Immigrantengemeinschaft vor, was die bereits bestehenden Spannungen weiter schürte – und schon bald war ein ausgewachsener Aufstand im Gange. Nach einem Krieg, in dem es unter anderem zu den berüchtigten Geschehnissen von Fort Alamo kam, erklärte Texas 1836 seine Unabhängigkeit. Neun Jahre später wurde es Teil der unermüdlich expandierenden Vereinigten Staaten, und statt eines hilfreichen Puffers gegen die amerikanische Expansion hatte Mexiko nun eine wertvolle Provinz weniger.

Aus alledem können wir eine Reihe von ganz unterschiedlichen Lektionen lernen. Da wäre einmal: »Ermuntere nicht zur Einwanderung, wenn du dich später gegen die eingewanderte Klientel zu stellen gedenkst.« Und dann wäre da noch: »Gehe nicht davon aus, dass deine Demokratie ewig Bestand haben wird, denn DAS IST GENAU DER PUNKT, AN DEM DIE DINGE ANFANGEN, DEN BACH RUNTERZUGEHEN.«

Demokratie ist natürlich in gewissem Maße darauf angewiesen, dass die Wähler vernünftige Entscheidungen treffen. Die kleine kalifornische Stadt Sunol beispielsweise wählte 1981 einen Hund zum Bürgermeister. Bosco Ramos, ein schwarzer Labradormischling, fuhr einen Erdrutschsieg gegen zwei menschliche Mitkandidaten ein, als sein Besitzer ihn nach einem Abend in der örtlichen Bar, an dem er einen Haufen Müll gelabert hatte, am nächsten Tag als Kandidat ins Rennen brachte. Um Bosco und den Wählern von Sunol gegenüber Fairness walten zu lassen: Das Ganze scheint tatsächlich gut gelaufen zu sein – Bosco wurde weithin als guter Junge gepriesen und blieb über zehn Jahre Bürgermeister, seine Amtszeit endete mit seinem Tod 1994. Ein Einwohner von Sunol erinnerte sich gegenüber den *San Jose Mercury News* im Jahr 2013, der Bürgermeister habe »gerne in den ganzen Bars herumgehangen und geknurrt, wenn sie ihm nichts zu fressen gaben«, und es geht das Gerücht, er sei der Vater zahlreicher Welpen von verschiedenen Partnerinnen in der ganzen Stadt, was ehrlich gesagt ziemlich nach normalem Politikerverhalten klingt. Bosco wird in Sunol ein ehrendes Andenken bewahrt, noch heute erinnert dort eine Bronzestatue an ihn, und seine Amtszeit wurde von nur einem einzigen internationalen Vorfall überschattet – als nämlich im Nachhall der Ereignisse auf dem Tiananmen-Platz die chinesische Tageszeitung *Renmin Ribao* (zu Deutsch *Das Volk*) das Beispiel Bosco anführte, um westliche Demokratien mit dem Argument schlechtzumachen, dort würde »nicht zwischen Menschen und Hunden unterschieden«. Bosco reagierte, indem er sich einer Gruppe chinesischer Studenten bei einer prodemokratischen Protestkundgebung vor dem chinesischen Konsulat in San Francisco anschloss.

Boscos Wahl mag unerwartet gewesen sein, aber er reicht auch nicht annähernd an den wohl schrägsten nichtmenschlichen Wahlsieger der Geschichte heran. Diese Ehre gebührt vermutlich Pulvapies, einer Fußpuder-Marke, die 1967 in der ecuadorianischen Stadt Picoazá zum Bürgermeister gewählt wurde. Pulvapies stand noch nicht einmal offiziell zur Wahl, aber sein Hersteller hatte mit dem Slogan: »Wählen Sie, wen Sie wollen, aber wenn Sie Wohlgefühl und Hygiene möchten, wählen Sie Pulvapies« eine landesweite Jux-Marketingkampagne veranstaltet. Der Wahltag kam, und Pulvapies erhielt in verschiedenen Gegenden Tausende nachträgliche Nominierungen. In Picoazá schaffte es das Fußpuder sehr zum Verdruss der zahlreichen regulären Kandidaten irgendwie auf Platz eins.

Dennoch, so unorthodox die Wahl nicht menschlicher Politiker auch sein mag, wenn Sie wirklich ein demokratisches

Desaster hinbekommen wollen, stehen die Chancen dafür immer noch am besten, wenn Sie einen Menschen wählen – was schon an der Tatsache deutlich wird, dass die Wahl eines Fußpuders zum Bürgermeister noch lange nicht der schlechteste Wahlausgang in Ecuadors jüngerer Geschichte ist.

Diese Ehre gebührt vermutlich der Wahl Abdalá Bucarams zum Präsidenten des Landes im Jahr 1996. Bucaram, ein ehemaliger Generalintendant der Polizei, Bürgermeister und Gelegenheitsrocksänger, der seinen Wahlkampf unter dem selbst gewählten Spitznamen »El Loco« (zu Deutsch: »der Narr«) führte, wurde nach einem populistischen Präsidentschaftswahlkampf, in dem er die Eliten des Landes anging, zu einem schockierenden Sieg gespült. Als Polizeichef war er berüchtigt dafür gewesen, dass er »Frauen mit Miniröcken hinterherflitzte, von seinem Motorroller sprang und ihnen den Saum aufriss, um die Röcke länger zu machen«, wie die *New York Times* anlässlich seiner Wahl berichtete. Als Bürgermeister verzeichnete er eine stattliche Erfolgsbilanz im Erpressen von Geldzuwendungen seitens der örtlichen Geschäfte und Unternehmen, und 1990 war er nach Panama geflohen, um einer Anklage wegen Korruption zu entgehen. Während des Präsidentschaftswahlkampfes elektrisierten seine Anzeigen zur Wahlwerbung und seine unkonventionellen Kundgebungen – die er, begleitet von seiner Band, die ihn auf seinem Wahlkampf überallhin begleitete, häufig singenderweise bestritt – vor allem die Arbeiterklasse des Landes, der in Aussicht gestellt wurde, dass Bucaram der neoliberalen Politik von Privatisierung und Sparzwang, die von der politische Klasse des Landes verfolgt wurde, ein Ende machen werde. Dinge, die für andere Politiker ein Karriere-Aus bedeutet haben würden – wissen Sie, so Sachen wie ein Hitler-Schnurrbart und die Aussage, *Mein Kampf* sei das eigene

Lieblingsbuch –, schienen seinem Erfolg nicht nennenswert im Wege zu stehen.

Als er an der Macht war, nahmen die Armen des Landes, die für ihn gestimmt hatten, die ökonomischen Pläne, die er wenige Monate nach Beginn seiner Amtszeit offenlegte, einigermaßen überrascht zur Kenntnis: ein neoliberales Programm, das die Maßnahmen zur Privatisierung ausweitete und die Einsparungen verdoppelte, genau die Dinge, für deren Abschaffung er gewählt worden war. Oh, und er versuchte, die Begrenzung der Amtszeit für den Präsidenten aus der Verfassung zu streichen. Und bei seiner Rede zur Vorstellung der neuen Finanzpolitik wich er von seinem Manuskript ab und schob eine längere Tirade gegen eine Zeitung ein, die es gewagt hatte, kritisch gegen ihn zu berichten.

Er ließ auch im Amt nicht von seinem exzentrischen Verhalten ab, unter anderem brachte er einen Song heraus mit dem Titel »A Madman Who Loves« (zu Deutsch: »Ein Narr, der liebt«), traf sich mit Lorena Bobbitt (die berühmt dafür wurde, dass sie ihrem Ehemann den Penis abschnitt) und verkaufte seinen Hitler-Schnurrbart zu Wohltätigkeitszwecken. Hinzu kommt, dass, wenn die Presseberichte aus der Zeit zutreffen (noch einmal: Es kann schwierig sein, zu sagen, welche Anschuldigungen wahr sind und welche reines Gewäsch), er auch seinem halbwüchsigen Sohn inoffiziell die Oberaufsicht über den Zolldienst übertragen und angeblich ein rauschendes Fest gegeben haben soll, um dessen erste Million zu feiern. Der Mindestlohn in Ecuador betrug seinerzeit 30 Dollar pro Monat, Sie können also nachvollziehen, warum das möglicherweise ein paar Leute verärgert haben könnte.

Es verwundert wohl nicht, dass sich die öffentliche Meinung recht rasch zu Ungunsten von Bucaram drehte, es kam zu massiven Protesten gegen seine Art zu regieren, und nach nur sechs Monaten wurde ein Amtsenthebungsverfahren gegen ihn angestrengt, das ihn aus dem Präsidentenamt katapultierte, die Begründung lautete, er sei »geistig unzurechnungsfähig«. (Das war höchstwahrscheinlich nichts als eine Ausrede, aber wenn man als »El Loco« in einen Wahlkampf geht, bleiben vermutlich nicht allzu viele Argumente.) Man warf ihm außerdem vor, Millionen Dollar veruntreut zu haben, und so floh er spornstreichs ins Exil nach Panama. Es gibt verschiedene Lehren, die wir daraus ziehen können, aber die wichtigste lautet vermutlich: »Wenn jemand einen Hitler-Schnurrbart trägt, ähm, könnte das dann so etwas wie ein Warnzeichen sein?«

Wo wir gerade dabei sind ... Sie können nicht ernsthaft davon sprechen, dass Demokratie zu jeder Zeit die Gefahr innewohnt, rasch und albtraumhaft den Bach runterzugehen, ohne über – nun ja – Hitler zu reden.

Hitler

Sehen Sie, ich weiß, was Sie jetzt denken. Hitler aufzunehmen in ein Buch über die schlimmsten Fehler, die wir als Art begangen haben, ist nicht gerade der originellste Schachzug, der sich denken lässt. »Oh, Donnerwetter, nie von ihm gehört, was für ein faszinierendes Stück Geschichte« ist vermutlich nicht das, was Ihnen jetzt gerade durch den Kopf geht.

Aber über die unbestreitbare Tatsache hinaus, dass er ein völkermordender Fanatiker war, gibt es an Hitlers Regiment einen Aspekt, der in unseren landläufigen Betrachtungen gerne zu kurz kommt. Auch wenn die Unterhaltungsindustrie ihn seit Langem mit Vorliebe zum Gespött macht, so sind wir alle doch innerlich zutiefst davon überzeugt, dass der Naziapparat mit beinharter Effizienz betrieben wurde und dass der Große Diktator seine Zeit großenteils damit verbrachte … nun ja, Sachen zu diktieren.

Es ist daher der Erwähnung wert, dass Hitler im Grunde ein inkompetenter, fauler Egomane und seine Regierung nichts als eine Clownsnummer war.

Ja, vielleicht hat das sogar dazu beigetragen, ihn an die Macht kommen zu lassen, denn von den deutschen Eliten wurde er systematisch unterschätzt. Bevor er Reichskanzler wurde, hatten viele seiner Gegner ihn für seine kruden Reden und geschmacklosen Auftritte vor großem Publikum als Lachnummer abgetan. Er sei ein »kleiner Demagoge« und »schwächlich«, stellten Politiker wie Publizisten fest, seine Partei sei eine Versammlung von Inkompetenz, und man möge die »Jahrmarktspartei« doch bitte nicht überschätzen.

Selbst als Wahlen die Nationalsozialisten bereits zur größten Partei im Reichstag gemacht hatten, dachten die Leute immer noch, Hitler sei ein leichtes Ziel, ein prahlerischer Idiot, der von ein paar klugen Köpfen leicht kontrolliert werden könne. Franz von Papen, soeben aus dem Amt gedrängter Reichskanzler und finster entschlossen, die Macht zurückzuerlangen, glaubte, er könne Hitler als Schachfigur verwenden, und nahm Koalitionsgespräche mit ihm auf. Als der Vertrag im Januar 1933 geschlossen, Hitler zum Reichskanzler und von Papen zum Vizekanzler ernannt worden war, im Rücken ein Kabinett aus lauter konservativen Verbündeten von Papens, war dieser voller Zuversicht und frohlockte gegenüber einem Bekannten, der ihm warnend zu verstehen gab, dass er einen Fehler gemacht habe: »Was wollen Sie denn … In zwei Monaten haben wir Hitler in die Ecke gedrückt, dass er quietscht!«

Nun, es sollte anders kommen. Ja, binnen zwei Monaten hatte Hitler die volle Kontrolle über den deutschen Staatsapparat und schaffte es, den Reichstag zur Verabschiedung eines Gesetzes zu bringen, das ihm die Macht gab, an der Verfassung, dem Reichspräsidenten und dem Reichstag vorbei zu entscheiden. Was einst eine Demokratie gewesen war, war mit einem Mal keine mehr.

Warum haben die Eliten Deutschlands Hitler so durchgehend unterschätzt? Möglicherweise weil sie mit ihrer Einschätzung seiner Fähigkeiten gar nicht so falschlagen – sie hatten nur nicht erkannt, dass das nicht ausreichen würde, um seinem Ehrgeiz ein Bein zu stellen. Wie sich zeigen sollte, war Hitler wirklich ein Versager, was das Regieren betraf. Wie sein eigener Pressechef Otto Dietrich später in seinen Erinnerungen *12 Jahre mit Hitler* schreiben sollte: »Hitler hat in den 12 Jahren seiner Herrschaft in Deutschland in der staatspolitischen Führung das größte Durcheinander geschaffen, das je in einem zivilisierten Staate bestanden hat.«

Hitler verabscheute Papierkram und traf unablässig wichtige Entscheidungen, ohne auch nur einen Blick in die Dokumente geworfen zu haben, die seine Berater für ihn vorbereitet hatten. Statt politische Diskussionen mit seinen Untergebenen zu führen, beehrte er sie mit spontanen, ausufernden Monologen über was auch immer ihm gerade in den Sinn kam – sehr zu ihrem Unmut, denn es bedeutete, dass sie erst weiterarbeiten (oder schlafen gehen) durften, wenn er geendet hatte.

Seine Regierung war unablässig ein großes Chaos, seine Beamten hatten keine Ahnung, was er von ihnen erwartete, und niemand wusste so richtig, wer für was verantwortlich war. Schwierige Entscheidungen schob er endlos vor sich her, am Ende verließ er sich dann oft auf sein Bauchgefühl und ließ selbst seine engsten Vertrauten über seine Pläne im Dunkeln, ein »Bohemien«, schrieb sein Weggefährte Ernst Hanfstaengl später in seinen Memoiren *Zwischen Weißem und Braunem Haus*, »dessen Unzuverlässigkeit seine Mitarbeiter zur Verzweiflung trieb«. Das führte dazu, dass sie, statt ihren Pflichten im Staatsapparat nachzukommen, den Großteil der Zeit mit Grabenkämpfen verbrachten, und, je nachdem, in welcher Verfassung er an jenem Tag war, einander bei dem Versuch, entweder seinen Beifall zu erheischen oder aber möglichst nicht wahrgenommen zu werden, unablässig in den Rücken fielen.

Es besteht unter Historikern gewisse Uneinigkeit darüber, ob es sich dabei um eine vorsätzliche Masche Hitlers handelte, um seinen Kopf durchzusetzen, oder ob er einfach richtig schlecht im Führen von Personal war. Dietrich schlug sich auf die Seite derer, die es für eine strategische List hielten, Keile zwischen Menschen zu treiben und Chaos zu stiften – und es steht außer Frage, dass er in beidem ein wahrer Meister war. Aber wenn man Hitlers Angewohnheiten einmal genauer unter die Lupe nimmt, ist es schwer, sich des Gefühls zu erwehren, dass sich all das einfach ganz natürlich ergibt, wenn man einem arbeitsscheuen Narzissten die Macht über ein Land anvertraut.

Hitler war unglaublich faul. Laut seinem Adjutanten Fritz Wiedemann stand er, selbst wenn er in Berlin war, nicht vor elf Uhr vormittags auf und tat vor dem Mittagessen nicht mehr, als in den Zeitungen nachzulesen, was sie über ihn zu sagen hatten, die entsprechenden Ausschnitte wurden ihm brav von Dietrich vorgelegt. Aber in Berlin hielt er sich ohnehin nicht übermäßig gern auf – ständig waren da Leute, die ihn dazu bringen wollten, dies oder jenes zu tun: Er ergriff jede sich bietende Gelegenheit, den Regierungssitz zu verlassen und sich in sein Landhaus am Obersalzberg zurückzuziehen, wo er noch weniger tat. Dort verließ er sein Zimmer nicht vor zwei Uhr nachmittags, verbrachte die meiste Zeit mit Spazierengehen und schaute bis in die frühen Morgenstunden Filme an.

Er war versessen auf Medienecho und Prominenz und scheint sich häufig durch diese Brille selbst gesehen zu haben. Einmal nannte er sich selbst »der größte Schauspieler Europas«. Viele seiner Angewohnheiten ließen ihn seltsam, ja, kindisch erscheinen – er hielt im Verlauf des Tages regelmäßig seine Nickerchen und kaute am Esstisch Fingernägel, hatte eine bemerkenswert ausgeprägte Vorliebe für Süßes, die ihn Unmengen an Kuchen vertilgen und so viele Zuckerstückchen in die Teetasse häufen ließ, dass kaum mehr Platz für Tee blieb.

Er war seiner mangelnden Bildung wegen zutiefst unsicher, was ihn dazu veranlasste, Informationen, die seiner vorgefassten Meinung zuwiderliefen, entweder komplett zu ignorieren oder in Anbetracht der Fachkunde anderer auszurasten – man sagte, er wütete wie ein Tiger, wenn jemand sich erdreistete, ihn zu verbessern. »Wie soll man einem die Wahrheit sagen, der sofort heftig wird, wenn die Tatsachen nicht in sein Konzept passen?«, lamentierte Wiedemann. Hitler hasste es, ausgelacht zu werden, fand es jedoch sehr lustig, wenn ein anderer der Depp war (er pflegte Leute, die er nicht mochte, in despektierlicher Weise nachzuäffen). Gleichzeitig gierte er nach dem Beifall derer, die er geringschätzte, und seine Laune konnte sich von einem Augenblick zum nächsten bessern, wenn eine Zeitung etwas Schmeichelhaftes über ihn geschrieben hatte.

Kaum etwas von alledem war seinerzeit ein Geheimnis oder weithin unbekannt. Genau deshalb haben so viele Menschen Hitler nicht ernst genommen, ihn als »halbirren Halunken« oder »Mann mit Bierstimme« abgetan – bis es zu spät war.

In gewissem Sinne lagen sie nicht falsch. In einem anderen, sehr viel wichtigeren Sinne lagen sie so falsch, wie man nur falschliegen kann. Hitlers persönliche Defizite taten seinem untrüglichen Instinkt für eine politische Rhetorik, die die Massen ansprach, keinen Abbruch, und wie sich zeigen sollte, braucht man keine besonders kompetente oder funktionierende Regierung, um schreckliche Dinge anzurichten.

Wir neigen dazu anzunehmen, dass irgendeine große kontrollierende Intelligenz dahinterstehen muss, wenn etwas Schlimmes passiert. Das ist verständlich: Wie können die Dinge derart aus dem Ruder gelaufen sein, ohne dass ein böser Genius im Hintergrund die Fäden gezogen hat? Die Kehrseite der Medaille ist allerdings, dass wir, sobald wir nicht auf den ersten Blick eine böse Instanz ausmachen, davon ausgehen, dass wir es uns alle erst einmal gemütlich machen können, weil wir denken: *Wird schon alles gutgehen.*

Aber die Geschichte legt nahe, dass das ein Fehler ist, und zwar einer, den wir wieder und wieder begehen. Viele der schlimmsten Dinge, die der Mensch verursacht hat, waren nicht das Ergebnis eines bösen Geistes, sondern das Ergebnis einer Parade von Idioten und Irren, die wirr und wahllos um sich schlagend durch die Historie walzten, all das möglich gemacht durch Menschen, die in ihrer Vermessenheit glaubten, sie kontrollieren zu können.

Sechs Regierungspolitiken, die sich nicht bewährt haben

Kopfsteuer

Die klügsten Köpfe in Margret Thatchers Regierung verfielen auf diese Idee einer, wie sie annahmen, gerechteren Steuer: Jeder, ob reich oder arm, sollte dasselbe zahlen. Das Unterfangen scheiterte, weil sich fast ein Drittel der Briten weigerte, sie zu entrichten, es kam zu Unruhen, am Ende musste Thatcher zurücktreten.

Alkoholverbot – Prohibition

Amerikas Bestreben, den Alkoholkonsum einzuschränken, war insofern erfolgreich, als die Menschen zwischen 1920 und 1933 tatsächlich weniger tranken – aber es führte auch dazu, dass das organisierte Verbrechen das Monopol über die Alkoholindustrie an sich riss und die Kriminalität in vielen Orten massiv zunahm.

Der Kobra-Effekt

Um die Kobraplage in Delhi einzudämmen, setzte die britische Kolonialregierung eine Belohnung für erlegte Kobras aus. Also fingen die Leute an, Kobras zu züchten und zu töten, um die Prämie zu kassieren. Die Briten ließen die Prämie fallen. Darauf entließen die Leute die wertlosen Schlangen in die Freiheit. Ergebnis: mehr Kobras denn je.

Der Smoot-Hawley Tariff Act

Als die Große Depression 1930 Fahrt aufnahm, führten die Vereinigten Staaten massive Zölle für Importgüter ein, um die heimische Wirtschaft zu schützen. Allerdings ging dadurch der Außenhandel der USA massiv zurück, wodurch letzten Endes die Weltwirtschaftskrise erheblich verschärft wurde.

Die Waisen von Kanada

Der Premierminister der Provinz Quebec, Maurice Duplessis, sorgte in den 1940er- und 1950er-Jahren dafür, dass die Provinzregierung die Versorgung von Waisen und psychisch Kranken in entsprechenden kirchlichen Einrichtungen finanzierte. Die Zahlungen für psychisch Kranke aber waren doppelt so hoch wie die für die Waisen – daher wurden Tausende Waisen für geisteskrank erklärt.

Fahrverbote

In Mexico City versuchte man 1989 der Luftverschmutzung Herr zu werden, indem man bestimmten Autos mit bestimmten Kennzeichen an bestimmten Tagen das Fahren verbot (auf Spanisch heißt »heute [darfst du] nicht fahren«: »*hoy no circula*«, entsprechend hieß das Programm). Leider lösten die Leute das Problem nicht dadurch, dass sie nun Bus fuhren, sondern dadurch, dass sie mehr Autos kauften, damit sie immer eines hatten, das fahren durfte.

6

Krieg ... Wozu ist er noch mal gut?

Wir Menschen haben eine Menge für Krieg übrig. Er ist in vielerlei Hinsicht »unser Ding«. Die ältesten Belege der archäologischen Forschung für organisierte Massengewalt sind ungefähr 14 000 Jahre alt und wurden auf dem Gebiet des heutigen Sudan bei Jebel Sahaba im Niltal gefunden, aber seien wir ehrlich, wir haben vermutlich schon sehr viel früher irgendwelche Kämpfe ausgefochten. Unterdessen mehren sich (wie ein paar Kapitel früher bereits diskutiert) Hinweise aus Oaxaca in Mexiko, die darauf schließen lassen, dass so ziemlich ab dem Moment, da Menschen anfingen, in Dörfern zu leben, ein Dorf versucht hat, das andere zu überfallen, und von da an eskalierten die Dinge rasant.

Man schätzt, dass zwischen 90 und 95 Prozent aller uns bekannten Gesellschaften sich relativ regelmäßig die eine oder andere Form von bewaffneter Auseinandersetzung geliefert haben, die wenigen, die es schafften, solches weitgehend zu vermeiden, waren in der Regel relativ isoliert lebende Gemeinschaften mit nomadischer Lebensweise: Wildbeuter oder Jäger und Sammler.

Eine bemerkenswerte Ausnahme hiervon gibt es allerdings: die Harappa-Kultur, die vor 5 000 Jahren das Indus-Tal – Teile des heutigen Afghanistans, Pakistans und Indiens – besiedelte. Die zeitgleich mit den Kulturen in

Mesopotamien und Ägypten entstandene Zivilisation war
eine Hochkultur mit einer Bevölkerung, die in die Millionen
ging. Sie verfügte über große, durchdacht geplante Städte,
die mit einem Abwassersystem, sanitären Anlagen und
öffentlichen Bädern glänzten und in denen es Kunst sowie
ein hoch entwickeltes Handwerk gab, dessen Erzeugnisse
weit und breit gehandelt wurden. Und es scheint, als hätte
sie praktisch nie Kriege geführt. Gar keine. Archäologen graben seit nunmehr einem Jahrhundert nach den Überresten
der Städte dieser untergegangenen Indus-Kultur und haben
so gut wie keine Hinweise auf ausgeraubte oder zerstörte
Siedlungen gefunden, lediglich ein paar Beispiele für große
Befestigungs- oder Verteidigungsanlagen, keine Darstellungen von Kriegshandlungen in der Kunst der Harappa-Kultur
und nichts, was in irgendeiner Weise auf das Vorhandensein
einer Armee oder großer Waffenarsenale hindeuten würde.
(Und interessanterweise wurden im Unterschied zu anderen
vergleichbaren Kulturen aus demselben Zeitraum auch nicht
solche Dinge gefunden wie Standbilder ihrer großen Füh-
rungspersönlichkeiten.)

Das führt gelegentlich zu einer Darstellung der Indus-Kultur als einer Art idealisierter Proto-Hippie-Kommune, was
vielleicht eine hübsche Idee sein mag, aber wohl doch eher
Wunschdenken ist. Zwar mag es sich um eine recht ausgegli-
chene Gesellschaft gehandelt haben, die mit ihren Nachbarn
gut auskam, aber sie verfügte auch über den Vorteil, durch
ihre Geografie gut geschützt vor jedermann gewesen zu sein,
der begehrlich hätte einmarschieren wollen, was es sehr viel
leichter macht, ohne Krieg auszukommen. Und natürlich ist
es auch möglich, dass wir die Belege für kriegerische Ausei-
nandersetzungen nur *bisher noch nicht* gefunden haben, es
wäre nicht das erste Mal, dass eine Kultur für ihren Pazifismus

gerühmt wird und spätere Entdeckungen diesen Ruf komplett ruinierten. Das Schriftsystem der Indus-Kultur ist bis heute nicht vollständig entschlüsselt, es kann also sein, dass wir es eines Tages knacken, nur um festzustellen, dass es Texte gibt, die sagen: »Hihi, lasst uns unsere ganzen Kriegszeugnisse schön verstecken, um die Archäologen ordentlich hinters Licht zu führen.«

Dennoch, zurzeit sieht es so aus, als habe es die Indus-Kultur zu genau derselben Zeit, da sich andere frühe Hochkulturen in das ganze Kriegs- und Eroberungszeug regelrecht reingehängt haben, fertiggebracht, 700 Jahre auf der Höhe ihrer Entwicklung zu existieren, ohne in nennenswerter Weise durch externe Konflikte gestört zu werden. Und aus Gründen, die bis heute nicht geklärt sind, verschwand die Harappa-Kultur irgendwie von der Bildfläche der Geschichte. Ihre Angehörigen fingen an, die Städte zu verlassen und wieder hinaus aufs Land zu ziehen. Der Klimawandel um etwa 2200 vor unserer Zeitrechnung, der auch zum Niedergang verschiedener anderer früher Hochkulturen geführt hatte, machte das Tal zunehmend wüstenähnlicher und unfruchtbarer, Überbevölkerung, Überweidung und eine zu massive Beanspruchung des Bodens haben womöglich zu Nahrungsmittelknappheit geführt, und wie alle dicht bevölkerten Siedlungen waren auch hier die urbanen Zentren sicher anfälliger für Infektionen. Was auch immer die Ursache war, vor 3500 Jahren waren die Städte nahezu komplett verlassen, und diese eine kurze kriegslose Episode der menschlichen Geschichte war zu Ende. Die übrigen Zivilisationen der Erde wuchsen und bekriegten sich unterdessen weiter.

(Es besteht leider auch die verstörende Möglichkeit, dass der Hauptfehler der Harappa-Kultur darin bestanden hat, keine Kriege geführt zu haben, und dass eine Zivilisation

Kriege braucht, um sich selbst zu erhalten. Da haben Sie Ihren erbaulichen Gedanken für den heutigen Tag.)

Im Augenblick haben wir das Glück, in einer relativ friedlichen Epoche der Geschichte zu leben, aber selbst jetzt, das wird Ihnen nicht entgangen sein, könnten wir einen oder zwei Kriege entbehren. Die jährliche Anzahl von Toten, die auf das Konto von Kriegen gehen, ist seit Jahrzehnten im Sinken begriffen, was, wie manche Autoren gemutmaßt haben, zeige, dass für uns eine neue Ära des Friedens, der Vernunft und der internationalen Freundschaften angebrochen ist. Ganz ehrlich gesagt will es allerdings ein bisschen zu früh scheinen, solches zu behaupten: Immerhin beginnt die Abnahme mit den größten Verlusten der Weltgeschichte im Zweiten Weltkrieg. Vielleicht legt die Menschheit nur mal eine kurze Verschnaufpause ein, bevor sie erneut loslegt.

Bei einem Buch übers Scheitern versteht es sich, wie ich hoffe, von selbst, dass alle Kriege in gewissem Maße als ein Riesenversagen seitens des einen oder anderen zu sehen sind. Aber außer, dass sie für sich genommen bereits genug Schrecken verbreiten, mehren Chaos, Tunnelblick und der allgemeine Macho-Irrsinn eines Krieges die naturgegebene menschliche Fähigkeit, grandiosen Mist zu bauen, ins Unermessliche. Krieg ist kollektiv zu Kopf gestiegenes Blut, mit anderen Worten: Er ist der Inbegriff des Scheiterns.

Nirgends wird das deutlicher als bei der Betrachtung der zu Recht gefeierten Schlacht von Cádiz, die man vielleicht besser umbenennen sollte in das ultimative Besäufnis von Cádiz. Im Jahre 1625 beschlossen die Engländer, den Spaniern gehörig in die Suppe zu spucken. König Jakob VI. und I. (von reichseinendem, bibelfestem und hexenjagendem Ruhme) war soeben verstorben, die Nachfolge trat sein beleibter erwachsener Sohn Karl I. an. Karl – gesegnet mit all dem Taktgefühl

und Urteilsvermögen, die ihn schlussendlich einen Kopf kür-
zer werden ließen – hegte einen gepflegten Groll gegen Spanien, welches ihm die Heirat mit einer seiner Prinzessinnen
verweigert hatte, und pochte auf Rache. Also beschlossen er
und seine Kumpane, es nach guter altmodischer Manier zu
halten und auf Piratenweise ein paar Schiffe zu kapern, um
an all das Gold und Silber zu kommen, das die Spanier vom
amerikanischen Doppelkontinent herüberbrachten.

Im November desselben Jahres segelte eine 1500 Mann
starke englisch-niederländische Expeditionsflotte aus hundert
Schiffen in die Bucht von Cádiz im Südwesten von Spanien.
Sie kamen, um zu plündern, und sie ließen nicht mit sich
reden. Zugegeben, sie waren nur deshalb nach Cádiz geraten,
weil sie so unorganisiert und vertrödelt waren, dass sie die
spanische Flotte mit ihren Schätzen bei ihrer Rückkehr aus
Amerika verpasst hatten, aber was soll's. Es war Zeit für eine
Revanche.

Leider wurde, noch bevor sie Cádiz erreichten, offenbar,
dass sie nicht genügend Lebensmittel und nicht genug zu
trinken an Bord hatten. Als die Invasionstruppen landeten,
beschloss daher der Kommandant des Unternehmens, Sir
Edward Cecil, seinen hungernden Truppen zu gestatten, der
Beschaffung von Nachschub Vorrang einzuräumen vor, na,
Sie wissen schon, dem Schlagen von Schlachten. Natürlich
taten seine Männer, was Engländer im Ausland immer tun, sie
begaben sich schnurstracks zu den Weinlagern von Cádiz und
machten sich daran, sich gründlich und systematisch volllaufen zu lassen.

Als er bemerkte, dass seine gesamte Armee komplett hacke-
dicht war, traf Sir Edward die durchaus vernünftige Entscheidung, den Invasionsplan aufzugeben, seine Männer zurück zu
den Schiffen zu beordern und beschämt, still und leise zurück

nach Hause zu segeln. Die meisten gehorchten, aber ungefähr 100 waren derart sturzbetrunken, dass sie in und um Cádiz hängenblieben, bis die spanischen Truppen aufkreuzten und sie alle exekutierten.

So missriet den Engländern die Invasion von Cádiz.

Die englischen Heldentaten in Cádiz erscheinen oft in Auflistungen der größten militärischen Fehlleistungen der Geschichte – aber um ganz ehrlich zu sein: Wenn Sie die Sache mit den Exekutionen weglassen, klingt das Ganze im Grunde ziemlich toll. Irgendwo aufkreuzen, nicht ordentlich essen, sich bis zum Anschlag volllaufen lassen und unterwegs ein paar Kumpels im Getümmel verlieren – das ist der klassische Männerurlaub. Wenn wir einander, statt Kriege zu führen, gegenseitig einfach regelmäßig haufenweise Leute zu Besuch schickten, die literweise den Wein des jeweiligen Landes konsumieren und ziellos in dessen Städten umhertorkeln, wäre die Welt vermutlich ein sehr viel glücklicherer Ort. Obwohl, wenn ich das so schreibe, fällt mir auf, dass es im Prinzip das ist, was die EU ausmacht.

Alkohol, Sie werden erstaunt sein, solches zu hören, spielt bei einer ganzen Reihe der idiotischsten Situationen auf Schlachtfeldern eine Rolle – zum Beispiel bei der Eigentlich-gar-keine-Schlacht-Schlacht von Karánsebes im Jahr 1788. Sie beeindruckte vor allem dadurch, dass das österreichische Heer es hinbekam, schwere Verluste zu erleiden, obwohl seine Gegner überhaupt nicht erschienen waren. Ja, sein Feind (die Österreicher fochten seinerzeit gegen das Osmanische Reich), wusste nicht einmal, dass die Schlacht stattgefunden hatte, bis er ein Weilchen später in das Nachgeplänkel geriet.

Was genau passiert ist, liegt, nun ja, ein bisschen im Dunkeln. Einigermaßen gesichert ist, dass die Österreicher nächtens auf dem Rückzug waren und dabei unter anderem die

Stadt Karánsebes (im heutigen Rumänien) passierten – immer mit einem wachsamen Auge auf etwaige türkische Verfolger. Ab diesem Punkt weichen die verschiedenen Darstellungen voneinander ab. In einem Bericht begann eine Einheit der lokalen Truppen aus der rumänischen Region Walachei das Gerücht zu verbreiten, die Türken seien angerückt, um Verwirrung zu stiften, damit sie in Ruhe den Gepäckwagen plündern konnten. Laut einer anderen trafen ein paar Kavallerieoffiziere auf einen walachischen Bauern mit einer Wagenladung Branntwein und beschlossen, dass der Tag hart und lang genug gewesen sei und sie eine kleine Auszeit vertragen könnten. Nach einer Weile tauchten ein paar Infanteristen auf und erkundigten sich mit einigem Nachdruck, ob die Kavallerie nicht vielleicht die Absicht habe, den Brandy mit ihren Brüdern zu Fuß zu teilen, ab welchem Punkt die Sache ... rüpelig wurde.

Was auch immer die Ursache dafür war (die verschiedenen Darstellungen vermitteln definitiv das Gefühl, als versuche jede Heereseinheit, die Schuld den anderen in die Schuhe zu schieben), die meisten Quellen scheinen einig darin, dass die Dinge sich überschlugen, als jemand in die Luft feuerte und wer anders anfing zu schreien: »Die Türken, die Türken!« Die (höchstwahrscheinlich betrunkenen) Kavalleristen glaubten, das Ganze sei Ernst und sprangen auf ihre Pferde und ritten, nun ebenfalls »die Türken, die Türken!« schreiend, drauflos. An diesem Punkt geriet jeder in Panik und gab mächtig Fersengeld, um sich vor den imaginären türkischen Truppen in Sicherheit zu bringen. In der allgemeinen Konfusion, verstärkt vermutlich durch Dunkelheit und Branntwein, trafen zwei Kolonnen aufeinander, hielten sich gegenseitig für den gefürchteten Feind und begannen, wild aufeinander zu feuern.

Als endlich jeder kapiert hatte, dass da gar keine Türken waren, die sie angriffen, war ein ordentlicher Teil des österreichischen Heeres auf und davon, Wagen und Kanonen lagen umgestürzt, und der Großteil der Vorräte war verloren oder verdorben. Als das türkische Heer anderntags aufkreuzte, fand es etliche tote Österreicher und die verstreuten Überreste ihres Lagers.

Die Schätzungen zu den Opferzahlen schwanken dramatisch. Eine Quelle meldet lediglich, es habe »viele« Tote und Verwundete gegeben, eine andere spricht von 1200 Verletzten, während der österreichische Kaiser Joseph II. in einem Brief in schönster Untertreibung behauptete, man habe »nicht nur alle Töpfe und Zelte ... sondern auch drei Artilleriegeschütze« verloren. Die berühmtesten Darstellungen setzen die Zahl der Toten bei 10 000 an, aber das ist mit ziemlicher Sicherheit eine Zahl, die irgendein Typ erfunden hat, damit die Story besser klingt. Zusammengefasst: Etwas ist geschehen, einige Menschen haben das Leben verloren oder auch nicht, aber alle sind sich einig, dass es extrem bescheuert war.

Ich glaube, das ist das, was man als »Kriegsnebel« bezeichnet.

Ein weiteres schönes Beispiel dafür, wie man es anstellt, sich vernichtend selbst zu schlagen, ergab sich im Amerikanischen Bürgerkrieg während der Belagerung von Petersburg, als die Truppen der Unionsstaaten auf besonders fantasievolle Weise einen taktischen Triumph in eine demütigende Schlappe verwandelten. Sie hatten die Truppe der Konföderierten im Fort festgenagelt und sich einen ganzen Monat auf den Handstreich vorbereitet, der die Befestigung des Forts in einem einzigen dramatischen Manöver niederreißen sollte, und direkt unter der Befestigungsanlage einen hundertfünfzig

Meter langen Minenschacht gegraben und mit viel Spreng-
stoff befüllt.

Als sie das Ganze in den frühen Morgenstunden des 30. Juli
1864 in die Luft jagten, überraschte die Gewalt der Explosion
offenbar jedermann. Sie kostete Hunderte Soldaten der Konföderierten das Leben und hinterließ einen Riesenkrater von
60 Metern Durchmesser und einer Tiefe von zehn Metern.
Nach ungefähr zehn benommenen Minuten, in denen sie das
Ganze schockiert anstarrten, griffen die Soldaten der Unionsstaaten an – allerdings dummerweise nicht die Männer, die
seit Tagen trainiert hatten, mit welcher Taktik sie das Fort
stürmen wollten, sobald die Mauern niedergerissen waren.
Und zwar deshalb nicht, weil diese Männer schwarz waren
und der Kommandant der Unionisten seinen Untergebenen
in letzter Minute befahl, sie gegen Weiße auszutauschen,
denn er hatte Sorge, wie das wohl aussehen würde. Und so
stürmten die weißen Soldaten auf die Stellung der Konföderierten los – und genau in den Krater hinein.

Es ist möglich, dass sie dachten, der Krater würde ihnen
gute Deckung geben. Tat er nicht. Nachdem die Soldaten der
Konföderierten sich von dem Schreck der Explosion erholt
und wieder gesammelt hatten, stellten sie fest, dass sie um
ein großes Loch voller Gegner herumstanden, die nicht her-
auskamen. Die Unionisten bekamen Verstärkung, aber aus
irgendeinem Grund beschloss die, sich ihren Kameraden im
Krater anzuschließen. Der Kommandant der Konföderierten
benutzte für das, was folgte, den Begriff »Abschlachten«.

Die wichtigste Lehre, die wir aus diesem Ereignis mitneh-
men können, lautet: Lauf besser nicht in tiefe Löcher ...

Eine weitere Lektion für alle angehenden Militärstrategen
ist die, dass Kommunikation in Kriegszeiten von entscheidender Bedeutung ist – etwas, das die Bevölkerung der Pazifik-

insel Guam während des Spanisch-Amerikanischen Krieges 1898 bitter lernte, als ihre spanischen Kolonialherren vergaßen, ihnen mitzuteilen, dass da überhaupt ein Krieg im Gange war.

Infolge dieses Versehens geschah es, dass, als eine kleine Flotte amerikanischer Kriegsschiffe auf das verdächtig unterverteidigte Guam zudampfte und 13 Kanonenschüsse auf das alte spanische Fort von Santa Cruz abfeuerte, die Würdenträger Guams flugs in ihre Boote stiegen, zu den Kriegsschiffen hinausruderten, sich für den überaus freundlichen Salut bedankten und wortreich dafür entschuldigten, dass es eine Weile dauern werde, bis sie die Höflichkeit erwidern könnten, dieweil sie ihre Kanone erst von einem anderen Teil der Insel herüberholen müssten.

Nach ein paar Augenblicken betretenen Schweigens erklärten die Amerikaner, dass sie nicht Hallo sagen wollten, sondern eigentlich auf eine Schlacht aus seien, weil doch Krieg herrsche. Die Würdenträger, ein wenig verstimmt darüber, dass sie nun urplötzlich Kriegsgefangene sein sollten, erklärten ihrerseits, sie hätten seit zwei Monaten keinerlei Nachrichten von den Spaniern erhalten und somit von dem ganzen Kriegsgedöns keine Ahnung. Sie zogen sich zurück, um darüber zu beratschlagen, was nun zu tun sei, nur einer der örtlichen Kaufleute blieb noch auf einen Schwatz, denn es hatte sich herausgestellt, dass er ein alter Freund des amerikanischen Captains war.

Guam ergab sich ein paar Tage später offiziell und ist bis heute amerikanisches Territorium.

Wir als Art haben diesen Trick »Wiederhol nicht die Fehler der Vergangenheit« generell nicht besonders gut drauf, aber wenige Beispiele sind so eklatant wie jenes von 1941, als Hitler Napoleons fatalen Fehler von vor 129 Jahren exakt

kopierte, was in beiden Fällen den ansonsten bis zu dem Zeitpunkt recht erfolgreichen Plan, ganz Europa zu unterwerfen,
torpedierte. Dieser Fehler war, Sie ahnen es, der Versuch, in
Russland einzumarschieren.

Die einzige wirklich erfolgreiche größere Invasion in Russland – oder genauer in das mittelalterliche Reich Kiewer Rus,
denn Russland gab es zu der Zeit noch nicht – haben die
Mongolen zuwege gebracht (und sie waren, was diese Dinge
betrifft, ziemlich einzigartig, wie wir in späteren Kapiteln
sehen werden). Die Polen haben es für kurze Zeit auch hinbekommen (und sogar Moskau ein paar Jahre gehalten), wurden aber schlussendlich zurückgedrängt, während es für die
Schweden bei dem einen Mal, da sie es versucht haben, richtig
schlecht lief. Die dramatische Niederlage trug letzten Endes
dazu bei, dem Schwedischen Reich endgültig den Garaus zu
machen. Im Prinzip wäre »Finger weg« die Lehre, die wir aus
alledem hätten ziehen können.

Im Vergleich der beiden eingangs genannten Ereignisse
muss Napoleons Grundvorgehensweise bei der Umsetzung
seines Plans als geringfügig besser beurteilt werden als die
Hitlers. Es geht damit los, dass ihm nicht das Scheitern seines
Vorgängers als hilfreiche Richtschnur zur Verfügung stand.
Außerdem hatte er in Anbetracht der Harlem-Globetrotters-
mäßigen Erfolgsserie, auf die seine Grande Armée zu jenem
Zeitpunkt zurückblicken konnte, allen Grund, das Unterfangen einigermaßen siegesgewiss anzugehen. Hinzu kommt,
dass er einen legitimierenden kleinen Zoff mit Zar Alexander
hatte, von dem er glaubte, er unterlaufe die von ihm verfügte
Kontinentalsperre, mit der er die Briten – die letzte Bastion
gegen seine Komplettunterwerfung Europas – kleinzukriegen
hoffte. Zugegeben, Gezänk um ein Handelsembargo ist kein
sonderlich toller Grund, Feindseligkeiten mit einem mäch-

tigen Land anzuzetteln. Napoleons wirklich entscheidender
Fehler bestand darin, dass seine Methode, seinen Kopf durchzusetzen, mehr oder weniger einzig und allein darin bestand,
Krieg zu führen. Diplomatie und Verhandeln waren nicht
unbedingt seine starke Seite.

Nachdem sein Beschluss feststand, dass er *irgendwo* einmarschieren werde, hat der Korse dann wohl gedacht, dass
Russland eine sicherere Sache sei als Britannien, denn immerhin liegt es an Land. Und an dem Wissen, dass das russische
Klima ihm für seinen Einmarsch lediglich drei Monate gestatten würde, orientierte er seine Strategie: Schnurstracks nach
Moskau und die Russen da in eine offene Feldschlacht verwickeln, die er locker gewinnen konnte, weil er über eine Armee
verfügte, die motiviert war und ihr Handwerk beherrschte,
und nicht über einen Haufen Landsknechte, der von irgendwelchen Adligen herumkommandiert wurde.

Leider war das einer von den Plänen, die super klingen,
wenn man sie ausspricht, aber doch sehr darauf angewiesen
sind, dass die Gegner genau das tun, was man will. Die Russen
aber ließen die Franzosen mehr oder weniger widerstandslos
einmarschieren. Sie wichen ein ums andere Mal zurück, mie-
den größere Schlachten, wann immer es möglich war, hinter-
ließen überall verbrannte Erde, um den Franzosen die Versorgung abzuschneiden, und warteten einfach, bis der Winter
kam und die Arbeit für sie erledigte. Als Napoleon endlich
begriffen hatte, was für ein Spiel da gespielt wurde, war es
zu spät herauszukommen, bevor die Kälte zuschlug, und die
Franzosen sahen sich gezwungen, mit versprengten Truppen
einen langen, bitteren Todesmarsch nach Hause anzutreten.
Das übrige Europa witterte plötzlich Schwäche, wo es zuvor
nur Stärke gesehen hatte, und dies war der Anfang vom Ende
Napoleons.

Hitler war 1941 in einer ganz ähnlichen Lage: Auch ihm waren die Probleme eines Einmarschs in Großbritannien mit dem ganzen Inselkram gewärtig, auch er entschied sich für ein schmales Sommerfenster und die Invasion der Sowjetunion als Alternative. Okay, er hatte zu der Zeit zwar einen Nichtangriffspakt mit den Sowjets, aber andererseits – er war Nazi, sie waren Kommunisten, und allein deswegen verabscheute er sie.

Hitler hat sich Napoleons Strategie sogar genau angeschaut und dachte, er habe einen schlauen Plan, mit dem sich dieselben Fehler vermeiden ließen. Statt alle Streitkräfte direkt nach Moskau zu schicken, teilte er sie in drei Teile auf und griff Leningrad und Kiew gleichzeitig mit der sowjetischen Hauptstadt an. Und im Unterschied zu Napoleon würde er nicht bei den ersten Anzeichen des nahenden Winters zurückweichen, sondern ausharren und kämpfen. Beide Entscheidungen waren desaströs. Was er nicht kapiert hatte, war, dass, obwohl die Taktik vielleicht nicht ganz dieselbe war, das Grundgerüst seines Plans (rasch zuschlagen und eine Entscheidung erzwingen, große Schlachten locker gewinnen und glauben, all das werde zu einem raschen Zusammenbruch des Gegners führen) sich nicht von dem Napoleons unterschied. Dasselbe galt für dessen Schwachstellen (davon abhängig zu sein, dass der Gegner sich an das vorgesehene Drehbuch hielt, keinen Plan B zu haben, falls er das mysteriöserweise nicht tat, und bei alledem komplett die Sache mit dem russischen Winter zu ignorieren).

Es gab einen Haufen Leute in der Wehrmachtsführung, die Hitler diese Schwachstellen hätten aufzeigen können, aber sobald dieser in seinem Umfeld auch nur einen Anflug von Skepsis oder einer anderen Meinung wahrnahm, ließ er alle anderen über seine Pläne im Unklaren oder log sie schlankweg an. Es war ein Entscheidungsprozess, der zu gleichen Teilen auf Hybris, Wunschdenken und Kopf-in-den-Sand-Stecken fußte.

Der deutsche Rückzug aus Russland, 1944

Die strategischen Fehler waren dieselben wie bei Napoleon, und das Ergebnis war mehr oder weniger auch dasselbe, wenngleich dieses Mal sogar noch um einiges tödlicher. Die Deutschen hatten größere territoriale Gewinne zu verzeichnen und ein paar Schlachten gewonnen, aber die Sowjets gingen nicht wie vom Drehbuch vorgesehen in die Knie. Sie bedienten sich der Strategie der verbrannten Erde und hielten die Deutschen hin, bis der Winter anbrach. An diesem Punkt stellte sich rasch heraus, dass die Deutschen weder über die richtige Kleidung noch über genügend Nachschub oder auch nur ausreichend Frostschutzmittel für ihre Panzer verfügten. Hitlers Befehl, auszuharren und der bitteren Kälte zu widerstehen, statt den Rückzug anzutreten, brachte keine neuen Erfolge, sondern kostete lediglich immer mehr Soldaten das Leben. Zum zweiten Mal wurde eine Armee, die einen Großteil des europäischen Festlands erobert hatte, durch eine unnötige Invasion Russlands in katastrophaler Weise geschwächt, und das Kriegsglück wendete sich.

Um das Maß vollzumachen, waren Deutschlands Verbündete in Japan emsig damit beschäftigt, ihren eigenen schlecht durchdachten Angriff auf Pearl Harbour vom Zaun zu brechen, der ohne Not eine Supermacht in einen Krieg hineinzog, aus dem sie sich herauszuhalten bemüht hatte. Ohne diese beiden elend schlechten Entscheidungen hätten die Achsenmächte womöglich gewonnen. Schlagender Beweis dafür, dass extrem schlechte Entscheidungen der Menschheit auf lange Sicht zum Besten gereichen können (immer vorausgesetzt, dass Sie kein Fan von Hitler sind).

Im Verlauf dessen, dass sich Amerikaner und Japaner nun eine Schlacht im Pazifik lieferten, zeigte sich, dass der Begriff »Kriegsnebel« nicht nur den von der metaphorischen Sorte bedeuten muss, sondern auch sehr realen Nebel umschreiben kann. Das war der Fall auf Kiska, einer kargen, aber strategisch wichtigen Insel im Nordpazifik, ungefähr auf halber Strecke zwischen Japan und Alaska (zu dem es als entlegener Vorposten und Handelsstation gehörte). Kiska war eine von zwei Inseln, die die Japaner 1942 auf dem Höhepunkt des Zweiten Weltkriegs annektierten, ein Vorfall, der die Amerikaner ausrasten ließ, war es doch das erste Mal, seit sie 1912 gegen die Briten gekämpft hatten, dass jemand ihr Territorium besetzte. Auch wenn dieses Territorium winzig und sehr weit weg war.

Im Sommer 1943 bereiteten sich 34 000 US-amerikanische und kanadische Soldaten darauf vor, die Rückeroberung Kiskas anzugehen. Sie leckten noch ihre Wunden von der Erfahrung, die sie bei der versuchten Rückeroberung der nahegelegenen Insel Attu gemacht hatten – eine brutale und blutige Angelegenheit, bei der die japanischen Streitkräfte bis zum letzten Tropfen Blut gekämpft hatten. Die Kommandanten der Operation Kiska waren sich sicher, dass diese Mission keinen Deut weniger erbittert ausfallen würde. Als die alliierten Truppen am 15. August anlandeten, fanden sie Kiska in dichten eisigen Nebel gehüllt. Unter höllischen Bedingungen – bitterer Kälte, Wind, Regen, Sichtweite nahezu null – bahnten sie sich blind Schritt um Schritt ihren Weg durch das steinige Terrain, versuchten Minen und Tretminen zu umgehen, währenddessen der Nebel um sie herum die ganze Zeit über von Gewehrsalven unsichtbarer Feinde widerleuchtete. Vierundzwanzig Stunden trotzten sie dem Feuer der Heckenschützen und bewegten sich zu mit dumpfem Hall explodierenden Artilleriegeschossen, dem Stakkato naher Feuergefechte und gebrüllter Zurufe aus der Ferne, die Nachrichten und Gerüchte über nahende japanische Truppen übermittelten, langsam, Zentimeter um Zentimeter den Hang hinauf in Richtung Inselmitte.

Erst als sie am nächsten Tag ihre Verluste in Augenschein nahmen – 28 Tote und 50 Verletzte –, offenbarte sich die schreckliche Wahrheit: Sie waren die Einzigen vor Ort.

Die Japaner hatten die Insel bereits drei Wochen zuvor verlassen. Die amerikanischen und kanadischen Streitkräfte hatten aufeinander geschossen.

Das könnte vermutlich als unglückseliger, aber verständlicher Fehler durchgehen, wäre da nicht der Umstand gewesen, dass die Leute von der Luftaufklärung der Einsatzleitung bereits Wochen zuvor mitgeteilt hatten, dass sie keinerlei japanische Aktivitäten mehr beobachten würden und davon ausgingen, dass die Insel vermutlich evakuiert worden sei. Nach der Erfahrung auf Attu aber hatten die Anführer sich gesagt, dass die Japaner sich nie und nimmer von irgendetwas zurückziehen würden, und die Berichte der Luftaufklärung ignoriert. Ein Bestätigungsfehler vom Allerfeinsten. Sie waren sich dermaßen sicher, dass sie sogar das Angebot der Flieger ablehnten, nur zur Sicherheit ein paar weitere Aufklärungsflüge zu unternehmen. Irgendwo ist da vermutlich eine Lehre versteckt, die davor warnt, voreilig Mutmaßungen zu treffen.

Zwei Jahre später, im April 1945 – wenige Wochen vor Ende des Krieges –, patrouillierte das deutsche U-Boot U-1206 am neunten Tag seiner Jungfernfahrt in den Gewässern vor der Nordostküste Schottlands. Es war ein hochmodernes Gefährt, schnell und schnittig, mit modernster Technik und – sehr wichtig – einer schicken neuen Art von Toilette, die ihren Inhalt mit Druck ins Meer hinausbeförderte, statt ihn in einem antiseptischen Tank zu sammeln.

Der einzige Nachteil an dieser Art von Toilette war der Umstand, dass sie extrem kompliziert zu bedienen war. So kompliziert, dass der Kapitän sich am 14. April gezwungen sah, einen Ingenieur zu rufen, weil er es nicht hinbekam, die Spülung zu bedienen, etwas, das vermutlich nicht zu der Sorte von Dingen gehört, die man gern tut, wenn man bemüht ist, ein Mindestmaß an Autorität zu wahren. Leider war der Ingenieur kein bisschen erfolgreicher, was das Spülen anging. Bei dem Versuch, den Mechanismus zu bedienen, erwischte er irgendwie das falsche Ventil, und die Kabine begann sich sehr rasch mit einer zutiefst unattraktiven Mischung aus Meerwasser und menschlichen Exkrementen zu füllen.

Nein, ich weiß nicht, wer beschlossen hatte: »Ach, lass uns bei den Toiletten doch ein Ventil einbauen, das fast genauso aussieht wie der verflixte Mechanismus für die Spülung, aber statt etwas herauszuschaffen, jede Menge Meerwasser in unser großes Nazi-U-Boot laufen lässt«, aber vermutlich waren die

Betreffenden vom selben Schlag wie der Typ, der den großen zentralen Gas- und Wärmeaustauschschacht in den *Todesstern* eingebaut hat.

Das Fluten der Kabine mit einem streng riechenden Cocktail aus Salzwasser und Fäkalien allein wäre schon schlimm genug gewesen, aber es sollte noch um einiges schlimmer kommen – ab dem Augenblick nämlich, als das Abwasser ein Deck weiter hinuntertropfte, und zwar genau auf die Batterien des Schiffs, die die Konstrukteure hilfreicherweise unmittelbar unter den Toiletten angebracht hatten. Es veranlasste die Batterien, große Mengen tödlichen Chlorgases auszustoßen, die Kapitän Karl-Adolf Schlitt keine andere Wahl ließen als aufzutauchen – wo er postwendend von der Royal Air Force angegriffen wurde, die ihn zwang, das Schiff aufzugeben und zu versenken. Womit U-1206 die zweifelhafte Ehre zufällt, das einzige U-Boot des Zweiten Weltkrieges gewesen zu sein, das von einem schlecht durchdachten Klo versenkt wurde.

Es gibt aus dieser Episode sicher Wertvolles zu lernen – zum Beispiel darüber, wie unerhört wichtig gerade in einer stressigen Umgebung eine benutzerfreundliche Bedienungsoberfläche ist, und auch, dass es wünschenswert ist, existenziell wichtige Teile der Infrastruktur räumlich voneinander zu trennen, aber um ganz ehrlich zu sein, ich habe das hier vor allem erzählt, weil es echt witzig ist.

Einen Plan zu haben ist für den militärischen Erfolg fraglos von entscheidender Bedeutung. Aber hin und wieder passiert es, dass ein Plan zu trickreich und zu hinterhältig ist, als dass man sich damit einen Gefallen täte. Wenn Sie je Schach gegen jemand gespielt haben, der weit besser ist als Sie, kennen Sie das vermutlich: Sie bringen eine halbe Ewigkeit damit zu, den anderen in eine extrem ausgefuchste Falle zu locken, nur um am Ende festzustellen, dass dieser jeden Zug vorausgesehen hat und Sie sich letztlich selbst geschlagen haben. Das ist im Prinzip das, was dem französischen General Henri Navarre in Vietnam widerfuhr – nur hatte er mit Menschen gespielt und nicht mit Schachfiguren. Genau wie sein älterer Landsmann Napoleon heckte er einen Plan aus, der nur so lange vollkommen war, wie seine Gegner genau das taten, was er von ihnen erwartete.

Das Ganze ereignete sich im Jahre 1953, und Navarres erklärtes Ziel bestand darin, den kommunistischen Việt Minh (die sich enervierend gut auf ihre Mission – das Aufbegehren gegen die französische Kolonialregierung in Französisch-Indochina – verstanden) eine krachende und bittere Niederlage beizubringen, um deren Position bei den anstehenden Friedensverhandlungen zu schwächen. Also beschloss er, sie in eine extrem schlaue Falle zu locken. Er errichtete in einer entlegenen Gegend einen großen neuen französischen Stützpunkt, von dem aus er die Nachschubwege der Việt Minh bedrohte, und versuchte, deren Einheiten in Kampfhandlungen zu verwickeln. Der Stützpunkt in Điện Biên Phủ war von dicht bewaldeten Bergen umgeben, die den Vietnamesen Deckung boten sowie die Möglichkeit, von prominenter Position aus zu verteidigen und anzugreifen. Die Franzosen waren weit entfernt von jeglichem Schutz und Unterstand. Das Arrangement würde schlicht zu verlockend für die Việt Minh sein, um der Versuchung nicht nachzugeben – dachte man. Aber (so der Plan) die überlegene französische Technologie würde sie locker schlagen: Frankreichs Luftwaffe dominierte den Luftraum und würde die Versorgung gewährleisten, die französische Artillerie würde auf dem Schlachtfeld triumphale Siege einfahren, denn den Transport schwerer Artillerie durch den Urwald könnten die Việt Minh unmöglich bewerkstelligen. Exzellenter Plan. Navarre ließ seine Männer die Befestigungen bauen und wartete.

Und wartete. Monatelang, nichts geschah. Kein Angriff. Was machten die Việt Minh nur?

Wie sich letztlich zeigte, waren sie dabei, schwere Artillerie durch den Urwald zu transportieren. Eine Allianz aus Soldaten und der vietnamesischen Bevölkerung brachte Monate damit zu, die Waffen auseinanderzubauen und Stück für kreuzschindendes Stück meilenweit durch das dicht bewaldete Gebirge nach Điện Biên Phủ zu schleppen und dort wieder zusammenzubauen. Danach warteten sie schlicht und einfach, bis die Regenzeit anfing. Als dann die französischen Truppen im Schlamm feststeckten und die französischen Flugzeuge nicht mehr ausmachen konnten, wo sie ihre Vorräte abzuwerfen hatten, schlugen sie zu. Navarres Männer, die mit selbstmörderischen Attacken todesverachtender Bauern mit Uraltgewehren gerechnet hatten, waren schwer überrascht, unter Dauerbeschuss moderner Artillerie zu geraten, die es eigentlich gar nicht hätte geben dürfen.

Die französischen Streitkräfte hielten der Belagerung zwei Monate stand, bis sie überrannt wurden. Ausmaß und Art der Niederlage waren so niederschmetternd und peinlich, dass die französische Regierung darüber stürzte und die Việt Minh die Unabhängigkeit jenes Teils von Vietnam erreichen konnten, den wir heute als Nordvietnam kennen. Der Rest ist bekannt: In dem nunmehr geteilten Vietnam wurde aus den in Südvietnam verbliebenen Việt Minh der Vietkong, und es kam zu einem gewaltsamen Aufstand gegen die Regierung im Süden. Die Amerikaner beschlossen der ganzen antikommunistischen Stimmung zur Zeit des kalten Krieges halber, sich einzumischen und ihre Alliierten im Süden zu unterstützen, woraufhin sich Uncle Sam in praktisch demselben Krieg nicht wesentlich besser anstellte als die Franzosen. Der sich anschließende Vietnamkrieg dauerte fast zwei Jahrzehnte und kostete zwischen 1,5 und 3 Millionen Menschen das Leben. All das geschah unter anderem deshalb, weil Henri Navarre sich eine furchtbar schlaue Falle ausgedacht hatte.

Aber in den Annalen der Militärgeschichte ist es eine andere Front, die in puncto Anheizen des Kalten Krieges das unvergesslichste Beispiel abgibt und bei der die Wahrnehmungsverzerrung einer kleinen Gruppe von Leuten dazu führte, dass eine Supermacht sich von einem kleinen Fisch düpieren ließ.

Invasion in der Schweinebucht

Das Debakel der Amerikaner beim Versuch einer Invasion in Kuba über die Schweinebucht ist nicht nur ein Paradebeispiel für Gruppendenken im Einsatz, sondern wir haben jenem Desaster den Begriff sogar zu verdanken. Geprägt wurde »Gruppendenken« von dem Psychologen Irving Janis, und er basiert zum großen Teil auf seinen Untersuchungen zu der Frage, wie die Kennedy-Administration es hinbekommen hat, die Dinge dermaßen verkehrt anzupacken.

Die Operation in der Schweinebucht war wohl mit Sicherheit das demütigendste Ereignis in Amerikas langer und schriller Liste von blamablen Fehlschlägen beim Stürzen der Regierung eines kleinen Inselstaates unmittelbar vor der eigenen Haustür, wenngleich man in aller Fairness sagen muss, es war vielleicht nicht das allerschrägste. (Das wäre mit Sicherheit der Erwerb von Unmengen an Weichtieren, um einen tauchenden Fidel Castro mit sprengstoffbewehrten Muscheln zu meucheln.)

Der Plan sah im Prinzip so aus: Die Amerikaner würden

eine Handvoll kubanische Castro-Gegner im Exil trainieren, die dann unter dem Schutz amerikanischer Bomber eine Invasion hinlegen sollten. Angesichts locker zu erringender Siege gegen das zusammengewürfelte kubanische Militär würden die Bewohner der Insel die Exilanten als Befreier feiern und sich gegen die Kommunisten erheben. Ganz einfach. Es war schließlich nichts anderes als das, was man bereits in Guatemala veranstaltet hatte.

Schiefzulaufen begann das Ganze, als statt Richard Nixon John F. Kennedy die Wahl gewann und Präsident wurde. Entwickelt worden war der Plan unter der Prämisse, dass Nixon, vormaliger Vizepräsident und Befürworter des Vorhabens, der neue Mann im Oval Office sein würde. Kennedy war beträchtlich weniger kampfeslustig, hatte, nicht unvernünftigerweise, Bedenken, in einen Krieg mit der Sowjetunion zu schlittern, und bestand demzufolge auf ein paar Änderungen: Die US-amerikanische Unterstützung für die Operation hatte absolut geheim zu erfolgen (keine Unterstützung aus der Luft also), und die Landestelle musste verlegt werden an irgendeinen Ort fernab von größeren zivilen Ansiedlungen, womit das Element »Volksaufstand« in gewisser Hinsicht konterkariert wurde.

Spätestens an diesem Punkt hätte klar sein müssen, dass die bereits ohnehin ziemlich optimistisch eingeschätzte Operation am besten schlicht und einfach fallen gelassen würde, weil sie auch nicht mehr nur den geringsten Sinn ergab. Und doch machte jeder weiter, als ob dem nicht so wäre. Fragen wurden nicht gestellt, Vermutungen blieben unhinterfragt. Der Historiker Arthur Schlesinger, Berater der Regierung Kennedy und Gegner des Plans, berichtete später, dass die Treffen zu dem Thema in einer »merkwürdigen Atmosphäre vermeintlicher Einmütigkeit« stattfanden, und dass er, obwohl er die

Pläne für töricht hielt, es bei den Besprechungen nicht fertigbrachte, Einwände zu erheben. »Ich kann meine Unfähigkeit,
mehr zu tun als ein paar schüchterne Fragen zu stellen, nur
damit erklären, … dass der eigene Impuls, diesem Unsinn ein
Ende zu bereiten, durch die Umstände der Diskussion einfach
unterdrückt wurde«, schrieb er. Um der Wahrheit die Ehre zu
geben, wir haben alle schon mal solche Meetings erlebt.

Als der Angriff im April 1961 schließlich seinen Lauf nahm,
ging so ziemlich alles schief, was schiefgehen kann. Ohne die
Beteiligung der US-Airforce gegen Castros Luftstreitkräfte
fiel es kubanischen Exilanten zu, von Nicaragua aus als kubanische Maschinen getarnte Bomber ins Geschehen zu lenken.
Der Plan sah vor, dass eine der Maschinen sehr rasch den Weg
nach Miami nehmen und der Pilot vor aller Welt verkünden
sollte, er sei ein Überläufer aus den Reihen der kubanischen
Streitkräfte, der beschlossen habe, die Luftwaffenstützpunkte
auf eigene Faust zu bombardieren. Die abgefeimte List hielt
genau bis zu dem Augenblick, in dem den Leuten auffiel, dass
seine Maschine nicht vom selben Typ war wie die kubanischen.

Das Landemanöver, das eigentlich heimlich still und leise im Schutz der Dunkelheit hätte erfolgen sollen, wurde
rasch von ein paar Fischern vor Ort bemerkt, die, statt die
Ankömmlinge als Befreier zu begrüßen, auf der Stelle Alarm
schlugen und dann zu schießen begannen. (»Wir dachten:
Das ist eine Invasion, Jungens, seid vorsichtig! Die versuchen
einzumarschieren«, erinnerte sich einer der Fischer, Gregorio
Moreira, bei einem Interview mit der BBC zum fünfzigsten
Jahrestag der Invasion.) Die Invasoren stellten rasch fest, dass
der Strand, von dem aus sie das Land einzunehmen gedachten, ausgesprochen schwer zugänglich war, was nicht besser
dadurch wurde, dass große Teile der kubanischen Armee (die

sich als ziemlich tüchtig und alles andere als heruntergekommen erwies) in Windeseile vor Ort waren, um auf sie zu schießen. Oh, ja, und dasselbe tat auch ein Flugzeug der kubanischen Luftwaffe, das allem Anschein nach von den wenig schlagkräftigen, falschen Bombern doch nicht zerstört worden war.

Zu diesem Zeitpunkt hätte die Einheit am Strand wirklich ein bisschen Unterstützung aus der Luft brauchen können, aber mittlerweile war Kennedy durch die Tatsache, dass jeder den Trick mit den »desertierenden kubanischen Piloten« durchschaut hatte, so weit, dass er sich weigerte, seine Zustimmung dazu zu geben. Also hingen die Soldaten mehrere Tage am Strand fest und kämpften bei abnehmenden Munitionsvorräten einen zunehmend verzweifelten Kampf.

Drei Tage nach Beginn der fehlgeschlagenen Invasion war klar, dass die Amerikaner ohne dramatische Intervention niemals vom Strand wegkommen würden, also entschloss sich Kennedy zu einer Kehrtwende und gab die Erlaubnis zur Unterstützung aus der Luft. An diesem Punkt aber fühlten sich die kubanischen Piloten durch den Verlauf der Mission derart verraten, dass sie sich weigerten zu fliegen. Also ließen die USA sämtliche Heuchelei betreffs ihrer Nichtbeteiligung fahren und rekrutierten Angehörige der Nationalgarde Alabamas, die getarnten Bomber zu fliegen, unterstützt von einem Haufen extrem ungetarnter amerikanischer Kampfflugzeuge. Das hätte der Einheit am Ufer eine Chance geben können – hätte man nicht in einem letzten Anfall von krachender Inkompetenz vergessen, dass zwischen Nicaragua, wo die Bomber standen, und Miami, von wo die Kampfjets starteten, eine Zeitdifferenz bestand, die beiden Flugzeugstaffeln schafften es daher nicht einmal, gleichzeitig vor Ort zu sein. Mehrere Maschinen wurden abgeschossen.

Das Ganze endete damit, dass sich die USA vor aller Welt zum Gespött gemacht hatten, Fidel Castro fester an der Macht war denn je und mehr als 1000 einmarschierende Soldaten gefangen genommen wurden, für deren Freilassung die Vereinigten Staaten ein paar Jahre später ein Lösegeld von mehr als 50 Millionen Dollar zu zahlen hatten.

Auf der Habenseite lernte Kennedy aus den idiotischen Entscheidungen – was möglicherweise allen anderen Menschen auf der Welt das Leben rettete, weil es für die Kubakrise im darauffolgenden Jahr kühleren Köpfen den Weg ebnete. Und zum Glück war deren Einfluss so groß, dass die Vereinigten Staaten sich nie wieder in eine Situation hineinmanövrierten, in der ihre Führer sich auf der Grundlage armseliger Geheimdienstberichte von Gruppendenken zu einer schlecht durchdachten Invasion ohne klaren Plan und ohne Exit-Strategie verleiten ließen.

Oh.

Sechs der sinnlosesten Kriege der Weltgeschichte

Der Eimerkrieg

Schätzungsweise 2000 Menschen verloren ihr Leben in diesem Krieg zwischen den italienischen Stadtstaaten Modena und Bologna 1325, der damit begann, dass Soldaten aus Modena in Bologna einen Eimer mitgehen ließen. Modena gewann den Krieg und stahl Bologna prompt einen weiteren Eimer.

Der Britisch-Sansibarische Krieg

Mit weniger als einer Dreiviertelstunde der kürzeste Krieg der Weltgeschichte. Ein sansibarischer Sultan, der den Briten nicht passte, erhob Anspruch auf den Thron und verbarrikadierte sich in seinem Palast. Die Briten nahmen ihn insgesamt 38 Minuten lang unter Beschuss, dann floh er.

Der Fußballkrieg

Im Jahr 1969 weiteten sich die seit Langem bestehenden Spannungen zwischen El Salvador und Honduras zu einem echten Krieg aus – ausgelöst im Wesentlichen durch gewalttätige Ausschreitungen bei den WM-Qualifikationsspielen zwischen den beiden Ländern. (El Salvador gewann beim Fußball, der Krieg endete unentschieden.)

The War of Jenkin's Ear

(zu Deutsch: Der Krieg um Jenkins Ohr)

Dieser Krieg zwischen Großbritannien und Spanien, der über ein Jahrzehnt andauerte und Zehntausende Leben kostete, brach aus, weil ein paar Spanier im Jahr 1731 einem britischen Handelskapitän angeblich ein Ohr abgeschnitten hatten. Als er vorbei war, tobte auf dem europäischen Kontinent längst der Österreichische Erbfolgekrieg, in den so gut wie jedes größere Land Europas verwickelt war.

Die Nachttopf-Rebellion

Robert II., genannt Robert Curthose – zu Deutsch Robert Kurzhose –, war der älteste Sohn von Wilhelm dem Eroberer und sah sich veranlasst, eine Revolte gegen seinen Vater anzuzetteln, weil dieser seine beiden jüngeren Brüder nicht bestrafte, nachdem sie einen vollen Nachttopf über seinem Kopf ausgeleert hatten.

Der Krieg um den Goldenen Stuhl

Ein Krieg zwischen dem britischen Empire und dem westafrikanischen Volk der Aschanti, ausgelöst durch den Wutanfall eines britischen Gouverneurs, dem der Stuhl, den man ihm zum Sitzen gegeben hatte, zu »gewöhnlich« war und der darauf bestand, auf dem Goldenen Stuhl zu sitzen – dem heiligen Thron und nationalen Heiligtum der Aschanti, auf dem kein Mensch sitzen durfte. Die Briten gewannen den Krieg, bekamen aber nie mehr Gelegenheit, auf dem Stuhl zu sitzen.

7

Die große Kolonialismus-Sause

Der menschliche Drang zu entdecken, ständig zu neuen Horizonten aufzubrechen, ist eines unserer ureigensten Merkmale. Ihm ist es zu danken, dass unsere Art und ihre nächsten Cousins sich in einem Wimpernschlag der Evolution mehrmals rund um die Welt ausgebreitet haben. Und er ist der Motor, der die moderne Welt mitgestaltet hat – dieses hirnverbrannt chaotische und irre unfaire Produkt von Jahrmillionen Migration und Handel, Kolonialisierung und Krieg.

Jener Entdeckerdrang war es, der Christoph Kolumbus 1492 trieb, Segel zu setzen und die riesigen Weiten des blauen Atlantiks zu durchkreuzen, um ein paar Monate später sein Schiff wie ein Vollidiot auf einer Sandbank zu schrotten.

Das Jahr markiert den Beginn dessen, was gemeinhin als »Zeitalter der Entdeckungen« bezeichnet wird, wenngleich die Bezeichnung genau genommen nur dann zutrifft, wenn Sie nicht zu den Leuten gehörten, die bereits an den Orten lebten, die da entdeckt wurden. Die Handelsrouten über Land zwischen Europa und Asien, die prima ausgebaut und gut zu bereisen gewesen waren, solange sich das Mongolische Reich über einen großen Teil Eurasiens erstreckt hatte (mehr darüber in ein paar Minuten), waren nun dank der grassierenden Pest, gepaart mit dem Aufstieg des Osmanischen Reiches, blockiert, und so richtete das vor neuen Technologien und neuem Wissen schier bersten wollende und nach neuen Reichen gierende Europa seinen Blick stattdessen auf die Meere. Und was als Streben nach Handel mit Asien, Afrika und dem neu entdeckten amerikanischen Doppelkontinent begann, entwickelte sich in Windeseile zu einer endlosen Folge aus Besatzungs- und Eroberungsfeldzügen.

So ziemlich jeder weiß, dass Kolumbus den amerikanischen Kontinent durch Zufall – na ja – »entdeckt« hat, weil er auf der Suche nach einer Abkürzung für den Weg nach Indien, die nicht ums Kap der Guten Hoffnung führte, irrtümlich in die Karibik geraten war. Aber es herrschen auch jede Menge irrige Vorstellungen darüber, *worin* genau sein Fehler bestanden hat.

In einer geläufigen Version der Geschichte hatte er am Ende recht behalten, weil er an seiner ketzerischen Theorie, der zufolge die Welt rund sei, festhielt, während die leichtgläubigen Narren zu Hause glaubten, er sei dazu verdammt, irgendwann samt seinem Schiff von der Erdscheibe zu purzeln. Das ist, es tut mir leid, kompletter Unsinn. Tatsächlich war sich so gut wie jeder gebildete Mensch im damaligen Europa (und die meisten ungebildeten ebenfalls) völlig darüber im Klaren, dass die Welt eine Kugel ist, und die Leute wussten das bereits seit langer Zeit. Das Wissen darum war derart verbreitet, dass der Theologe Thomas von Aquin darauf bereits 200 Jahre vor der Reise des Christoph Kolumbus Bezug nahm, und zwar als Beispiel für etwas, das jeder als wahr akzeptierte. Bis auf den heutigen Tag gibt es eine verbohrte Minderheit von Leuten, die noch immer an der offiziellen Story der großen Globusfabrikanten-Verschwörung zweifelt, aber im Großen und Ganzen ist die Scheibenwelttheorie heutzutage genauso unpopulär, wie sie es bereits im 15. Jahrhundert war. Für das Jahr 2019 hat eine Gruppe Scheibenweltler vor, eine Seereise für die Scheibenwelt-

Community zu organisieren – als aufregende Möglichkeit, die eigenen Theorien zu testen. Applaus, Applaus!!

Also nein, es handelte sich nicht um einen Diskurs über die Kugeligkeit der Erde. Die Skepsis gegenüber Kolumbus rührte von ganz anderer Seite her. Das Problem war, dass Christopher Kolumbus seine Maßeinheiten komplett durcheinandergebracht hatte und seine Berechnungen vorne und hinten nicht stimmten.

Der ganze Plan für seine Mission fußte auf seinen höchsteigenen Bestimmungen zweier Größen: der Größe der Erde und der Größe Asiens. Bei beiden lag er mächtig daneben. Zum einen glaubte er, dass Asien sich enorm viel weiter ausdehne, als es das tatsächlich tut (und es dehnt sich ohnehin schon ganz schön weit aus), und er somit bei gutem Wind schließlich auf Japan stoßen werde – das er ein paar Tausend Meilen weiter östlich wähnte, als es tatsächlich liegt. Aber schlimmer noch gründete er seine Berechnungen zum Umfang des Erdballs auf die Arbeit des persischen Astronomen Abu l-Abbas Ahmad ibn Muhammad ibn Kathir al-Farghani aus dem 9. Jahrhundert. Das war kein guter Ausgangspunkt, denn seit 1 700 Jahren, da der griechische Mathematiker Eratosthenes von Kyrene den Erdumfang ziemlich genau getroffen hatte, kursierten genauere Schätzungen. Aber auch das war noch nicht Kolumbus' größter Fehler.

Sein größter Fehler war die Annahme, dass al-Farghani, wenn er von »Meilen« sprach, natürlich die römische Meile von 5000 Pedes oder grob anderthalb Kilometern meinte. Davon kann bei al-Farghani keine Rede sein. Er hatte die arabische Meile im Sinn, und sie hatte eine Länge von ungefähr zwei Kilometern. Wenn also al-Farghani angab, etwas sei so und so viele Meilen weit weg, sprach er von einer sehr viel größeren Entfernung, als Kolumbus dachte.

Fans des Films *Die Jungs von Spinal Tap* werden vertraut sein mit dem, was Christopher hier passierte. Er verwechselte eine Maßeinheit mit einer komplett anderen und landete auf diese Weise bei einem Modell, das lächerlich klein ausfiel. Kolumbus schätzte die Erde auf nur ungefähr drei Viertel ihrer tatsächlichen Größe. In Kombination mit seinem Entschluss, Japan ein paar Tausend Meilen zu verlegen, führte das schlussendlich dazu, dass er glaubte, Vorräte für eine weit kürzere Reise einpacken zu müssen, als er tatsächlich vor sich hatte. Jede Menge seiner Zeitgenossen versuchten es mit dem Einwand: »Ich glaube, du hast der Welt hier die falsche Größe zugemessen, Chris«, aber er hielt überzeugt an seinen Berechnungen fest. Alles in allem war es daher ein ziemliches Glück für ihn, dass er damals über die Karibik stolperte. (Niemand hatte ernsthaft einen Gedanken an die Möglichkeit verschwendet, dass es genau da, wo Asien nicht war, einen ganzen Extrakontinent geben könnte.)

Es sollte bei der Gelegenheit vielleicht angemerkt sein, dass die falsche Annahme betreffs der Art von Meilen in al-Farghanis Ausführungen eine ziemlich eurozentrische Betrachtungsweise vonseiten Kolumbus' reflektiert! Aber seien wir ehrlich: Das war bei Weitem nicht das Schlimmste, was Christopher Kolumbus aus seinem übertrieben eurozentrischen Denken heraus anstellte.

Das Ganze verführt natürlich dazu, darüber nachzusinnen, wie anders die Weltgeschichte wohl verlaufen wäre, hätte Kolumbus mehr Ahnung von Mathe gehabt und wäre daher nie zu seiner Reise aufgebrochen. Die Antwort lautet: Vermutlich nicht allzu sehr, außer dass womöglich ein paar mehr Leute heute Portugiesisch sprächen. Die Portugiesen waren seinerzeit Europas beste Seefahrer und Navigatoren (Kolumbus' Expedition wurde nur deshalb von Spanien finanziert, weil die

Portugiesen ihn zuvor abgewiesen hatten – sie wussten nämlich nur zu gut, dass er sich mit der Mathematik vergaloppiert
hatte) und landeten in den folgenden Jahren an verschiedenen
Fleckchen von Nord- und Südamerika. Pedro Álvares Cabral
erreichte Brasilien im Jahr 1500, die Corte-Real-Brüder erreichten ein Jahr später Labrador oder Neufundland, wo sie
als Vorboten für das, was folgen sollte, erst einmal 57 Urein-
wohner kidnappten und als Sklaven verkauften.

Genau genommen wäre das Eine und Einzige, das für die
Geschichte der Beziehungen zwischen Alter und Neuer Welt
wirklich Bedeutung hätte haben können, gewesen, wenn
jemand, nur irgendjemand, es fertiggebracht hätte, einmal
seinen natürlichen Impuls zu zügeln, die erstbesten Leute,
die einem über den Weg laufen, zu kidnappen oder zu ermorden. Ganze fünf Jahrhunderte vor Kolumbus waren übrigens
die Wikinger die ersten Europäer gewesen, die eine Siedlung in Amerika gegründet hatten – Leif Eriksson war von
einer Wikingerkolonie auf Grönland aus aufgebrochen und
auf einen Landstrich gestoßen, den er als Vinland (»Wein-
land«, vermutlich das heutige Neufundland) bezeichnete.
Verglichen mit dem kargen und ausgesprochen unspaßigen
Grönland, müssen die Wälder und Früchte Vinlands für die
Wikinger gute Neuigkeiten gewesen sein, und sie richteten
dort tatsächlich für ein paar Jahre eine Handelskolonie ein.
Leider wurden die Aussichten für gute Handelsbeziehungen
zu der lokalen Bevölkerung Vinlands (den Thule vermutlich
oder Skrälinger, wie die Grönländer sie nannten) ein bisschen
getrübt durch die Ereignisse bei beider erstem Zusammentreffen.

Es war die erste Begegnung zwischen Europäern und Ame-
rikanern in den Annalen der Geschichtsschreibung und verlief ungefähr wie folgt: Die Wikinger stießen auf eine Gruppe

von zehn Einheimischen, die unter ihren umgedrehten Kanus schlummerten, also brachten sie sie um.

Zum Teufel noch mal, Jungs.

Wie nicht anders zu erwarten, waren die Einheimischen danach nicht mehr allzu erpicht darauf, mit den Wikingern Handel zu treiben, und es kam zu häufigen Zusammenstößen zwischen den beiden Gruppen – darunter zu einer Schlacht, in der die furchterregenden, mit Schwertern bewaffneten Wikinger beinahe geschlagen worden wären von »einer Stange mit einem großen Ball am Ende« (einer mit Luft gefüllten Tierblase vermutlich), »der über die Köpfe der Männer flog und dabei ein schreckenerregendes Geräusch machte«. Die Wikinger wurden von dem Ballon-Novum derart in Schrecken versetzt, dass sie wohl als Verlierer aus dem Kampf hervorgegangen wären, hätte nicht Freydis Eriksdottir, Leifs Schwester, die Skrälinger ihrerseits verängstigt, indem sie ihre Brüste entblößte.

Infolge dieser und anderer weniger schräger Gerangel kam die Vinland-Siedlung nie so richtig in Schwung, und die Wikinger aus Grönland gaben sie nach zehn oder zwanzig Jahren auf. Damit nicht genug, begann es auch mit der Siedlung auf Grönland – ohnehin nur entstanden, weil Erik der Rote wegen Mordes dorthin verbannt worden war – im Laufe der folgenden Jahrhunderte allmählich bergabzugehen, bis sie schließlich ganz aufgegeben wurde, weil die Wikinger daheim in den Nordländern ihr immer weniger Beachtung schenkten.

Hätten sich die Dinge auf Vinland ein bisschen anders entwickelt, idealerweise mit weniger Mord und Totschlag, hätte die Geschichte womöglich wirklich einen ganz anderen Verlauf genommen. Eine gut funktionierende Handelsroute zwischen dem amerikanischen Kontinent und Europa mit allem Austausch an Wissen und Fertigkeiten, der damit hätte einhergehen können, hätte den Austausch zwischen den beiden Populationen womöglich behutsamer erfolgen lassen. Es hätte bedeuten können, dass der Vorsprung an technologischer und militärischer Stärke, der die europäischen Kolonisationsbestrebungen im 16. Jahrhundert zu einer so einseitigen Angelegenheit gemacht hat, womöglich weit weniger dramatisch ausgefallen wäre. (Es hätte zudem den Bewohnern Amerikas mehr Zeit gegeben, allmählich ein paar Widerstandskräfte gegen die Infektionskrankheiten der Alten Welt aufzubauen, so wurden sie mit einer Wagenladung davon auf einmal konfrontiert.)

Ebenso hätten sich die Dinge vielleicht anders entwickelt, wenn Abubakari II., der Herrscher über das westafrikanische Mali-Reich im 14. Jahrhundert, von seinen Reisen zurückgekommen wäre. Der König über eines der größten und wohlhabendsten Imperien jener Zeit, das einen Großteil Westafrikas umspannte, verzichtete auf Thron, Macht und Reichtümer um seiner Neugier willen, die ihn trieb zu erforschen, ob es auf der anderen Seite des Meeres ein »Ufer« gäbe. Im Jahr 1312 stach er vom heutigen Gambia aus mit, wie man glaubt, einer Flotte von 2000 Schiffen in See – keines davon ward je wieder gesehen. Manche Historiker Malis vertreten die Ansicht, er habe es möglicherweise bis nach Brasilien geschafft, aber selbst wenn, er ist nie zurückgekommen, was, wenn wir ehrlich sind, ein ziemlich entscheidender Gesichtspunkt an der ganzen Forschungsreiserei ist.

Oder vielleicht hätte es auch nicht anders kommen können, und es ist einfach unsere Art. Wenn Sie weit genug zurücktreten und auf das große Ganze schauen, ist ein Großteil der menschlichen Geschichte nichts weiter als die Geschichte von Aufstieg und Untergang mehr oder weniger großer Reiche und des einander Umbringens auf Teufel komm raus. Wie Ackerbau, Anführer und Kriege – all die anderen Dinge, die dazu beitrugen, dass es überhaupt zum Zeitalter der großen Reiche kam – endet etwas nicht notwendigerweise deshalb siegreich, weil es auf lange Sicht die beste Lösung für die Menschheit darstellt, sondern weil, sobald *irgendwer* beschließt, damit anzufangen, so ziemlich jeder andere gezwungen ist mitzumachen, wenn er nicht unter die Räder kommen will. So ähnlich wie eine Schlägerei am Tresen eines alten Western-Saloons – nur dass ein Haufen Leute nicht wieder aufsteht, wenn das Klavier wieder zu spielen anfängt.

Als Kolumbus es 1492 fertigbrachte, die Santa Maria vor den Gestaden Hispaniolas aus Versehen auf felsigen Grund zu setzen, ging das Volk der Taíno auf der Insel in die Hunderttausende. Gut zwei Jahrzehnte später – die Spanier hatten inzwischen Bergbau, Sklaverei und Krankheiten eingeführt – waren nur noch 32 000 übrig. Kolumbus war schlecht in Mathe, aber das war definitiv nicht sein größter Fehler.

Es ist nicht unbedingt die Aufgabe von Historikern, moralische Urteile über die Vergangenheit zu fällen. Sie versuchen zu ergründen und zu beschreiben, Zusammenhänge herzustellen, zu verstehen und zu erklären, wie lang vergangene Leben gelebt wurden, und die verzwirbelten Netze von Macht und Konflikt aufzudröseln, die die Welt, in der wir heute leben, hervorgebracht haben. All das können sie tun, ohne einen Kommentar darüber zu verlieren, ob diese Dinge nun brillant oder böse waren. Ja, in Anbetracht der unerhörten Komplexität des Ganzen ist es meist auch keine einfache Aufgabe, irgendwelche Urteile über die Vergangenheit zu fällen.

Glücklicherweise ist es *genau* die Aufgabe dieses Buches, solche Urteile zu fällen, also lassen Sie uns rasch eines klarstellen: Der Kolonialismus war übel. Richtig, richtig übel.

Wie übel? Nun, eine Schätzung der Todesopfer, die der

europäische Kolonialismus allein im 20. Jahrhundert gefordert hat, setzt die Zahl bei um die 50 Millionen an und rückt sie damit in eine Reihe mit den Verbrechen von Hitler, Stalin und Mao – und das in einem Jahrhundert, in dem sich die Kolonialmächte bereits im Niedergang befanden. In den ungefähr hundert Jahren im Anschluss an die Kolonialisierung des amerikanischen Doppelkontinents, so eine relativ vorsichtige Schätzung, kamen 90 Prozent der Bevölkerung des Kontinents durch das Zusammenwirken von Krankheit, Gewalt und Zwangsarbeit ums Leben – wiederum eine Zahl, die in die zig Millionen geht. Der einzige Grund dafür, dass wir dies nicht genauer sagen können, ist der, dass schwer zu ermitteln ist, wie viele Menschen vorher dort gelebt haben. Wir wissen buchstäblich nicht, was wir verloren haben.

Natürlich erzählt der Blutzoll allein, so schrecklich er in seiner Unbestimmtheit auch ist, nicht die ganze Geschichte. Der afrikanische Sklavenhandel, die Erfindung der Konzentrationslager, die sexuelle Ausbeutung im japanischen Kaiserreich, das spanische Encomienda-System in Südamerika (wo den Konquistadoren haufenweise indigene Arbeitskräfte zur persönlichen Verwendung »treuhänderisch anvertraut« wurden wie einem Start-up-Gründer menschliche Aktienoptionsscheine) – die Liste der Schrecken ist lang und unerträglich grauenvoll. Und hinzuzählen müssen Sie zu alledem die zahllosen Kulturen, die ausgelöscht wurden, ihre verlorene Geschichte und den unrechtmäßigen Transfer von Wohlstand aus einem Teil der Welt in einen anderen, der sich noch heute in dem jeweiligen Luxus und den Zukunftsaussichten spiegelt, die Ihnen zuteilwerden, je nachdem in welchem Teil der Welt Sie geboren wurden.

Wie ich sagte. Übel. Dieser Teil des Buches ist nicht sehr lustig, tut mir leid.

All das sollte eigentlich keiner Erwähnung bedürfen, aber wir sehen uns gegenwärtig mit einem Klima konfrontiert, dem diese Erkenntnis abhandenzukommen scheint – es herrscht ein ziemlich ausgeprägter Gegentrend nach dem Motto »Der Kolonialismus war doch im Grunde ganz prima, also weiter so«. Das Argument lautet kurz zusammengefasst, dass die Vorteile des Kolonialismus – die Modernisierung von Ökonomien, der Aufbau einer Infrastruktur, der medizinische und technologische Wissenstransfer, die Einführung rechtsstaatlicher Prinzipien – für die Kolonialisierten und ihre Nachfahren die bedauerlichen Fehler, die wir dabei gemacht haben, überwiegen. Aber wie auch immer Sie es zu verpacken versuchen, diese Haltung läuft letztlich im Prinzip auf die Behauptung hinaus, dass die kolonialisierten Völker im Grunde *unzivilisiert* waren, unfähig, sich selbst zu regieren, immun gegen allen Fortschritt und unzureichend weit entwickelt, ihre natürlichen Ressourcen angemessen zu nutzen. Sie saßen einfach auf all diesem Gold, die armen Toren, ohne eine Vorstellung zu haben, was sie damit anstellen sollten.

Zuerst einmal: Diese Einstellung fußt mehr auf Mythen über den Zustand vorkolonialistischer Gesellschaften als auf Fakten, und sie bläst eine historisch begrenzte und in hohem Maße vom Zufall gesteuerte, vorübergehende, militärtechnische Überlegenheit einiger weniger Länder zu einer Art unumstößlichem moralischen Gesetz auf, das da regelt, wer das Sagen haben darf. Mehr noch, sie gründet sich auf die unausgesprochene Annahme, dass die restliche Welt ohne den Kolonialismus die vergangenen fünf Jahrhunderte hindurch schlicht im Stillstand verharrt hätte, oder dass, außer in ein Land einzumarschieren und es für das eigene zu erklären, keine Möglichkeit vorstellbar ist, wie Menschen wissenschaftliches und technisches Wissen über Grenzen hinweg austauschen können. Ohne die ganze großzügige Kolonialisiererei, so die Schlussfolgerung, wären sie alle irgendwo im 17. Jahrhundert stehen geblieben. Nun, das scheint unwahrscheinlich, insbesondere wenn man den transnationalen Ideenaustausch bedenkt, der überhaupt erst zu Europas rasantem technischen Fortschritt geführt hat, aber natürlich ist es unmöglich, solches zu be- oder widerlegen, weil es auf der Erde einfach nicht genügend Länder gibt, die weder kolonialisiert wurden noch selbst Kolonialmacht waren, um Untersuchungen anstellen zu können. Nur Thailand scheint nahezu als einziges Land von beidem verschont worden zu sein. Ich habe mal kurz gegoogelt und festgestellt, dass sie in Thailand tatsächlich Elektrizität haben, daher vermute ich, auf der Basis einer Stichprobengröße von eins, dass das oben genannte Fortschrittsargument möglicherweise Blödsinn ist.

Letzten Endes aber reden wir am Wesentlichen vorbei, denn ein paar Jahrhunderte zu warten und dann eine Art retrospektiver Kosten-Nutzen-Analyse Ihres Handelns anzustellen, entspricht nicht dem, wie Menschen im Allgemeinen richtig und falsch beurteilen. Es kommt eher einem nachträglichen Versuch gleich zu rechtfertigen, was Sie ohnehin glauben wollen. Infolgedessen gehören zu einer Diskussion zum Thema Kolonialismus in jedem Falle zwei Leute, die einander abwechselnd zubrüllen: »Aber die Züge!« und »Ja, aber auch das Massaker von Amritsar!«, und das so lange, bis auch der Letzte seinen Lebenswillen eingebüßt hat. (Fürs Protokoll: Nein, Züge bilden kein moralisches Gegengewicht zu Massakern, und ich sage das als jemand, der Züge wirklich mag.)

Nichts von alledem soll heißen, dass der Kolonialismus schuld ist an allem Übel der Welt, das ist er nicht. Oder dass vor dem Eintreffen der Kolonialherren die Gesellschaften, die diese zu kolonisieren gedachten, allesamt glückselige Oasen des Friedens und des gegenseitigen Respekts waren, in denen jeder mit der Natur im Einklang lebte, das ist ebenso wenig der Fall. Ich hoffe, dass an diesem Punkt des Buches klar geworden ist, dass die Fähigkeit, sich dumm und widerwärtig aufzuführen, in der Weltgeschichte mit schöner Regelmäßigkeit zu beobachten war und ist. Es bedeutet lediglich, dass wir als Art vermutlich versuchen sollten, über unsere Vergangenheit im Lichte dessen zu denken, was wirklich passiert ist, statt uns einem diffusen nostalgischen Verlangen nach unkomplizierten Narrativen über den Ruhm großer Reiche hinzugeben.

Um nur ein Beispiel herauszugreifen: Die Vorstellung, dass der Kolonialismus eine aufgeklärte Regierung und die Herrschaft des Gesetzes mit sich brachte, verträgt sich nicht allzu gut mit der Geschichte der zahllosen Verträge zwischen Kolonialherren und indigener Bevölkerung – eine Historie, aus der es nicht direkt »Achtung vor dem Gesetz« schreit. Letzteres wäre eine ziemliche Überraschung für die indigenen amerikanischen Völker, die mit der britischen und später der amerikanischen Regierung Hunderte Verträge unterzeichnet hatten, nur um feststellen zu müssen, dass einer nach dem anderen gebrochen und ihnen ihr Land weggenommen wurde. Es würde die Maori überraschen, die den Vertrag von Waitangi unterzeichneten, bei dem eine Reihe von Übersetzungsfehlern zwischen der englischen und der maorischen Version zu der einen oder anderen recht praktischen Unklarheit betreffs der Frage führte, was genau denn nun eigentlich unterschrieben worden war. Es würde die Xhosa überraschen, die in der britischen Kolonie Kaffraria (zu Deutsch Kaffernland – ja, Sie lesen richtig, man hat den Landstrich nach einer rassistischen Verunglimpfung von Menschen schwarzer Hautfarbe benannt) 1847 gezwungen waren, zuzuschauen, wie der frisch eingesetzte Gouverneur Sir Henry Smith vor ihren

Augen lachend einen Friedensvertrag zerriss und dann ihre Anführer zwang, einer nach dem anderen vorzutreten und ihm die Stiefel zu küssen.

Das ist übrigens keine Metapher. Er hat das wirklich getan. Es sollte an dieser Stelle vielleicht noch gesagt sein, dass die britische Geschichtsschreibung Sir Henry Smith als schneidige Heldengestalt erinnert, unsterblich gemacht durch einen populären Liebesroman, der seine Heirat mit einer (äh, Moment) 14-Jährigen feiert.

Das alles bringt uns zurück zu einem der Hauptthemen dieses Buchs: unserer tiefverwurzelten, nie nachlassenden Fähigkeit, uns selbst mit Geschichten und Illusionen über unser Tun und Treiben zu täuschen. Den Bestand eines Reiches aufrechtzuerhalten erfordert aktive und anhaltende Bemühungen, dessen Gegenwart zu mythologisieren und seine Vergangenheit schönzureden. Diesen Missklang gab es von Anfang an: Aus diesem Grund zeigen die Schriften von Kolumbus, dass er in dem Augenblick, da er im Geiste die Bereitschaft der Taíno zu Unterwerfung und Sklaventum abwog, felsenfest davon überzeugt war, das Werk des Herrn zu verrichten und den christlichen Glauben weiterzutragen; es begründet auch, warum die Briten systematisch Zehntausende ihrer eigenen Akten zerstörten, als sie Afrika am Ende ihrer Kolonialherrschaft verließen, sie wirklich und wahrhaftig verbrannten und in Massen dem Meer überantworteten, um die Geschichte zu tilgen und einer kollektiven Amnesie den Boden zu bereiten. (In Uganda erhielt dieses Vorgehen den äußerst treffenden Namen »Operation Legacy«, zu Deutsch etwa: »Operation Nachlass«.)

Und nirgends wird all dies klarer als in der zutiefst finsteren Ironie der vielleicht entsetzlichsten Einzeltat des Kolonialzeitalters – der Übereignung von mehr als zweieinhalb

Millionen Quadratkilometern Land im Kongo-Becken als Privateigentum an König Leopold II. von Belgien, der dieses umgehend in einen tödlichen, gewinnmaximierenden Holocaust der Sklavenarbeit verwandelte, welcher im Verlaufe von zwei Jahrzehnten geschätzte zehn Millionen Menschen das Leben kostete. Die Ironie an alledem ist: Das Ganze geschah offiziell im Namen der Nächstenliebe. Das Land wurde 1885 einer von Leopold ins Leben gerufenen Wohlfahrtsorganisation übergeben, die den Namen Internationale Afrika-Gesellschaft trug. Das Ganze passierte auf der sogenannten Berliner Kongo-Konferenz – einer Zusammenkunft, bei der die Länder Europas Afrika untereinander aufteilten und dem »Wettlauf um Afrika« den Boden bereiteten, der die Kolonialisierung des Kontinents zu neuen Dimensionen führen sollte. Die angeblich so menschenfreundliche Mission der Internationalen Afrika-Gesellschaft bestand darin, den Menschen im Kongo den Segen der »Zivilisation« zu bringen. In Wirklichkeit aber verwandelte sie das Land in eine riesige Gummiplantage, auf der die Bevölkerung für das Nichterfüllen gesetzter Produktionsziele die Todesstrafe oder den Verlust von Händen, Füßen oder Nasen zu gewärtigen hatte. Weil die Belgier sichergehen wollten, dass ihre Streitkräfte keine wertvollen Geschosse für belanglose Aktivitäten – außer dem Töten, versteht sich – verschwendeten, wurde von den Soldaten erwartet, dass sie eine Mindestmenge an abgeschlagenen Händen vorlegten, um zu belegen, wie viele Menschen sie umgebracht hatten. Eine Kugel eine Hand. Und so wurden körbeweise amputierte Hände zu so etwas wie einer zweiten Währung im Land, unabhängig davon, ob sie nun von Toten und Lebenden gewonnen worden waren.

Natürlich nannte Leopold sein Land »Kongo-Freistaat«.

Also ja. Der Kolonialismus war übel.

Das hier ist ein Buch über das Scheitern, und mag der Kolonialismus auch noch so verwerflich gewesen sein, so kann man ihn doch nicht als Scheitern im eigentlichen Sinne bezeichnen. Wenn Sie die Ethik irgendwie ausklammern und sich allein am Resultat orientieren, muss er glatt als Bombenerfolg durchgehen, und viele von den Strippenziehern gingen daraus hervor wie Könige (insbesondere diejenigen, die tatsächlich bereits Könige waren).

Aber während das große Bild klar sagt: Jawohl, die Kolonialmächte haben es geschafft, tierisch reich zu werden, indem sie dem Rest der Welt in aggressiver Weise Zeug stahlen, so verschleiert dies leider, dass ein großer Teil des Wettlaufs um koloniale Ländereien mit unfassbarer Inkompetenz geführt wurde. Die ganze Selbstverherrlichung der heldenhaften Abenteurer, gepaart mit der Verlockung vermeintlich leicht verdienten Geldes, hatte zur Folge, dass eine Menge Leute, die sich in das imperiale Geschehen stürzten, rundheraus gesagt, verdammt vernagelte Idioten waren.

Im »Zeitalter der Entdeckungen« grassierte der Dunning-Kruger-Effekt in seiner reinsten Form. Eine scheinbar endlose Reihe von zutiefst unqualifizierten, unerfahrenen und oftmals geistig minderbemittelten Männern wurde auf der Grundlage von wenig mehr als ihrer Fähigkeit, extrem selbstbewusst daherzukommen und irgendwie als die richtige Sorte von Kerl zu erscheinen, mit der Leitung von Expeditionen oder Kolonien betraut.

Betrachten Sie zum Beispiel John Ledyard, dem die Briten die Leitung über eine Expedition anvertrauten, auf der die vielgesuchte Quelle des Niger gefunden werden sollte, obwohl seine einzige Erfahrung mit Afrika in einem kurzen Anlegen an dessen Südspitze bei einer Seereise bestand. Der in der damals britischen Kolonie Connecticut geborene Ledyard hatte es dank eines populären Buches, das er über seine Reisen als Angehöriger von James Cooks Crew geschrieben hatte, zu einigem Ruhm als großer Entdecker gebracht. Seine Soloabenteuer ließen allerdings einiges zu wünschen übrig.

Eine Fertigkeit, die Ledyard zweifellos besaß, bestand darin, sich mit wichtigen Leuten anzufreunden und diesen Geld aus der Tasche zu leiern. Als erstes Unternehmen hatte er eine Gesellschaft für den Handel mit Pelzen gegründet, der nie realisiert wurde. Aber bei einem Aufenthalt in Paris, wo er neue Geschäftspartner aufzutreiben bemüht war, konnte er die Unterstützung mehrerer Berühmtheiten – Thomas Jeffersons unter anderem und des Marquis de Lafayette und verschiedener anderer (die nicht auf der Besetzungsliste von *Hamilton* stehen) – für eine völlig andere Expedition gewinnen. Es handelte sich um den kühnen Plan, quer durch Russland bis an die Beringstraße zu reisen, von dort nach Alaska überzusetzen und die amerikanische Westküste über ihre gesamte Länge zu erkunden. Jefferson, auf dessen Konto die ganze Idee ging, beschrieb Ledyard als »genialen Mann … von furchtlosem Mut und Unternehmergeist«.

Auf der Reise nach Sankt Petersburg hätte es Ledyard beinahe erwischt, er brachte es jedoch fertig, sich ein bisschen Geld zu leihen, und schaffte es bis Irkutsk, wo die Expedition ihr Ende fand, weil man ihn als Spion hinter Gitter brachte.

Als der mittellose Ledyard 1788 schließlich wieder zurück nach London kam, erhielt er die Gelegenheit, eine Expedition ins »dunkelste Afrika«, wie man es nannte, zu leiten. Ungeachtet dessen, dass er kein Wort Arabisch sprach und über eine bestenfalls gemischte Erfolgsbilanz verfügte, war der Generalsekretär der Afrika-Gesellschaft – jener Institution, die den Job zu vergeben hatte – sofort von ihm beeindruckt. Der Sekretär, ein Herr Beaufoy, erinnerte sich ein bisschen atemlos, er sei beim ersten Zusammentreffen mit Ledyard »beeindruckt gewesen von der Männlichkeit seiner Erscheinung, seiner breiten Brust, der Offenheit in seinem Blick und der Unruhe in seinen Augen ... Ich fragte ihn, wann er aufbrechen werde. ›Morgen früh‹, lautete seine Antwort.« Ein einziger Abend mag Ihnen verdächtig kurz vorkommen, um sich auf eine Expedition in unkartiertes Gelände vorzubereiten, und dies auf einem Kontinent, den Sie nur mal kurz vom Schiff aus gesehen haben, aber vielleicht ist Ihre Brust ja auch nicht so männlich wie die von John Ledyard.

Letzten Endes kam Ledyard nicht weiter als bis nach Kairo, wo er an einem »Gallenleiden« erkrankte, das er mittels Vitriolsäure selbst zu kurieren versuchte. Was ihn wenig überraschenderweise umbrachte. Er starb im Januar 1789, die einzig erwähnenswerte Ausbeute seines afrikanischen Abenteuers bestand in ein paar tatsächlich nützlichen Berichten über die Handelsrouten von Karawanen und ein paar Briefen an Thomas Jefferson, in denen er die Ägypter als dumm bezeichnete und über den Niger herzog, weil dieser nicht so toll sei wie der Connecticut River.

Oder dann wäre da noch Robert O'Hara Burke, ein imposanter bärtiger irischer Polizist von wildem Temperament und mangelndem Orientierungssinn, der in den 1860er-Jahren aufbrach, um auf einer Route von Melbourne aus Richtung Nordküste Zentralaustralien zu erkunden. Unter dem tosenden Beifall der Massen verließ seine Reisegesellschaft Melbourne und bewegte sich unfassbar langsam durchs Land – was vor allem darauf zurückzuführen war, dass man mit 20 Tonnen Ausrüstung reiste, zu der so lebenswichtige Gegenstände gehörten wie ein großer zedernfurnierter Eichentisch samt Stühlen, ein chinesischer Gong und zwölf Schuppenbürsten.

Robert O'Hara Burke (1820–1861)

Aufgrund von Burkes Temperament und seinem völligen Mangel an Forscherqualitäten war der Turnover unter den Expeditionsteilnehmern hoch, zahlreiche Mitglieder wurden gefeuert oder gingen aus freien Stücken. Als das quälend langsame Fortkommen ihn schließlich dazu bewog, einen Teil der Ausrüstung aufzugeben, entschied er sich dafür, die meisten Gewehre samt Munition zurückzulassen sowie den Vorrat an Zitronen, der die Teilnehmer vor Skorbut hätte schützen sollen. Nach gut dreitausend Kilometern schließlich kam ein halbtoter Burke zusammen mit nur drei Männern und ein paar Kamelen – den größten Teil der Expedition hatte er unterwegs zurückgelassen – bis auf knapp zwanzig Kilometer an die Nordküste heran, wo ihm ein Mangrovensumpf den weiteren Weg versperrte. Er starb auf dem Rückweg, kurz nachdem er das Angebot von ein paar Aborigines, die des Wegs kamen und dem ausgemergelten Mann etwas zu essen geben wollten, damit beantwortet hatte, dass er mit seinem Gewehr auf sie feuerte.

Sogar einige technisch erfolgreiche, koloniale Forschungsreisende waren genau genommen eigentlich echte Stümper. Beispielsweise René Robert Cavelier de La Salle, ein Franzose, der einen Großteil der amerikanischen Golfküste für Frankreich reklamierte und zu Ehren seines Königs »La Louisiane« nannte, der heutige Bundesstaat Louisiana ist ein Überbleibsel davon. Der von einem französischen Beamten mit den Worten »fähiger als jeder andere, den ich kenne« beschriebene Cavelier verdiente sich seine ersten Sporen als Forschungsreisender mit dem Versuch, eine Reiseroute quer durch Ohio bis nach China zu finden. Außerdem war er ein arroganter Sack – ein höchst unglückseliger Charakterzug für einen Forschungsreisenden – mit der Begabung, so ziemlich jeden zu verärgern, der mit ihm unterwegs war. Seine letzte Expedition im Jahr 1867 war ein Versuch, mit einem Heer von nur 200 Franzosen in Mexiko einzumarschieren und den Spaniern das Land abzunehmen. Nach unausgesetzten Streitereien während der ganzen Reise und dem Verlust mehrerer Schiffe verfehlte er den angepeilten Zielort zum Anlanden um 800 Kilometer und wurde schließlich von seinen eigenen Leuten irgendwo in Texas umgebracht.

Nichts aber illustriert die Selbsttäuschung und Hybris des Kolonialzeitalters wohl besser als die Geschichte einer Kolonie, die es nie gegeben hat – der verfehlte Versuch einer

Nation, sich zum Global Player aufzuschwingen, an dessen Ende ein verarmtes und gedemütigtes Land stand. Dies ist die unglückliche Geschichte des Schottischen Empires.

Der Mann, der Schottland das Genick brach

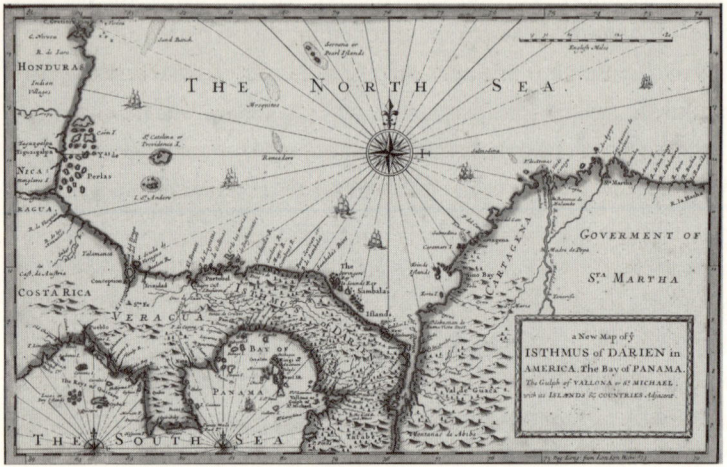

Eine Karte des Isthmus von Darien aus dem Jahr 1721

William Paterson hatte, wie so viele, deren Leben irgendwann in der »Verlust«-Spalte der Geschichte endete, eine Vision.

Er hatte nicht nur eine Vision, er verfügte auch über das Talent und die Beharrlichkeit, andere davon zu überzeugen, sie sich zu eigen zu machen. Paterson war offiziell Bankier und Finanzier, im Herzen aber war er Kaufmann: ein Mann, der die Akribie eines Buchhalters, die Seele eines Dichters und den feurigen Glauben eines Predigers in einem unwiderstehlichen Paket in sich vereinte. Es ist nur eine Schande, dass seine spezielle Vision mit Tausenden Toten endete und damit, dass sein Heimatland Schottland vor dem finanziellen Ruin stand – und, schlimmer noch, auf Gedeih und Verderb seinem südlichen Nachbarn ausgeliefert war. Ja, ohne Patersons katastrophale Pläne gäbe es das Vereinigte Königreich, wie wir es heute kennen, womöglich gar nicht.

Es ist die Geschichte eines Landes, das sich aufgrund der Behauptungen ideologisch gefestigter Überzeugungstäter großen vagen Ambitionen hingab, von Expertenwarnungen, die nicht gehört wurden, und einer dickschädeligen Weigerung, die Realität anzuerkennen und einen Kurswechsel anzusteuern, obwohl die Welt da draußen sehr klar signalisiert, dass man einen Fehler gemacht hat. (Es ist auch eine Geschichte darüber, dass die Engländer sich damals wie Armleuchter verhielten, aber das ist ja nichts Neues.)

Patersons Vision sah nicht weniger vor als ein schottisches Imperium, das Herz eines weltumspannenden Handels werden sollte. Und er wusste genau, was der erste Außenposten dieses Imperiums sein sollte: ein grünes Paradies auf der anderen Seite des Atlantiks, direkt am Dreh- und Angelpunkt des amerikanischen Doppelkontinents gelegen: Dieses Paradies trug den Namen Darién.

Zwischen 1698 und 1699 setzten um die 3000 Siedler Segel und reisten von Schottland in die Neue Welt, getragen von einer mächtigen Woge Nationalstolz und ungefähr der Hälfte der Rücklagen des Landes, schwindlig vor Aufregung ob der Aussicht, Patersons Paradies zu finden und ein Reich zu gründen. Noch vor Ende des Jahrhunderts stellten sie fest, dass es sich so gar nicht um ein Paradies handelte, waren die meisten Siedler tot, und die Reichtümer des Landes hätte man ebenso gut den stürmischen Fluten des Ozeans anvertrauen können.

Nun, um Paterson gegenüber fair zu bleiben: Nicht alle seine Visionen führten zu einem katastrophalen Ende. Ja, eine hat sich bis zum heutigen Tag gehalten – im Jahr 1691 machte er als Erster den Vorschlag, eine Bank of England zu etablieren, und gehörte 1694 zu deren Gründungsmitgliedern. (Und falls Sie sich gerade darüber wundern: Ein Jahr nachdem die Bank of England von einem Schotten begründet wurde, hat ein Engländer die Bank of Scotland aus der Taufe gehoben.) In vielerlei Hinsicht erkannte Paterson sehr viel eher als die meisten Menschen, wie die Strukturen eines globalen Welthandels die Welt der Zukunft (in der wir heute leben) formen würden. Aber er war gleichermaßen optimistisch (»Handel kann Handel voranbringen«, schrieb er, »und Geld bis ans Ende der Welt mehr Geld einbringen«) wie extrem dickköpfig. Mit seiner Haltung brachte er es fertig, seine Mitdirektoren bei der Bank of England so gründlich vor den Kopf zu stoßen, dass man ihn weniger als ein Jahr nach der Gründung des Geldinstituts zwang, aus dem Vorstand zurückzutreten.

Und so besann Paterson sich auf jene Idee, von der er seit vielen Jahren wie besessen war: die Errichtung einer Handelskolonie in Darién an der Ostküste des Isthmus von Panama, jenem dünnen Streifen Land, der die schmalste Stelle des amerikanischen Kontinents bildet. Jahrhunderte vor dem Bau des berühmten Kanals war dies der Ort, an dem man am einfachsten vom Atlantik in den Pazifik und zurück gelangen konnte. Genau genommen nicht eben *einfach* im Sinne des Wortes, denn das Terrain war alles andere als leicht zu durchqueren – aber immer noch rascher und sicherer als die gefährlichen Schifffahrtsrouten im Süden Amerikas um Kap Hoorn oder durch die Magellanstraße. Durch die Verbindung zu beiden Ozeanen, so schrieb Paterson mit einem Hauch von Melodramatik, werde Darién »zur Meerespforte und der Schlüssel zum Universum«.

Das war während der frühen Hochphase wildwuchernder europäischer Expansionsbestrebungen, und Schottland wollte partout auch dabei sein. In den 1690er-Jahren hatten die Spanier und Portugiesen sich fast zwei Jahrhunderte hindurch dumm und dämlich verdient an den Ressourcen, die sie aus ihren amerikanischen Kolonien herauspressten, die Engländer und Holländer hatten sich mit großem Erfolg ebenfalls an dem Spiel beteiligt. Das europäische Ringen um weltumspannende Imperien hatte inzwischen ganz Asien, Afrika und den amerikanischen Kontinent in Mitleidenschaft gezogen, verhieß doch die Grundstrategie »mit Knarren aufkreuzen und den Leuten alles wegnehmen« weiterhin unermesslichen Reichtum, und eine nachlassende Tendenz zeichnete sich nicht ab.

Das Zeitalter der Imperien war auch ein Zeitalter der finanziellen Umwälzungen: Ein Großteil des ganzen kolonialistischen Frontgeschehens wurde nicht von den Staaten selbst, sondern von staatlich abgesicherten, öffentlich gehandelten »Aktienkapitalgesellschaften« bestimmt, deren Agieren die Grenzen zwischen Handelsgeschäft und Geopolitik mehr und mehr verschwimmen ließ. Zu diesen Gesellschaften gehörten berüchtigte Schwergewichte wie die Britische Ostindien-Kompanie (English East India Company) und die Niederländische Ostindien-Kompanie (Dutch East India Company), und eben deren Vorbild suchte Paterson für sein Abenteuer in Darién nachzueifern. Diese Gesellschaften verfügten über eine globale Reichweite, ungeheuren Reichtum und eine Machtfülle, die über die mancher Staaten weit hinausging. Ja, sie agierten häufig wie unabhängige Staaten und übten auf die Regierungen ihrer Heimatländer gigantischen Einfluss aus. (So ganz anders als heute.)

Hinzu kam, dass die 1690er-Jahre für Schottland eine Zeit großer Unsicherheit und Zweifel waren. Seit jenen Tagen, da der Bibelherausgeber und Hexenverfolger Jakob VI. 1603 gen Süden gezogen war, um die Kronen von Schottland, England und Irland zu einen, hatte Schottland keine Ruhe gefunden. Es war Teil einer Union, klar, aber doch immer noch eine politisch unabhängige Nation: Es hatte ein eigenes Parlament, erließ eigene Gesetze und verfügte noch immer über eine eigene Währung. Doch bei einigen Teilen der schottischen Gesellschaft keimte der Verdacht, dass man bei dem ganzen Geschäft schlecht weggekommen war. Die Vereinigung der Kronen, so glaubten sie (nicht ganz zu Unrecht), war ein abgekartetes Spiel, das allein für die Interessen der Engländer arbeitete. Schottland würde auf immer der arme Cousin bleiben, und die Befehle, die von London aus erteilt wurden, würden die englische Hauptstadt immer zum Nachteil Edinburghs bevorzugen.

Dieses Empfinden verstärkte sich durch den Umstand, dass andere aktiv auf eine immer engere Union mit England drängten. Und die ohnehin schon angespannte Atmosphäre wurde zusätzlich aufgeheizt durch das finanzielle Chaos der 1690er-Jahre – eine Währungskrise in England, ein König, der fremde Kriege mitfinanzierte, und die sieben »mageren Jahre« der Rezession, Ernteausfälle und Hungersnöte in Schottland, die viele hungern und verarmen ließen. Statt die Menschen in Schottland risikoscheu werden zu lassen, erwies sich diese Wirtschaftskrise als fruchtbarer Boden für jedermann, der versprach, am Status quo zu rütteln. Als Paterson daher mit seinem Darién-Plan daherkam, wurde dieser prompt mit patriotischem Eifer als willkommene Möglichkeit für Schottland begrüßt, die eigene Unabhängigkeit zu sichern, sich der Fesseln der Union zu entledigen und sein zukünftiges Schicksal in die eigenen Hände zu nehmen.

Paterson hatte sein Unterfangen ursprünglich gar nicht

als eine Frage des Nationalstolzes betrachtet – ja, er hatte zuerst sogar in anderen Ländern um Unterstützung geworben, bevor er sich seinem Heimatland zuwandte. Und selbst als das Ganze 1695 durch ein Gesetz des schottischen Parlaments, das ihm weitgesteckte Zuständigkeiten attestierte und geradezu lächerlich großzügige Bedingungen garantierte, als schottische Handelsgesellschaft festgezurrt wurde (als »The Company of Scotland Trading to Africa and the Indies«), versuchte Paterson noch immer, die Mittel dafür in London einzuwerben. Das ist der Punkt, an dem die Dinge anfingen schiefzulaufen – und an dem die Initiatoren erstmals alle Warnungen in den Wind schlugen.

Am Anfang aber ging nichts schief, vielmehr lief alles völlig glatt. *Zu* glatt, wie sich zeigen sollte. Patersons Ruf in London und sein Talent als Kaufmann, gepaart mit der ungezügelten Begeisterung für Aktiengesellschaften mit globalen Ambitionen, brachten es mit sich, dass die Company of Scotland keinerlei Probleme hatte, Unterstützer zu finden und Beteiligungszusagen in Höhe von 300 000 Pfund – damals eine Riesensumme – einwerben konnte. Unglücklicherweise war das Interesse an dem Projekt derart groß, dass es unweigerlich die Aufmerksamkeit der Ostindien-Kompanie auf sich ziehen musste.

Die Ostindien-Kompanie war, gelinde gesagt, nicht eben wild auf die Aussicht, Konkurrenz zu bekommen. Sie hatte es genau wie der Rest der handeltreibenden Londoner Gesellschaft gehörig mit der Angst zu tun bekommen angesichts der finanziellen Unruhen des Jahrzehnts und in jenem Jahr massive Verluste zu verzeichnen gehabt. An diesem Punkt hatte sich die Company of Scotland Panama noch gar nicht als Ziel gesteckt (und in der komplett vergeblichen Hoffnung, die Dinge geheim halten zu können, noch nicht einmal die Idee einer Expedition nach Amerika öffentlich erwähnt). Vielmehr verkaufte man, wie der Name der Gesellschaft suggerierte, das Projekt als eines, das sich auf Afrika und Ostindien kaprizierte. Worauf die vorhersagbare Reaktion der Ostindien-Kompanie grob umschrieben lautete: »Nie im Leben, verdammt noch mal!«

Und so brachte die britische Handelsgesellschaft, deren Macht und Reichtum so unauflöslich verwoben war mit dem Erfolg des englischen Imperialismus, ihren Einfluss in Stellung und verpasste der schottischen Handelsgesellschaft ihre erste Lektion zur brutalen Realpolitik des globalen Handels: dass nämlich, nur weil Sie sagen: »Wir wollen viel internationalen Handel treiben«, und das obendrein auch noch zu Ihrer eigenen Wunschliste an Bedingungen, noch lange nicht gesagt ist, dass der Rest der Welt Ihnen da einfach zustimmen wird.

Das englische Parlament war außer sich in Anbetracht der Bedingungen des schottischen Gesetzes, das sich selbst ins Knie geschossen hatte, indem es der schottischen Handelskompanie einen Freihandels-Wunschtraum garantiert hatte: die völlige Ausnahme von allen Steuern sowie Aus- und Einfuhrzöllen für die kommenden einundzwanzig Jahre. Wie das die Zoll- und Handelsbeziehungen zwischen England und Schottland beeinflussen würde, wollten die Mitglieder des englischen Parlaments wissen, und wer dem schottischen Parlament erlaubt habe, solches zu verabschieden? In Ermangelung einer harten Grenze zwischen den beiden Ländern warnten sie, dass »besagte Waren von den Schotten unweigerlich nach England geschmuggelt werden würden … zum großen Nachteil Ihrer Majestät Zollbehörden«.

Das englische Parlament führte Befragungen durch und forderte Berichte an, drohte damit, so gut wie jedermann zu verklagen, der etwas mit der schottischen Handelskompanie zu tun hatte. König William, der sich (zu niemandes Verwunderung) auf die Seite der Engländer stellte, ließ verkünden, dass er königlich angefressen sei. Was zur Folge hatte, dass sämtliche vormaligen Beteiligungen aus London auf geheimnisvolle Weise zu einem Nichts zusammenschrumpften.

Dasselbe ereignete sich, als die schottische Handelsgesellschaft außerhalb Britanniens um Mittel vorstellig wurde – in den Handelsmetropolen Amsterdam und Hamburg zum Beispiel. Die Niederländische Ostindien-Kompanie war nicht glücklicher mit dem Stand der Dinge als ihr englisches Pendant, und ihre Bemühungen – unterstützt durch die eines hinterlistigen englischen Diplomaten, der eine Flüsterkampagne von unerhörtem Ausmaß gegen das Unterfangen vom Stapel ließ – stellten sicher, dass Paterson und seine Mitstreiter ungezählte Male zum Kaffee eingeladen wurden, wo man sie weidlich über ihre Pläne aushorchte, aber mit leeren Händen wieder gehen ließ.

Mochten auch die Anstrengungen der englischen Staatsmacht, den schottischen Traum zu ersticken, Wunder wirken, was das Abwürgen ausländischer Investitionen betraf, in Schottland selbst bewirkten sie genau das Gegenteil. Angespornt durch das durchaus gerechtfertigte Gefühl, unfair behandelt worden zu sein, feierten die Schotten ihre Handelsgesellschaft nicht nur als finanzielle Chance, sondern das Ganze geriet zu einem Ventil für das schottische Nationalbewusstsein. Paterson hat das Darién-Projekt vielleicht nicht als Übung im Fahnenschwingen konzipiert gehabt – ihm ging es allein darum, seine Theorien über den Welthandel in die Praxis umzusetzen –, aber er, der ewige Kaufmann, wusste natürlich, wann es galt, eine Gefühlswelle der Öffentlichkeit zu bedienen, und spannte daher sein ökonomisches Experiment nur zu gern vor den Karren patriotischen Eifers und nationalistischer Feindseligkeit.

Als der Vorabverkauf für die schottische Handelsgesellschaft am 26. Februar 1696 eröffnet wurde, strömten die Menschen in Massen herbei, ein nicht alltäglicher Vorgang für ein Ereignis aus der Sparte Buchhaltung für Aktionäre. Die Schotten ließen ihr Geld in Strömen in das Projekt fließen. Ihr Land war seinerzeit kein reiches, aber selbst in den sieben mageren Jahren war es auch kein wirklich armes gewesen. Wie ein Großteil des übrigen Europa hatte es eine florierende Mittelschicht, und diese gehörte zu den leidenschaftlichsten Befürwortern des Projekts – im Unterschied zu anderen Aktienkapitalgesellschaften wie der Ostindien-Kompanie, deren Investoren mehr oder weniger auf den Adel und einige wohlhabende Kaufleute beschränkt blieben. Dem Historiker und Autor Douglas Watt zufolge, der die Unterlagen der Gesellschaft für sein Buch *The Price of Scotland* genau unter die Lupe genommen hat, bildeten kleine Landbesitzer fernab des Adels die größte Einzelgruppe unter den Geldgebern. Aber das war noch nicht alles. Ein bemerkenswerter Querschnitt durch die schottische Gesellschaft sagte der Handelsgesellschaft ihr Geld zu – von den titeltragenden Reichen und Schönen über Anwälte, Ärzte, Geistliche, Lehrer, Schneider, Soldaten und Uhrmacher bis hin zu mindestens einem Seifensieder und sogar ein paar der etwas betuchteren Bediensteten. Die Leidenschaft war ansteckend. Geschichten über die unermesslichen Reichtümer, die in den Kolonien warteten, machten die Runde, Lieder und Gedichte wurden zum Ruhme der Gesellschaft verfasst, Gebete für ihre Zukunft gesprochen.

Es ist in Anbetracht der Launen der Geschichte und der Tatsache, dass im Land zwei Währungen kursierten, schwer, genaue Aussagen zu treffen, aber Watt schätzt, dass zwischen einem Sechstel und sage und schreibe *der Hälfte des gesamten damals vorhandenen schottischen Geldvermögens* in die Truhen der Handelskompanie geflossen sind. Wenn Sie dazu die Gesamtsumme der zugesagten Mittel (nur ein Teil des Geldes war sofort und in bar zu zahlen) rechnen, besteht die Möglichkeit, dass die zugesagten Mittel tatsächlich den Gesamtwert des im Lande vorhandenen Münzgelds überstiegen.

Dergleichen ist, nur um das klarzustellen, nicht gut.

Paterson scheint es bestens verstanden zu haben, die Anlegerbesessenheit zu schüren, und hat das zu seinem Vorteil eingesetzt. Ja, er sprach darüber mit Worten, die gespenstisch unserem modernen Verständnis von »viralem Marketing« ähneln. In einem Brief aus dem Jahr 1695 schrieb er, dass, »wenn etwas nicht mit dem ersten Feuer brenne, das Aufbringen von Kapital selten oder nie gelingt, lasse sich doch die Masse gewöhnlich eher vom Beispiel leiten denn von Vernunft«. Ein Schlüsselfaktor mag gewesen sein, dass die Subskriptionslisten nicht privat, sondern öffentlich auslagen und von der Handelsgesellschaft in der Tat auch bereitwillig veröffentlicht wurden, damit jedermann sehen konnte, wer zu den Investoren gehörte. Und Paterson sprach kalkuliert prominente Vertreter der Öffentlichkeit an (»Influencer«, wenn Sie so wollen), sich als Erste zu registrieren in der Hoffnung, sie würden als Zugpferde wirken, deren Beispiel andere machtvoller lenken würde als deren eigene Vernunft. Wie eine Art Kickstarter oder eine Crowdfunding-Kampagne des 17. Jahrhunderts erhob dies den Schritt, die Handelsgesellschaft zu unterstützen, von einer individuellen Privatentscheidung zu einer öffentlichen Loyalitätsbekundung – und machte diejenigen, die ihre Unterstützung *verweigerten*, automatisch verdächtig.

Natürlich führte all das zu einer sich selbst verstärkenden Spirale des sozialen Drucks und schuf eine Atmosphäre, in der widersprechende oder skeptische Stimmen aggressiv

übertönt wurden. Im Jahr 1696 berichtete John Holland
(jener Engländer, der die Bank of Scotland gegründet hatte)
unglücklich, dass er, als er versucht habe, Kritik an dem Projekt zu äußern, beschuldigt worden sei, ein Spion der Ost-
Indien-Kompanie zu sein. »Solcherart ist die Begeisterung
des Landes für den Afrika- und Indienhandel«, schrieb er,
»dass viele mir dadurch mit Vorurteilen begegnen, und weil
sie keine Antworten haben auf das, was ich gegen ihre Pläne
vorbringe, sagen sie zueinander, wir dürfen nicht glauben,
was Mr Holland sagt, denn er ist ein Engländer … es ist
gefährlich geworden für einen Mann, seine Gedanken zu
dieser Angelegenheit frei auszusprechen, die Menschen
scheuen und fürchten sich mehr und mehr, ihre Meinung
zu sagen …«

Das Zusammenspiel von Entrüstung über englisches Betra-
gen, anschwellender patriotischer Selbstgewissheit, windigen
Versprechungen und einer verführerischen Vision, dem Trick,
Unterstützung für ein Projekt in einen performativen Akt zu
verkehren, und der guten alten Verlockung, den schnellen
Taler zu machen, schuf das so ziemlich fruchtbarste Umfeld
für eine unkontrollierbare Anlegermanie, das sich denken
lässt. Und so geschah es, dass am 14. Juli 1698 unter dem
Jubel winkender Massen fünf Schiffe in Leith in See stachen,
an Bord William Paterson und 1200 andere hoffnungsvolle
Seelen, und ihrem mittelamerikanischen Ziel entgegensteuer-
ten, das Paterson nie gesehen hatte.

Oh, ja, hatten wir diese Kleinigkeit vergessen zu erwähnen?
WILLIAM PATERSON WAR NIE IN DARIÉN GEWESEN.

Warum genau der gute Junge so fixiert auf Darién als Ver-
suchsort für sein großes Handelsexperiment war, ist bis zum
heutigen Tag ein bisschen rätselhaft geblieben. Er hatte als
Kaufmann mit Sicherheit eine Menge Zeit in der Karibik

zugebracht, aber in seiner Biografie oder seinen öffentlich zugänglichen Schriften gibt es keinerlei Hinweise darauf, dass er jemals auch nur in die Nähe des Isthmus von Panama gekommen war. Vielmehr, so scheint es, hat er vom Hörensagen davon erfahren, und das in aller Wahrscheinlichkeit von Piraten. (Das alles ereignete sich im Goldenen Zeitalter des Piratentums, und zwar im wirklichen Leben, als Piraten aus Fleisch und Blut und keine computergestützten Fluch-der-Karibik-Freibeuter ihr Geschäft betrieben, entweder als echte Schurken auf eigene Rechnung oder aber häufig auch mit einem Auge geduldet von Regierungen, um etwaige Rivalen im Kolonialismusgeschäft zu schikanieren.)

Auch ist nicht ganz klar, wie Paterson es fertigbrachte, seine Mitdirektoren der schottischen Handelsgesellschaft so beharrlich dazu zu bringen, auf der Basis von nichts als Hörensagen seine Vision von Darién als Dreh- und Angelpunkt eines weltumspannenden schottischen Handelsimperiums zu teilen. Mit Sicherheit hatten sie hinreichend Gelegenheit gehabt, einen anderen Weg einzuschlagen – 1697, ein Jahr bevor die Flotte Segel setzte, waren sie tatsächlich kurz davor gewesen, das ganze Projekt aufzugeben und sich stattdessen auf bescheidenere Ziele zu konzentrieren.

Ihnen ging allmählich auf, dass sich das Unternehmen, nach der anfänglichen Geldschwemme infolge seiner Geldbeschaffungsaktion in Edinburgh, durch viel zu hohe Ausgaben belastete und nicht mehr genügend Mittel übrig waren, um die ambitionierten Pläne des Projekts komplett zu finanzieren. (Man hatte törichterweise beschlossen, auf dem europäischen Kontinent brandneue hochmoderne Schiffe zu erstehen – zu einer Zeit, da die meisten ihrer Konkurrenten sich den Großteil ihrer Flotten zusammenliehen. Möglicherweise war dies der Versuch, sich für potenzielle niederländische oder deutsche Investoren attraktiv zu machen – ein bisschen so wie ein Start-up ohne Einkommen mit einem protzigen Büro im teuersten Teil der Stadt.) Die Direktoren hatten etliche Experten von gutem Ruf Zweifel an der Realisierbarkeit des Unterfangens äußern hören. Die Experten hatten darauf gedrängt, das eingeworbene Kapital lieber in weniger imperiale Handelsmissionen in Asien zu investieren. Sie waren sich aller Tücken des Ziels Darién nur zu bewusst und zogen sogar verschiedene andere Ziele auf dem amerikanischen Kontinent in Erwägung, die womöglich besser geeignet wären ... Dennoch schaffte es diese Handvoll nüchterner, gut gebildeter und entsetzlich respektabler Herren, sich selbst einzureden, dass sie von vorne bis hinten recht hätten, und beschloss demzufolge weiterzumachen.

Worin genau besagte Fallstricke im Einzelnen bestanden, wurde unmittelbar nach der Ankunft der Kolonialisten Anfang November 1698 klar. Viele von ihnen hatten noch nicht einmal gewusst, dass ihr Ziel Darién war: Detaillierte Order wurde erst gegeben, als die Schiffe unterwegs waren – Teil des aussichtslosen Bestrebens der Gesellschaft, die Mission vor Konkurrenten geheim zu halten.

Zu Beginn ließ sich alles bestens an. Die Siedler bestaunten ehrfürchtig die Naturschönheiten des Ortes und die ihnen fremden Arten wie Landschildkröten, Faultiere und Ameisenbären. Die Angehörigen des ortsansässigen Volks der Kuna schienen ihnen wohlgesonnen und sprachen von Goldminen in ein paar Meilen Entfernung. Die Siedler waren erfreut, einen »ausgezeichneten Hafen« vorzufinden, eine geschützte natürliche Bucht von dreieinhalb Kilometern Länge, »imstande 100 der weltbesten Schiffe aufzunehmen«, wie einer von ihnen, Hugh Rose, schrieb. Ein anderer – anonymer – Tagebuchschreiber hielt fest: »Der Boden ist gut, die Luft gut und mild, und alles trägt dazu bei, es hier heilsam und angenehm sein zu lassen.«

»Heilsam« war vielleicht zu hoch gegriffen. Es dauerte nicht lange, und einige der Siedler wurden krank und starben. William Patersons Frau war eine der Ersten, die dahinsiechten – knapp zwei Wochen nach der Landung war sie tot. Wenige Tage später verstarb auch der letzte Geistliche der Kolonie.

Doch trotz dieser Tragödien blieben die Siedler guten Mutes. Sie nannten die Bucht Caledonia nach dem alten Namen für Schottland und machten sich auf der Stelle daran, ihre erste Stadt zu bauen, die sie New Edinburgh nannten. Sie waren so guter Dinge angesichts all dessen, was sie vorfanden, dass sie den Prokuristen der Expedition, Alexander Hamilton, mit einem vorbeisegelnden französischen Piratenschiff auf die Heimreise schickten, damit er zu Hause die guten Nachrichten verkünde.

Ein ziemlich eindeutiger Vorbote dessen, was an Unglück noch kommen sollte, war der Umstand, dass Hamiltons Schiff unmittelbar nach Verlassen des Hafens unterging.

Zu diesem Zeitpunkt wurde offenbar, warum ein so großer natürlicher Hafen von anderen Kolonialmächten ungenutzt geblieben war. Wie beim Hotel California war das Reinkommen ein Kinderspiel, aber das Rauskommen eine Herausforderung. Die vorherrschenden Winde bliesen aus einer Richtung, die dafür sorgte, dass Schiffe, die die Bucht verlassen wollten, prompt zurückgedrängt wurden und durch riesige Wellen schwer in Bedrängnis gerieten. Das Schiff mit Hamilton an Bord war binnen einer halben Stunde zu Kleinholz zerschmettert worden, die Hälfte der Besatzung ertrunken. (Hamilton selbst überlebte und schaffte es letztlich doch zurück nach Schottland, um jedermann zu berichten, wie gut die Expedition verlief.) Die Handelsgesellschaft war von erfahrenen Seeleuten gewarnt worden, dass ihre großen, teuren Schiffe mit dem geringen Tiefgang für die Verhältnisse in der Karibik gänzlich ungeeignet seien, hatte diesen Rat aber in den Wind geschlagen. Bei der Planung eines Handelspostens sollte man annehmen, dass ein Umstand wie der, dass Schiffe viele Monate hindurch im Hafen festliegen müssen, zu einer Neubewertung der Situation Anlass geben würde, aber nein.

Es ist auch nicht klar, wie gründlich man das ganze Handelsgeschäft zu Ende gedacht hatte. Für eine Handelsmission, so lässt Douglas Watts Recherche vermuten, hatte man einen bemerkenswert geringen Anteil des Gesamtbudgets für Waren ausgegeben, mit denen sich würde handeln lassen – ein größerer Vorrat an Tuch vor allem, aber auch 200 Perücken, eine beträchtliche Sammlung modischer Schuhe und eine große Anzahl an Kämmen. (Letztere vermutlich in dem Glauben mitgeführt, dass indigene Völker auf der ganzen Welt beim Anblick eines Kamms komplett aus dem Häuschen geraten und dafür unverzüglich ihr Land hergeben würden. Es sollte sich zeigen, dass den Kuna Kämme herzlich schnuppe waren.) Wenn hingegen andererseits die Mission allein darin bestanden hätte, eine Siedlung zu errichten, wäre man womöglich mit etwas weniger Perücken und ein bisschen mehr Handwerkszeug besser beraten gewesen.

Als man die Aufgabe in Angriff nahm, New Edinburgh zu bauen, ging die Stimmung ziemlich in den Keller. Die Arbeit war eine üble Plackerei und musste überdies bei völlig unschottischer Hitze stattfinden. Und als nach zwei Monaten vergeblicher Versuche, einen dichten Dschungel zu roden, der einfach nicht weniger werden wollte, die Projektleiter entschieden, man habe von vornherein am falschen Ort gebaut (in »schierem Morast«, wie Paterson es beschrieb), sank der

Mut noch tiefer. Dann setzte der Regen ein – und der Regen in Panama ist etwas ganz anderes als der Regen in Schottland. Auch der Tagebuchschreiber Rose hatte seine positive Meinung von dem Ort recht rasch geändert und schrieb nun: »Auf dem Festland und um die ganze Bucht herum nichts als Mangrovensümpfe und morastiger Boden, was sehr unbekömmlich ist.«

Die Sümpfe waren allerdings mehr als unbekömmlich. Die Krankheit, die bereits Patersons Frau das Leben gekostet hatte, begann, die Siedler in immer größerer Zahl dahinzuraffen. Es ist nicht sicher, worum es sich handelte, da man sie nur als »das Fieber« bezeichnete, aber man tippt auf Malaria oder Gelbfieber, übertragen durch Stechmücken aus den Sümpfen. (Beide Krankheiten waren übrigens ihrerseits Kolonialisten, hilfreicherweise von Europäern aus der Alten Welt mit herübergebracht.) Die Siedler starben in alarmierender Zahl.

Wer nicht am Fieber erkrankte, zerstörte seine Gesundheit zunehmend auf andere Weise dank des Umstands, dass einer der Hauptanreize für die Reise, die die Company of Scotland beschlossen hatte, ein großer Vorrat an Schnaps war. Die Leute von Caledonia fingen an, ihre Sorgen in Rum und Brandy zu ertränken, was das Bauvorhaben New Edinburgh nicht eben beschleunigte. Nach einer Weile beschlossen die Expeditionsleiter, den Bau der Stadt komplett einzustellen und sich auf die Errichtung eines Forts zu konzentrieren, denn sie fürchteten sich zunehmend vor einem großangelegten Angriff der Spanier.

Ach ja, die Spanier. Wissen Sie, wir haben wohl noch gar nicht das überaus offensichtlichste Problem an Patersons Projekt erwähnt: die Tatsache nämlich, dass die Spanier verdammt sicher waren, dass Darién bereits ihnen gehörte. Diesen Eindruck hatten sie aus ein paar unbedeutenden kleinen Tatbeständen gewonnen. Unter anderem daraus, dass sie seit zwei Jahrhunderten am Isthmus von Panama zugange waren. Daraus, dass diese Route von entscheidender Bedeutung für sie war, wenn sie das geraubte südamerikanische Gold und Silber nach Spanien transportieren wollten. Und daraus, dass Darién genau in der Mitte zwischen dreien ihrer großen Städte lag. Genau genommen hatten sie Darién vor langer Zeit selbst besiedelt gehabt, bevor sie es wegen all der Probleme, die die Schotten soeben zu entdecken begannen, wieder verließen. Die Vorstellung, dass die Spanier ein kolonialtechnisches Anfängerland einfach hereinwalzen und mir nichts dir nichts mitten auf ihrem eigenen Grund und Boden eine neue Kolonie aus dem Boden stampfen lassen würden, war schlicht lachhaft.

Wie konnte die Company of Scotland nur auf die Idee kommen, dass die Spanier sie damit durchkommen lassen würden? Das erklären zu wollen, ist wirklich eine harte Nuss. Aber wir haben zumindest eine gewisse Vorstellung davon, wie die Leute damals gedacht haben. In optimistischer Verblendung durch romantische Piratengeschichten über erfolgreiche Angriffe auf spanische Besitztümer in jener Gegend scheinen sie geglaubt zu haben, dass Spanien zu einem Papiertiger geworden war, eine schwindende imperiale Macht, deren beste Tage lang vorüber waren. Trotz der Tatsache, dass die spanische Armada der schottischen zahlenmäßig überlegen war (genau gesagt im Verhältnis von einer Kriegsflotte zu keiner), glaubten sie wahrscheinlich, wenn es ihnen gelänge, die ersten Angriffe abzuwehren, könnten sie ihren Gegner erfolgreich die Stirn bieten.

Das ... hat sich nicht ganz so ergeben. Es ging damit los, dass die Spanier gar nicht direkt angreifen mussten. Hatten die englischen Versuche, schottischen Ambitionen Einhalt zu

gebieten, im Vorhinein Schaden angerichtet, so stand dieser
doch in keinem Verhältnis zu dem, was jetzt geschah. Die Spanier ließen König William postwendend auf diplomatischem
Wege wissen, dass Schottlands kleines Unterfangen genau die
Art von Mist sei, über die es zu Kriegen komme. William, der
sich soeben erst mühsam aus einem der regelmäßig auf der
Tagesordnung stehenden Kriege gegen Frankreich herausge-
wunden hatte, war verzweifelt darum bemüht, Frieden mit
Spanien zu halten, und so erließ er auf der Stelle den Befehl,
dass kein englisches Territorium oder Schiff den Schotten
in irgendeiner Form Unterstützung, Hilfe oder Nachschub
gewähren, ja, noch nicht einmal mit ihnen brieflich verkehren
dürfe.

Als diese Nachricht nach Caledonia drang, stürzte sie die
Siedler in tiefe Verzweiflung. Seit ihrer Ankunft hatten sie
keine Nachricht von den Ihren erhalten, und trotz aller Bitt-
gesuche, die sie regelmäßig nach Schottland schickten, keinen
frischen Nachschub – und nun waren sie komplett von der
Welt abgeschnitten, jede Hoffnung, in der Region Verbündete zu finden, erstarb.

Noch bevor das englische Embargo über sie kam, hatten
die Siedler einen kleinen Angriff der Spanier abgewehrt, vor
dem sie der Kapitän eines englischen Schiffes im Vorhinein
gewarnt hatte, der gesandt worden war, ihr Tun und Treiben
auszuspionieren. (Peinlicherweise war er, weil die Weitergabe
der Geheiminformation innerhalb der Handelsgesellschaft
derart dilettantisch vonstattengegangen war, lange vor ihnen
vor Ort.) Dieser kleine Sieg hob die Moral ein Weilchen, aber
das war rasch vorbei, als eines ihrer Schiffe, unterwegs mit
dem Auftrag, nach Handelspartnern Ausschau zu halten, von
den Spaniern aufgebracht wurde. Seine Besatzung landete im
Gefängnis, die Ladung wurde beschlagnahmt.

Die jüngste Nachricht, dass sie nun völlig isoliert dastanden, versetzte der noch lebenden, nicht im Sterben liegenden und nicht inhaftierten, komplett erschöpften, hungernden und zudem womöglich verkaterten Hälfte der Bevölkerung von Caledonia den letzten Schlag. In dem Glauben, von aller Welt komplett verlassen zu sein, entschieden sich Massen von ihnen, Caledonien zu verlassen und die traurige Heimreise anzutreten.

Und so wurde der verwitwete und inzwischen selbst erkrankte William Paterson neun Monate, nachdem er endlich an dem Ort angelangt war, von dem er einen Großteil seines Lebens geträumt hatte, an Bord eines Schiffes gebracht, das ihn von dort fortbringen sollte. Er überlebte das Fieber, sollte Darién aber nie wiedersehen.

Die Heimreise der von Krankheit schwer gezeichneten Siedler gestaltete sich keinen Deut weniger schrecklich als ihr Dasein in Darién. Sie brauchten fast zwei Wochen, um aus dem Hafen wieder herauszukommen, etliche Hundert starben unterwegs. Ein Schiff sank, ein anderes wurde fast zur Gänze zerstört. Am Ende schaffte nur ein einziges mit Mühe und Not den ganzen Weg zurück nach Schottland. Wo es unglückseligerweise zu spät anlangte, um das Auslaufen einer zweiten Expedition gen Darién zu verhindern, die sich aufgemacht hatte, um zu schauen, was aus der ersten geworden war.

Das ist richtig. Die Company of Scotland hatte sich endlich entschlossen, den lange überfälligen Beistand zu leisten – gerade, als es zu spät war.

Diese zweite Flotte landete Ende November 1699 an und fand eine »trostlose Wildnis« vor: die verlassenen und niedergebrannten Überreste von New Edinburgh, ein überwuchertes Fort und eine große Anzahl Gräber. Entgegen aller

Vernunft beschlossen die Neuankömmlinge zu bleiben, wiederaufzubauen und zu versuchen, das Land zu halten, während sie auf den Nachschub warteten, nach dem sie geschickt hatten. Alles, was sie letztlich damit erreichten, war, dass noch mehr von ihnen krank wurden und starben, und dass die Spanier die Chance bekamen, erneut zu zeigen, dass sie alles andere als eine schwindende Kolonialmacht waren. Wenige Monate nach Anbruch des neuen Jahrhunderts erschienen selbige, um jedermann kraftvoll zu demonstrieren, wer hier noch immer der Boss war. Die von Krankheit geschwächten Schotten brachten es irgendwie fertig, der Belagerung eine Weile standzuhalten, aber im April waren sie gezwungen, sich zu ergeben. Mit dem schottischen Weltreich war es zu Ende.

Möglicherweise im Bewusstsein der Werbewirksamkeit von besiegten Feinden, die mit eingeklemmtem Schwanz flohen, oder vielleicht auch einfach aus Mitleid mit den armen Teufeln ließen die Spanier die Siedler gehen. Wieder erlagen etliche Hundert auf der Heimreise dem Fieber. Ein mächtiger Sturm zerstörte zwei weitere Schiffe und kostete hundert weiteren armen Seelen das Leben – darunter den bemerkenswert glücklosen Buchhalter Alexander Hamilton, der sich trotz seines ersten Schiffbruchs dafür entschieden hatte, mit der zweiten Expedition nach Darién zurückzukehren.

Insgesamt brachen fast 3000 Menschen von Schottland aus nach Darién auf, zwischen 1500 und 2000 haben, wie man glaubt, in der Bucht von Caledonia oder auf hoher See ihr Leben gelassen. Viele der Überlebenden kehrten nie wieder nach Schottland zurück.

Zu Hause in Edinburgh sorgte das Scheitern des Projekts für eine Schockwelle nach der anderen, als die Nachrichten im Laufe des Jahres 1700 peu à peu eintrafen. In einem neuerdings weltanschaulich polarisierten Umfeld wurde das Thema zu einem politischen Fußball, die Reaktionen schwankten zwischen Schuldzuweisungen an die Direktoren der Handelsgesellschaft für ihr schändliches Versagen und solchen an die Engländer für ihre perfide Einmischung. In Edinburgh gab es Aufstände zugunsten der Handelsgesellschaft. Ein verdrossener Siedler, dessen Flugblätter die Direktoren der Gesellschaft niedermachten, wurde der Blasphemie bezichtigt, drei Befürworter der Gesellschaft, die die Regierung mit einem abfälligen Kupferstich attackierten, wurden erfolglos wegen Hochverrats vor Gericht gestellt. Es ging längst nicht mehr um Tatsachen – nur noch darum, auf welcher Seite man stand.

Die Folgen waren nicht allein politischer Natur, sondern auch finanzieller: Inmitten einer Wirtschaftskrise war ein beträchtlicher Anteil vom Gesamtvermögen des Landes verbrannt worden. Die Anleger hatten große Summen verloren und keinerlei Hoffnung auf Entschädigung. Schottland war gedemütigt und geschwächt.

Natürlich passiert keine politische Veränderung aus nur einem einzigen Grund. Die Kräfte, die Schottland zu einer Vereinigung mit England drängten, waren ihrem Wesen nach komplex und nicht erst mit Patersons tollkühnem Projekt plötzlich da. Es war das Ende des 17. Jahrhunderts, eine Zeit, in der sich Grenzen und Bündnisse wöchentlich zu ändern schienen. Aber Darién hat todsicher seinen Teil beigetragen – insbesondere als England Schottland ein paar Jahre später als Teil eines Vereinigungsvertrages einen Schuldenschnitt anbot. Nicht nur für das Land, sondern für jeden einzelnen Kapitalgeber der Company of Scotland, der seine ursprünglichen Anteile mit großzügiger Verzinsung zurückbekam.

Manche nannten es Bestechung. *»We're bought and sold for English gold«*, wie der schottische Nationaldichter Robert Burns achtzig Jahre später reimen sollte. Manche betrachteten das ganze Unterfangen als finstere englische Intrige, Schottland so zu schwächen, dass ihm keine Optionen mehr blieben. Andere waren schlicht froh, ihr Geld wiederzuhaben.

Paterson plädierte für die Vereinigung.

Im Mai 1707 schlug die Geburtsstunde des Vereinigten Königreichs. Im August rollte ein Dutzend schwer bewachte Fuhrwerke mit fast 400 000 englischen Pfund durch die Straßen von Edinburgh.

Das Irre an alledem ist: Paterson hatte nicht unrecht, jedenfalls nicht ganz. Panama war in der Tat ein exzellenter Ort für eine Kolonie – ja, der Archäologe Mark Horton hat im Jahr 2007 Ausgrabungen am Isthmus von Panama durchgeführt und ist zu dem Schluss gekommen, dass Patersons geplante Handelsrouten über Darién durchaus realistisch waren. Und seine Vorhersagen über die Entwicklung eines Welthandels klingen vom heutigen Standpunkt aus betrachtet ebenfalls nicht weit hergeholt. Damit nicht genug, propagierte er diesen explizit als gewaltfreie Alternative zu den Gräueln imperialistischer Herrschaftssysteme und schrieb, dass Handel Wohlstand bringen könne, ohne »so viel Schuld auf sich zu laden und Blut zu vergießen wie Alexander und Cäsar«. Was ihn, das sei ihm zugestanden, für seine Zeit einigermaßen hellsichtig erscheinen lässt. (Wir wollen es allerdings auch nicht übertreiben: Das erwartungsvolle Gerede von den unberührten Goldminen Dariéns zeigt, dass viele der Unterstützer des Projekts nur der Plünderung natürlicher Ressourcen wegen dabei waren.)

Was das Unternehmen wirklich zum Scheitern verdammte, war das kollektive Versagen seitens seiner Förderer, als es darum ging, sich mit schwierigen Fragen auseinanderzusetzen. Sie übergingen großzügig lästige Einzelheiten wie den geeigneten Schiffstyp und welche Vorräte sie brauchen würden; sie ignorierten einfach das große Gesamtbild – die geopolitischen Folgen ihres Handelns zum Beispiel. Stattdessen ließen sie sich, als die ersten Rückschläge und Fußangeln offenbar wurden, von ihrem eigenen Hype davontragen und redeten sich immer mehr ein, dass sie von vorne bis hinten richtiglägen. Es war ein klassischer Fall von Gruppendenken.

Bis auf den heutigen Tag ist die Geschichte um Darién ein Thema, an dem sich in Schottland die Geister scheiden. Während des Unabhängigkeitsreferendums 2014 wurde es zum mahnenden Sinnbild für beide Seiten. Für die Nationalisten ein Gleichnis dafür, dass England schon immer versucht habe, schottische Hoffnungen zu unterminieren und zu unterdrücken, für die Unionisten eine Lektion zum Thema, wie gefährlich es ist, vorhandene Stabilität zugunsten unrealistischer Ambitionen aufzugeben.

Die Schilderungen geben eine prima Metapher her. Ich meine, es handelt sich um die Geschichte von einem Land, das zugunsten eines seiner Fantasie entsprungenen Traumbilds von ungezügeltem globalem Einfluss die politische Einheit mit seinen geografisch nächstgelegenen Handelspartnern aufkündigt. Das Ganze geschürt von Freihandelsfanatikern mit imperialen Wunschträumen, die ihre verschwommenen Pläne hinter einer Rhetorik gekränkter Vaterlandsliebe verstecken und dabei unablässig die Mahnungen von Fachleuten zur praktischen Realität der Situation in den Wind schlagen.

Leider will mir so gar nichts einfallen, wofür sich diese Metapher im Hier und Heute eignen könnte.

Fünf weitere Entdeckungsreisende, denen ihre Entdeckungen gründlich misslangen

Louis-Antoine de Bougainville

Ein französischer Forschungsreisender, der bei seinem Versuch, der erste Franzose zu werden, der den Erdball umsegelt hat, bis zum Great Barrier Reef kam, dann aber umdrehte und es damit verabsäumte, Australien zu entdecken.

John Evans

Ein walisischer Forscher, der in den 1790er-Jahren fünf Jahre damit zubrachte, ein verschwundenes walisisches Volk in Amerika aufzustöbern, wobei er zwischenzeitlich von den Spaniern als Spion verhaftet wurde, bevor er das Volk – die Mandan – schließlich ausfindig machte und feststellen musste, dass seine Angehörigen gar keine Waliser waren.

Vilhjálmur Stefansson

Ein kanadischer Forscher, der die Arktis für einen recht einladenden Ort hielt und im Jahr 1913 eine Expedition dorthin anführte. Als sein Schiff im Packeis stecken blieb, erzählte er seiner Besatzung, er werde mit einer kleinen Gruppe aufbrechen, um etwas zum essen aufzutreiben, und ließ sie einfach sitzen.

Lewis Lasseter

Im Jahr 1930 führte Lasseter einen Suchtrupp ins australische Outback, um dort nach einem großen Goldvorkommen zu suchen, auf das er angeblich vor Jahren gestoßen war. Es gab kein solches Vorkommen. Der Rest des Trupps ließ ihn im Stich, seine Kamele auch, und er starb schließlich in der Wüste.

S. A. Andrée

Der schwedische Ingenieur und Abenteurer Salomon Andrée verfiel auf die Superidee, den Nordpol per Gasballon anzusteuern – und ließ von seinem Vorhaben auch dann nicht ab, als sich zeigte, dass sein Ballon ein Leck hatte. Er und seine Crew ließen irgendwo in der Arktis ihr Leben.

8

Diplomatie-Leitfaden für Dummies und/oder aktuell regierende Präsidenten

Nicht nur der globale Reiseverkehr nahm im Zeitalter der Entdeckungen explosionsartig zu, sondern auch die Menge an Gelegenheiten, aus Versehen alle möglichen Arten von Kriegen vom Zaun zu brechen, denn die Zahl der Länder, die man erzürnen konnte, stieg ebenfalls dramatisch an. Einmal angenommen, dass Sie wenigstens hin und wieder im Grunde lieber keinen Krieg haben wollen, besteht (neben dem mysteriösen Etwas – was auch immer es gewesen sein mag –, mit dem die Harappa-Kultur solches geschafft hat) Ihre beste Chance in der Diplomatie. Diplomatie ist eine hohe Kunst, die darin besteht, dass eine große Anzahl Leute es fertigbringt, sich nicht wie Flachwichser zu verhalten – oder sich wenigstens dahingehend einig ist, dass na ja, jeder hin und wieder ein Flachwichser ist, aber lasst uns doch mal einen Gang zurückschalten.

Leider sind wir auch darin nicht besonders gut.

Das Kernproblem bei internationalen Beziehungen leitet sich von einem allgemeineren und grundsätzlicheren Problem menschlichen Interagierens her, namentlich den beiden Grundprinzipien:

1. Es ist gut, anderen Menschen zu vertrauen.
2. Aber nicht zu sehr!!

Genau das ist das Dilemma, das unsere Geschichte hindurch so ziemlich jeden Augenblick des Kontakts zwischen verschiedenen Kulturen überschattet hat. Zum großen Unglück für diejenigen, die in diesen Augenblicken gelebt haben, gibt es keinerlei Möglichkeit, im Vorhinein zu wissen, welche Entscheidung die richtige sein wird. Das ist ein Problem, das wir bis heute nicht zufriedenstellend gelöst haben, aber immerhin genießen wir den Luxus, auf die Entscheidungen der Vergangenheit zurückblicken und locker sagen zu können: »Nee, definitiv: so nicht!«

Es ist das Problem, mit dem die Taíno es zu tun bekamen, als Kolumbus des Wegs kam – während der ersten Begegnungen waren sie vertrauensvoll und beeindruckten Kolumbus durch ihre Freundlichkeit und ihren Großmut.

Offenbar reagierte Kolumbus so, wie man eben reagiert, wenn jemand freundlich und großzügig zu einem ist: »Sie sollten gute Diener abgeben«, überlegte er und fügte nach ein paar weiteren Tagen des Nachdenkens hinzu, dass sie »mit fünfzig Mann allesamt zu unterjochen und dazu zu bringen sind, zu tun, was man von ihnen verlangt«. Herzig, der Mann.

So ziemlich dasselbe spielte sich ein paar Jahrzehnte später in etwas größerem Maßstab ab, als der Aztekenherrscher Moctezuma sich bemüßigt sah, eine sehr, sehr ungünstige Entscheidung im Hinblick auf die mutmaßlichen Absichten von Hernán Cortés zu fällen.

Die Azteken (oder Mexi'ca, wie sie sich selbst nannten) herrschten über ein großes Reich, das sich von einer Küste zur anderen über das heutige Zentralmexiko erstreckte. Moctezuma lenkte das Reich vom Stadtstaat Tenochtitlan aus, der größten und fortschrittlichsten Stadt des Kontinents (die sich ungefähr dort befand, wo wir heute Mexico City finden). Alles in allem lief es dort echt gut – bis Cortés an der Küste von Yucatán anlegte.

Cortés war nicht einfach nur Konquistador, nein, er war ein skrupelloser Konquistador – der spanische Gouverneur von Kuba hatte ihn sogar des Kommandos über die Erkundungsmission entbunden, weil er ihm nicht traute –, aber Cortés schnappte sich einfach die Schiffe und die Crew und machte sich aus dem Staub. Einige Zeit nach seiner Ankunft versenkte er die Boote, um seine meuternde Mannschaft daran zu hindern, nach Kuba zurückzukehren. Was ich damit sagen will, ist, dass Hernán Cortés nicht als Teamplayer vorging. Und zu diesem Zeitpunkt – auf der Flucht vor seinen Landsleuten und ohne die Möglichkeit, nach Hause zurückkehren zu können – waren ihm so ziemlich alle Optionen außer dem reinen »Eroberungsgeschäft« ausgegangen.

Als Moctezuma von Cortés' Ankunft nahe des dreihundertfünfzig Kilometer entfernten San Juan erfuhr, war er verständlicherweise ein wenig nervös. Leider konnte er sich nicht entscheiden, was er unternehmen wollte – sollte er Cortés mit kostbaren Geschenken überhäufen oder ihm die warnende Botschaft zukommen lassen, er möge sich zum Teufel scheren? Cortés nutzte die Schwachstelle der Mexi'ca unterdessen erbarmungslos aus. Das Hauptproblem war nämlich, dass sie ebenfalls ein Imperium errichtet hatten, das oftmals nicht eben zimperlich war. Infolgedessen gab es in Mexiko jede Menge indigene Völker, die keine übermäßig großen Fans von Moctezuma waren, und Cortés bediente sich auf seinem Weg ins Landesinnere einer Mischung aus Überredung, Betrug und gelegentlichem Massenmord, um sie dazu zu bringen, sich mit ihm gegen Tenochtitlan zusammenzutun.

All das hätte Moctezuma vermutlich vorwarnen können, dass die Ereignisse höchstwahrscheinlich nicht in einem Zeitalter neu geschlossener Freundschaft enden würden, aber er wartete immer noch ab. Es besteht die Möglichkeit, dass seine Unsicherheit durch den offenbar weit verbreiteten Glauben verstärkt wurde, dass es sich bei Cortés um die Reinkarnation des Schöpfergotts Quetzalcoatl handle – wenngleich der einzige echte Beleg dafür, dass irgendwer solches geglaubt habe, der Umstand ist, dass Cortés in seinen Briefen des Langen und Breiten davon berichtet, und ehrlich gesagt klingt das nach genau der Sorte von Gelaber, die man ihm zutrauen würde.

Als Cortés Tenochtitlan in Begleitung von ein paar Hundert spanischen Soldaten und einem Haufen seiner neuen Verbündeten schließlich erreichte, fällte Moctezuma letztlich doch eine Entscheidung, obwohl ihm eine Menge seiner Berater sagten, dass dies eine echt schlechte Idee sei. Um fair zu bleiben, es ist nicht klar, ob es in seiner Situation überhaupt eine *richtige* Entscheidung gab, die er hätte fällen können, aber diese war definitiv die falsche: Er lud die Spanier als hoch geehrte Gäste zu sich ein. Er überschüttete sie mit Geschenken, gab ihnen die schönsten Quartiere, alles, was sich denken lässt. Das ging nicht gut. Binnen weniger Wochen zettelte Cortés einen Staatsstreich an, nahm Moctezuma an seinem eigenen Hof als Geisel und zwang ihn, als Marionette der Spanier zu regieren. Zu Anfang verlangten die Spanier nur ein Bankett, danach bestanden sie prompt darauf, dass er ihnen sage, wo das ganze Gold aufbewahrt wurde.

Mitte 1520 ging die Sache hoch, ironischerweise gerade als Cortés unterwegs war, um gegen ein großes spanisches Regiment zu kämpfen, das ihm der Gouverneur von Kuba auf den Hals gehetzt hatte, um ihn aufzuhalten bei dem, was auch immer er da zum Teufel gerade tat. Einer von Cortés' Stellvertretern, zurückgelassen, damit er Tenochtitlan unter der

Knute hielt, hatte aus keinerlei ersichtlichem Grund beschlossen, einen Haufen mexikanische Adlige zu ermorden, die im Großen Tempel zu einem religiösen Fest zusammengekommen waren. Zutiefst erzürnt über das Massaker, erhob sich das Volk der Mexi'ca gegen die Spanier, und Cortés sah sich bei seiner Rückkehr mit einem Aufstand konfrontiert. Er trug Moctezuma auf, seinem Volk zu sagen, es solle die Feindseligkeiten beenden. Das tat es nicht, und das war Moctezumas Ende. Spanische Chronisten berichten, er sei von einer wütenden Menge seiner eigenen Leute zu Tode gesteinigt worden, aller Wahrscheinlichkeit nach wurde er aber in Wirklichkeit von den Spaniern ermordet, als klar wurde, dass er als Marionette nicht mehr von Wert war. Nur ein blutiges, kampfreiches Jahr später hatten die Spanier die Mexi'ca endgültig unterworfen, und Cortés – mit einem Mal wieder in der Gunst seiner Herrschaft – wurde Gouverneur von Mexiko.

Wahrscheinlich hätte niemand die spanische Invasion aufhalten können, aber Moctezumas Entscheidung, die Fremden als Gäste zu begrüßen, muss als eine der unvernünftigsten Entscheidungen auf dem Gebiet der Internationalen Beziehungen angesehen werden. Und um der Wahrheit die Ehre zu geben: Hätte sich die mexikanische Regierung 300 Jahre später, als sie anfing, die amerikanische Immigration nach Texas zu fördern, auf sein Beispiel besonnen, hätte die wichtigste Lehre aus Moctezumas traurigem Schicksal – »um Himmels willen, Mexiko, hör auf, Weiße zu dir einzuladen« – vielleicht dazu geführt, dass sich die Geschichte insgesamt sehr viel anders entwickelt hätte.

Zum Glück für Moctezumas Renommee steht er in der Hitparade schlechter Entscheidungen im Bereich Internationale Beziehungen alles andere als allein da.

Wie entscheidend wichtig es ist, seine Freunde weise zu

wählen, lässt sich am Schicksal des römischen Statthalters in Germanien, Publius Quinctilius Varus im Jahre 9 unserer Zeitrechnung ablesen. Varus versuchte, die klassische Besatzungsmacht-Nummer durchzuziehen: ausgewählte lokale Lehnsherren auf seine Seite zu bringen, damit die Bauern einigermaßen friedlich blieben. Zu seinem Pech entschied er sich dafür, dem Cherusker-Fürsten Arminius sein Vertrauen zu schenken, weil dieser zum Bürger Roms und in den Ritterstand aufgestiegen war und mit seiner Einheit im römischen Heer sogar an der Niederschlagung eines Aufstands auf dem Balkan beteiligt gewesen sein soll. Obwohl man ihn gewarnt hatte, dass sein Vertrauter möglicherweise nicht unbedingt auf dem Pfad der Tugend wandele, beschloss Varus, Arminius zu vertrauen, als dieser ihm berichtete, dass es unter den germanischen Stämmen Unruhen gebe, die niedergeschlagen werden müssten. Prompt lenkte Arminius Varus mit seinen römischen Legionen geradewegs in einen Hinterhalt – von ihm selbst organisiert nach der alten Masche »Ich reite mal schnell vor und schau nach, wie die Dinge stehen«. Drei römische Legionen wurden vollständig ausgelöscht (die schlimmste militärische Niederlage der römischen Geschichte), und die Expansion des Römischen Reiches gen Norden kam zum Stillstand.

Das Gegenteil von allzu viel Vertrauen lässt sich am Beispiel der chinesischen Außenpolitik zur Zeit der Ming-Dynastie beobachten, die dem Land schwer schadete und zum Musterbeispiel für die Gefahren einer isolationistischen Politik geworden ist. In den ersten drei Jahrzehnten des 15. Jahrhunderts verfügte China über eine der größten Kriegsflotten der Weltgeschichte, sie stand unter dem Kommando des legendären Seefahrers Admiral Zheng He. Die Flotte bestand aus 300 Schiffen – darunter riesige Neunmaster, die größer waren als jeder schwimmende Riese, der in den kommenden Jahrhunderten die Weltmeere befahren sollte – und war 30 000 Mann stark. Sie verfügte sogar über schwimmende Farmen: Schiffe, auf denen man Gemüse anbaute und Tiere hielt.

Damit nicht genug, waren die Chinesen bekannt dafür, ihre Flotte nicht nennenswert für so was wie, Sie wissen schon, Invasionen und solche Dinge einzusetzen. Sicher, sie brachte eine Menge Zeit damit zu, gegen Piraten zu kämpfen, auch war die Flotte sehr praktisch, wenn es galt, Eindruck zu schinden, damit andere Länder nicht aus der Reihe tanzten – aber in allen von Zhengs sieben Reisen zu Zielen in Asien, Arabien und Ostafrika war sie nur ein einziges Mal in einen relativ kleinen Krieg verwickelt. Sie brachte ihre Zeit vielmehr damit zu, so entlegene Häfen wie Malakka, Maskat und Mogadischu anzusteuern und … nun ja, Geschenke auszutauschen. Die Chinesen brachten Edelmetalle und feines Tuch und bekamen dafür eine bunte Palette an Gaben zurück, unter anderem eine Riesenmenge Tiere. Einmal brachten sie eine Giraffe aus Kenia nach Hause.

Was die Zurschaustellung überwältigender imperialer Macht betrifft, klingt all das ziemlich nett, wenn man es mit den Alternativen vergleicht. Und so nimmt es sich besonders verwunderlich aus, dass die Ming-Dynastie nach Zhengs Tod im Jahr 1433 einfach irgendwie … aufhörte. Sie gab ihre Marine auf. In einer ziemlich extremen Überreaktion auf das fortgesetzte Treiben japanischer Piraten besann man sich auf die alte Politik des Hai jin – das nahezu komplette Verbot jeder Art von Seefahrt. Entnervt von den fortgesetzten Kämpfen mit den Mongolen im Norden, wurden diplomatische Missionen im Ausland als unnötige Geldausgabe betrachtet, das Geld sollte lieber in ein ganz anderes Projekt fließen: den Bau einer sehr großen Grenzmauer.

In den Folgejahren kehrte sich China großenteils nach innen und verschloss sich vor der Außenwelt. Der Umstand, dass dies just zu dem Zeitpunkt geschah, da europäische Flotten den Globus zu erkunden begannen, hatte zweierlei zur Folge: Es bewirkte zum einen, dass den Europäern, als sie ein paar Jahrzehnte später in asiatischen Gewässern aufkreuzten, keine größere regionale Macht entgegenstand, die sich ihnen in den Weg hätte stellen können, und zum anderen, dass China einen Großteil des sich rasch beschleunigenden wissenschaftlichen und technischen Fortschritts verpasste, der soeben seinen Anfang nahm. Es sollte sehr, sehr lange dauern, bis das Land seinen Status als Weltmacht wiedererlangte.

Man sieht daran, wie sehr es bei diplomatischen Entscheidungen darauf ankommt einzuschätzen, wie sich die Machtverhältnisse in der Zukunft entwickeln werden. In Anbetracht dessen, dass es unmöglich ist, dies auch nur annähernd genau zu tun, ist es keine besondere Überraschung, dass die Leute so oft danebenliegen.

Gegen Frühlingsende 1917, mitten im Ersten Weltkrieg, saß in der Schweiz ein Mann mittleren Alters mit lustigem Bart fest und hatte der deutschen Regierung einen Vorschlag zu unterbreiten. Er war Russe und wollte verzweifelt zurück in sein von politischen Unruhen geschütteltes Heimatland, aber der Krieg machte das Reisen in Europa so gut wie unmöglich. Die beste Route zurück führte quer durch Deutschland Richtung Norden, aber dafür brauchte der Mann die Zustimmung der Deutschen. Und die deutsche Regierung war nicht gerade ein Befürworter seiner Politik.

Die Ausgangslage war einfach. Bei allen Differenzen hatten er und die deutsche Regierung im Augenblick einen gemeinsamen Feind: die russische Regierung, für die er nichts übrighatte und die er recht gern gestürzt hätte. Die

Deutschen kämpften seinerzeit an verschiedenen Fronten und befanden, dass jede Ablenkung, die russische Ressourcen von den Frontlinien abziehen würde, willkommen sei. Also willigten sie ein. Sie verfrachteten den Mann, dessen Frau und noch 30 seiner Landsleute in einen Zug nach Norden, von wo aus die Reisegesellschaft über Schweden oder Finnland nach Hause würde reisen können. Es war keine große Vorhut, aber besser als nichts. Die deutschen Behörden gaben den Durchreisenden sogar ein bisschen Geld und griffen ihnen auch in den kommenden Monaten finanziell unter die Arme. Sie stellten sich vermutlich vor, dass der Mann wie die meisten politischen Fanatiker mit einem Nischenanliegen ein bisschen Unruhe stiften, ihnen die Russen ein Weilchen vom Halse halten und dann still und leise in der Versenkung verschwinden werde.

Wie dem auch sei, tja, der Typ hieß Lenin.

Wladimir Iljitsch Uljanow, besser bekannt als Lenin (1870–1921)

Nun, in vieler Hinsicht funktionierte der Plan der Deutschen makellos. Besser als erwartet, um genau zu sein! Die Bolschewiken verwirrten die russischen Behörden nicht nur und lenkten sie ab, sie fuhren mit ihnen buchstäblich Schlitten. In nur gut sechs Monaten war die russische Provisionsregierung von der Bildfläche verschwunden, Lenin an der Macht und der Sowjetstaat etabliert. Die Deutschen kamen zu einer Feuerpause, von der sie nicht zu träumen gewagt hätten, als sie seinerzeit im April Lenins Zug nachwinkten.

Auf etwas längere Sicht aber war der Plan dann doch nicht das, was man als durchschlagenden Erfolg hätte bezeichnen können.

Es geht damit los, dass der Waffenstillstand den Deutschen nicht geholfen hat, den Krieg zu gewinnen. Bald darauf verschlechterten sich die Beziehungen zwischen dem expansionsfreudigen neuen Sowjetstaat und seinen hilfreichen deutschen Kumpels zusehends. Zeitsprung um ein paar Jahrzehnte und einen weiteren Weltkrieg später stand die Hälfte des frisch geteilten Deutschlands unter sowjetischer Kontrolle.

Die Deutschen waren in die alte Falle getappt zu glauben, dass der Feind ihres Feindes ihr Freund sein würde. Was im Grunde nicht immer falsch ist – nur hat eine solche Art von Freundschaft in der Regel ein bemerkenswert kurzes Haltbarkeitsdatum. Dieser Feind-meines-Feindes-Irrtum lauert bei einer verblüffenden Zahl der schlimmsten Fehlentscheidungen der Weltgeschichte irgendwo im Hintergrund – und erklärt außerdem mehrere Jahrhunderte extrem verwirrender europäischer Geschichte.

Ein anderer Name für dieses Phänomen könnte lauten: »Nachkriegs-US-Außenpolitik.« Im Verlauf der langen Ära schlechter Entscheidungen weltweit, gemeinhin bekannt als Kalter Krieg, verbündeten sich die Vereinigten Staaten mit so gut wie jedem, der das Kriterium »kein Kommunist« erfüllte. Viele dieser Verbündeten waren schlicht lupenreine Mistkerle (Beispiele: die verschiedenen Diktatoren in Südamerika und die lange Folge an Schreckensherrschern in Vietnam). Aber zu diesem Grundproblem kommt ein weiteres: Diese Alliierten einte die Grundhaltung, von Anbeginn an nie große Anhänger der USA gewesen zu sein.

Man bedenke, dass die Vereinigten Staaten in den letzten paar Jahrzehnten nicht nur in einen bewaffneten Konflikt mit der Terrororganisation al-Qaida verwickelt war, hervorgegangen aus den Mudschahedin Afghanistans – einer Gruppierung, die die USA in der Vergangenheit unterstützt hatten, weil sie gegen die Sowjets kämpften. (Ich empfehle dringend, sich den James-Bond-Film *Der Hauch des Todes* anzuschauen, wenn Sie gerne vor dem Fernseher sitzen und brüllen: »OH MANN, DAS KANN NICHT GUT GEHEN!« Bond tut sich darin mit den Mudschahedin zusammen, angeführt von einer charmanten Heldenfigur, die sich am besten beschreiben lässt als »weltmännischer Bin Laden mit vornehmem englischen Akzent«. Immerhin guter Titelsong.)

Zu jener Zeit waren die Vereinigten Staaten gleichzeitig auch in einen bewaffneten Konflikt mit dem Irak verwickelt, einem Land, das sie zuvor unterstützt hatten, weil es gegen den Iran kämpfte, der sich seinerseits gegen die USA gewandt hatte, weil diese in der Vergangenheit die Diktatur im Iran stützten, denn diese lag mit der Sowjetmacht im Clinch.

Und sie befanden sich in einem bewaffneten Konflikt mit dem Islamischen Staat von Irak und Syrien (ISIS), hervorgegangen aus den Aktivitäten von al-Qaida im Nachkriegs-Irak, und kämpften inzwischen in Syrien einen Krieg mit mindestens drei Parteien, in dem die Vereinigten Staaten ein Regime bekriegten, welches sie anfänglich gestützt hatten und anschließend versucht hatten zu stürzen, indem sie dessen Feinde unterstützten, worauf sich zeigte, dass einige der Feinde des Regimes Freunde des ISIS waren, einem Feind der Vereinigten Staaten und der Feinde der Vereinigten Staaten, wenngleich ein paar andere Freunde Feinde von beiden sind – oh, und ja, und weil man gute Traditionen nicht brechen soll, kämpfte Russland da auch.

Und das ist nur ein Teil der Welt.

Sehen Sie, internationale Politik ist echt hartes Brot. Es gibt kaum Raum für hehre Ideale, und die kalte Hand des Pragmatismus zwingt einen häufig, mit den Verbündeten auszukommen, die man nun mal gerade kriegen kann, statt sich mit Leuten zusammenzutun, mit denen man wirklich gemeinsame Sache machen will. Aber eine Menge von den Problemen, die wir uns wieder und wieder an den Hals holen, ließe sich verhindern, wenn wir uns vor Augen hielten, dass in den meisten Fällen der Feind unseres Feindes genauso ein Mistkerl ist wie der ursprüngliche Feind.

Aber in der langen Geschichte diplomatischer Riesenfehler gibt es einen, der meilenweit heraussticht.

Wie man ein Reich verliert (unfreiwillig)

Im Jahr 1217 erhielt Ala ad-Din Muhammad II., Herrscher über das riesige und mächtige Choresmien (auch Choresm), eine freundliche Botschaft vom Anführer einer neuen Staatsmacht, die im Osten herangewachsen war. »Ich bin Herr über die Länder der aufgehenden Sonne«, hieß es da, »Ihr hingegen herrscht über die Länder der untergehenden Sonne. Lasst uns einen festen Pakt der Freundschaft und des Friedens schließen.« Gemeint war ein Handelspakt zum beiderseitigen Nutzen.

Worauf Schah Muhammad II. die absolut verheerendste Entscheidung in der langen Geschichte der internationalen Diplomatie fällte.

Das Königreich Choresmien war zu jener Zeit eines der bedeutendsten der Welt, ein Großreich, das sich fast vom Schwarzen Meer im Westen bis zu den Bergen des Hindukusch im Osten, vom Persischen Golf im Süden bis weit in die kasachische Steppe erstreckte. Es umfasste ein riesiges Gebiet, zu dem heute ganz oder teilweise die Staatsgebiete von Iran, Usbekistan, Turkmenistan, Tadschikistan, Aserbaidschan, Afghanistan und einige mehr gehörten. Zu einer Zeit, in der Europa noch ein bis zwei Jahrhunderte davon entfernt war, seine Renaissance in die Gänge zu bekommen, war Choresmien ein Zentrum der zivilisierten Welt. Durch Choresmien verlief die Seidenstraße, jene große Handelsroute, die den Osten mit dem Westen verband und über die Waren ebenso wie Ideen ausgetauscht wurden. Das Herrschaftsgebiet des Schahs war eines der Herzen der islamischen Welt, die bei Weitem reichste und am weitesten fortentwickelte Kultur ihrer Zeit. Städte wie Samarkand, Buchara und Merw, die Juwelen des Königreichs Choresmien, gehörten zu den großen Zentren Zentralasiens und waren Orte der Gelehrsamkeit, Innovation und Kultur.

Wenn man so darüber nachdenkt: Es ist schon seltsam – ich habe nie von Choresmien gehört ... Ja, und *dafür gibt es einen Grund.*

Wissen Sie, die Botschaft, die der Schah erhalten hatte, kam von einem Typen namens Dschingis Khan. Und nur wenige Jahre nach seiner katastrophalen Entscheidung ... nun, gab es kein Königreich Choresmien mehr.

Dschingis Khan in einer Schlacht, einem Buch von Raschid-al-Din
aus dem 14. Jahrhundert entnommen

Es sollte an dieser Stelle gesagt sein, dass, soweit die Ge-
schichtswissenschaft es beurteilen kann, Dschingis Khans
Botschaft an den Schah durch und durch ernst gemeint war.
Zu diesem Zeitpunkt hatte der große Krieger im Prinzip all
seine Ziele erreicht: Er hatte in einer Reihe von Feldzügen –
von relativ lockeren Spaziergängen bis hin zu ungeheuer
brutalen Eroberungen – die Nomadenvölker des nördlichen
China und der umliegenden Gebiete unterworfen, geeint und
seinem Mongolischen Reich einverleibt. Noch hatte er ein
paar Schlachten im Osten auszutragen, aber keinerlei Pläne,
weiter nach Westen vorzudringen. Weiter gingen seine Ambitionen und Wünsche nicht, hinzu kam, dass er auf die sechzig
zuging: Lebenswerk vollendet, Zeit, sich auf einen gemütli-
chen Ruhestand vorzubereiten.

Es war seine jüngste Eroberung gewesen – das Großreich
Kara Kitai, eine Dynastie von vertriebenen Nomaden, die sich

ungefähr auf dem Gebiet des heutigen Kirgisien niedergelassen und eine der letzten Bastionen gegen die Herrschaft des Dschingis Khan gebildet hatte –, die den Mongolenherrscher vor die Tore Choresmiens gespült und eine neue Grenze zwischen der Mongolei und der Islamischen Welt etabliert hatte. Wie das so ist bei Grenzen – insbesondere bei nicht genau definierten –, hatte es bereits ein gescheitertes Geplänkel zwischen den mongolischen Truppen und denen von Choresmien gegeben. Das war, als Muhammad II. und seine Armee auftauchten, um sich eine Schlacht mit ein paar ihrer Feinde zu liefern, und dabei feststellen mussten, dass die Mongolen ärgerlicherweise schon vor ihnen da gewesen waren und diesen bereits eine vernichtende Niederlage beigebracht hatten.

Es war übrigens nicht das erste Mal, dass solches vorgekommen war. Dschingis Khan hatte die seltsame Angewohnheit, gerne mal als Erster aufzutauchen und Schlachten zu gewinnen, die Muhammad eigentlich selbst hatte schlagen wollen – was möglicherweise die extrem unkluge Reaktion des Schahs auf den Olivenzweig, den Dschingis Khan ihm nach jenem anfänglichen Scharmützel anbot, erklären hilft. Er war vielleicht ein bisschen angefressen und beleidigt, weil die Mongolen ihm wieder und wieder seinen Ruhm streitig machten. (Letzteres hätte ihm vermutlich auch ein Fingerzeig sein können, dass diese ziemlich versierte Militärstrategen sein könnten, aber dazu hat es offenbar nicht gereicht.)

Hinzu kam, dass die Beziehungen zwischen Choresmien und der Mongolei auch unter der Sorte von Problemen litten, die man immer hat, wenn bei einer Übersetzung ein paar Details nicht richtig rüberkommen. »Ich bin Herr über die Länder der aufgehenden Sonne, Ihr hingegen herrscht über die Länder der untergehenden Sonne«, sollte vermutlich nur grob Dschingis Khans Vorstellung von einer geopolitischen

Ost-West-Aufteilung umreißen und beider Status (ungefähr) auf Augenhöhe zementieren. Aber es gibt auch eine andere Übersetzung der Botschaft: »Ich bin der Herrscher über den Sonnenaufgang, Euer ist der Sonnenuntergang.« Wenn man es so liest, klingt es ganz plötzlich, als würfe Dschingis Khan einen ordentlichen Schatten. Für einen Herrscher, der bereits ein wenig empfindlich auf jemanden reagierte, der seine Schlachten schlug und gewann, konnte das herüberkommen, als sollte es heißen: »Ich bin eine aufsteigende Macht, und du bist auf dem absteigenden Ast, haha«, oder?

Der vermittels einer Reihe von hin und her geschickten Emissären geführte Dialog zwischen Muhammad und Dschingis gleicht seinem Verlauf nach einem passiv-aggressiven Plot für ein Gesellschaftsstück. Dschingis fühlte sich herabgewürdigt durch die feinen Seiden, die der Schah ihm als Geschenk übersandte (»Glaubt dieser Kerl vielleicht, wir hätten solches Zeug noch nie gesehen?«). Als Antwort schickte er einen riesigen Goldklumpen als Geschenk, vermutlich um zu zeigen, dass auch die andere Seite über kostbare Dinge verfügte, auch wenn sie in Zelten lebte. An diesem Punkt rührte Dschingis' ernst gemeinte Erneuerung seines Friedensangebots – »Ich habe das größte Verlangen, mit Euch in Frieden zu leben. Ich werde euch als meinen Sohn ehren« – bei Muhammad, der so absolut gar nichts dafür übrighatte, als »mein Sohn« tituliert zu werden, eine völlig falsche Saite an. (Das Ganze klingt übrigens sehr viel witziger, wenn Sie »mein Sohn« mit rauer Gangsterstimme zwischen den Zähnen hervorstoßen.)

Und doch glaubte Dschingis, da Protokoll und Förmlichkeit (trotz gewisser kleinlicher Untertöne) noch immer Genüge getan wurde, ganz eindeutig, dass sein Angebot einer friedlichen Handelsbeziehung angenommen werde. Schon allein, weil es eine so offensichtliche Win-win-Situation für jedermann darstellte. »Wisst Ihr, mein Land ist ein Ameisenhaufen voller Krieger und eine Silbermine, ich habe keinerlei Anlass, andere Herrschaftsgebiete zu begehren«, wie er Muhammad in einer Botschaft schrieb. »Es liegt in unser beider Interesse, den Handel zwischen unseren Untertanen zu fördern.«

Und so kam es, dass Dschingis seine erste Handelskarawane gen Choresmien sandte – finanziert aus seiner persönlichen Handkasse, geführt von seinem persönlichen Gesandten: 450 Kaufleute, 100 Soldaten und 500 Kamele mit Wagenladungen voller Silber, Seide und Jade. Ihr Ziel bestand in erster Linie darin sicherzustellen, dass das kürzlich von Choresmien verhängte Handelsembargo für die Grenze zur Mongolei beendet sei. Jedermann war ausgesprochen erpicht darauf, dass es so käme, vor allem jenseits der Grenze zu Choresmien. Dschingis Khans Befriedung des nördlichen China hatte das Reisen entlang der Seidenstraße theoretisch deutlich einfacher gemacht, und Kaufleute in der ganzen islamischen Welt waren mehr als wild auf die Chance, den chinesischen Markt zu knacken. Aber in seiner territorialen Engstirnigkeit hatte der Schah die Route gesperrt. Daher muss es, als 1218 die Karawane von Kaufleuten mit ihren Waren in die Stadt Otrar im Norden von Choresmien Einzug hielt, ausgesehen haben, als sei nun alles wieder wie in den guten alten Zeiten.

Das war der Augenblick, wo alles für einen sehr großen Teil der Welt sehr, sehr schlecht zu laufen begann.

Statt nun die Handelskarawane zu begrüßen, ihre Kamele abstellen zu lassen und den Leuten eine schöne Tasse Tee anzubieten, entschied sich der Statthalter von Otrar, Inalchik Kair-Khan, für einen anderen Ansatz. Er ließ die Ankömmlinge ermorden und nahm alles, was sie mit sich geführt hatten, an sich. Das Ganze geschah durch einen hinterhältigen Überraschungsangriff, den nur ein Einziger von den 550 Beteiligten überlebte, weil er zur Zeit des Massakers ein Bad nahm und es schaffte, sich hinter dem Zuber versteckt zu halten.

Der Vorfall entsetzte die Welt, ein schreiender Verstoß gegen den Anstand, die Gastfreundschaft und den gesunden Menschenverstand. Die Erklärung, die Inalchik dafür gab – er habe die Leute allesamt für Spione gehalten –, war komplett lächerlich. Die Kaufleute waren noch nicht einmal Mongolen, sondern vor allem Muslime aus dem Gebiet der Uiguren. Die Aussicht, dass islamische Kaufleute in einer islamischen Stadt an einer großen Handelsroute nunmehr Gefahr liefen, aufgrund fadenscheiniger Vorwände von der lokalen Regierung massakriert zu werden, war gelinde ausgedrückt einigermaßen verstörend und mit Sicherheit schlecht fürs Geschäft.

Und wirklich niemand glaubte, dass Inalchik etwas – für einen Herrscher, dessen Wohlstand und Ansehen auf Handel basierten – potenziell so Destruktives tun würde, ohne die Erlaubnis oder gar den direkten Befehl des Herrschers selbst.

Wenn noch irgendwelche Zweifel bestanden hätten, dass Muhammad komplett versessen darauf war, sich mit den Mongolen bis aufs Blut anzulegen, so schwanden sie rasch. Es ist kaum zu glauben, aber nach den Gräueltaten von Otrar zeigte sich Dschingis bereit, ihm eine zweite Chance zu geben. Der Handelspakt hatte für die Mongolen noch immer Priorität (unter anderem, weil ihre Eroberungszüge für die Landwirtschaft in der Heimat nicht eben förderlich gewesen waren, sodass sie Zeug hinzukaufen mussten). Und so sandte Dschingis drei Gesandte – einen Muslim und zwei Mongolen –, um die Sache mit Muhammad in Ordnung zu bringen, die Bestrafung von Inalchik sowie eine Entschädigung für die geraubten Waren einzufordern und wieder Frieden zu schließen.

Statt sich zu entschuldigen, köpfte Muhammad den muslimischen Gesandten, fackelte den Mongolen die Bärte ab und schickte sie versehrt und erniedrigt zu Dschingis zurück.

Warum? Ich meine ernsthaft: Warum tut jemand so was? Hat Muhammad wirklich einen Krieg vom Zaun gebrochen, weil er fand, dass die Feststellung, wo die Sonne untergeht, eine Beleidigung sei?

Das ist mit Sicherheit eine Möglichkeit und nicht wesentlich dümmer als jede andere Erklärung. Zur selben Zeit aber sei gesagt, dass Muhammads Paranoia über den Tatbestand einer ein bisschen sehr fragilen Männlichkeit weit hinausging. Auf den Schah von türkischer Herkunft, Nachkomme eines Sklaven, blickten viele der benachbarten persischen und arabischen Adligen der muslimischen Welt ein wenig herab. Sein Reich war fast so jung wie das des Dschingis Khan und im Inneren zerrissen. Muhammads Beziehung zu seiner Mutter war schwierig, was nie eine große Hilfe ist. Außerdem hatte er einen uralten Streit mit an-Nasir, dem Kalifen von Bagdad, den er nunmehr verdächtigte, sich mit den Mongolen verschworen zu haben, obgleich dies für alle Beteiligten ziemlich kontraproduktiv gewesen wäre. Und ein fehlgeschlagener Versuch, Bagdad einzunehmen, bei dem seine Truppen sich 1217 bei der Überquerung irgendwelcher Berge im Schnee verirrten, hatte bei ihm sicher ein etwas mulmiges Gefühl betreffs der eigenen militärischen Stärke hinterlassen.

Zudem hat er womöglich auch schlicht und einfach unterschätzt, was für eine Gefahr Dschingis darstellte. Als Musterbeispiel dafür, dass man besser wartet, bis man so viel Informationen wie irgend möglich gesammelt hat, bevor man übereilte Schritte unternimmt, befand sich, als die inzwischen bartlosen Mongolen mit den neuesten Nachrichten von Muhammads Provokationen nach Hause reisten, ein

Gesandter Muhammads gerade auf dem Weg in die umgekehrte Richtung, um Neues darüber zu berichten, wie stark die mongolischen Truppen seien. Als er merkte, in was für einen Schlamassel er sich da hineinmanövriert hatte, scheint die Reaktion des Schahs grob zusammengefasst gelautet zu haben: »Oh.«

Und so erklomm Dschingis, wie er es immer tat, wenn ihm ein Krieg bevorstand, den Gipfel des Burchan Chaldun, des heiligen Berges in der Nähe seines Geburtsorts, um dort drei Tage und Nächte zu beten. Dann sandte er Muhammad eine letzte Nachricht – und dieses Mal war sie so klar, dass man sie nicht missverstehen konnte. »Mach dich bereit zum Krieg!«, forderte er den Schah auf. »Ich ziehe gegen dich mit einer Heerschar, der du nicht widerstehen wirst.«

Im Jahr 1219 brach Dschingis Khan mit seinem Heer gen Choresmien auf. 1222 war das Königreich Choresmien von der Landkarte verschwunden.

Die Schätzungen liegen weit auseinander, aber es scheint wahrscheinlich, dass die Mongolen nur wenig mehr als 100 000 Soldaten entsandten, während der Schah mindestens die doppelte Anzahl, wenn nicht mehr, zur Verfügung hatte und überdies auf vertrautem Terrain focht. Spielte alles keine Rolle. Muhammad beraubte sich selbst seines Heimvorteils, indem er beschloss, die mongolischen Streitkräfte hinter gut verteidigten Stadtmauern zu erwarten, weil er glaubte, in puncto Belagerungen hätten diese nichts zu bieten. Tatsächlich waren sie auf dem Gebiet keine Helden, aber was Muhammad nicht kapierte, war, dass die mongolischen Soldaten extrem schnell lernten. Die erste Belagerung des Krieges (sie betraf, wie könnte es anders sein, die Stadt Otrar) dauerte Monate. Danach dauerten die meisten nur noch Wochen oder Tage.

Das mongolische Heer war wendig, anpassungsfähig, diszipliniert und wurde von klugen Köpfen angeführt. Dschingis teilte seine Truppen auf und ließ sie aus unerwarteten Richtungen angreifen, schnitt Rückzugswege ab oder nahm mehrere Ziele gleichzeitig ins Visier. Er setzte auf rasche Kommunikation und änderte seine Taktik im Handumdrehen, übernahm Strategien und Waffensysteme von den Besiegten. Und er war von vorne bis hinten durch und durch skrupellos.

Er walzte mit erschreckender Geschwindigkeit durch Choresmien. Jede Stadt, die von seinen Mannen eingenommen wurde, erhielt die Chance, sich zu ergeben, und diejenigen, die das taten, wurden relativ großzügig behandelt (mit der Betonung auf »relativ«): Sie wurden geplündert, klar, verloren alles, was sie besaßen, aber ein Großteil der Bevölkerung durfte am Leben bleiben. Doch wenn sie sich nicht unterwarfen oder zu rebellieren versuchten, war die Reaktion gnadenlos.

In Omar Chayyāms Geburtsort Nischapur, wo der Lieblingsschwiegersohn von Dschingis Khan getötet worden war, wurde es dessen trauernder Witwe überlassen, über das weitere Schicksal der Stadt zu entscheiden: Infolgedessen wurde jeder einzelne Einwohner der Stadt (mit Ausnahme von ein paar kunstfertigen Handwerkern) umgebracht, die 17 000 Schädel zu riesigen Pyramiden aufgetürmt. Das Gemetzel dauerte zehn Tage, danach töteten die Mongolen jede Katze und jeden Hund, nur um wirklich ganz klar zu machen, wo der Hammer hängt. In Gurganj (heute Köneürgenç), einer der wenigen Städte, die ihnen mehrere Monate standhielten, durchbrachen sie den Damm des aufgestauten Amudarja und ließen eine tödliche Flutwelle auf die Stadt los, die die gesamte Stadt auslöschte (und angeblich den Lauf des Flusses über mehrere Jahrhunderte veränderte, wie vor ein paar Kapiteln berichtet).

Beide Ereignisse geschahen übrigens im gleichen Monat des Jahres 1221, womit dieser sicher zu einem der destruktivsten Monate der Weltgeschichte avancierte.

Dschingis kannte den Propagandawert von Schrecken und stellte fest, dass die hoch alphabetisierte islamische Welt ihm hier außerordentlich nützlich war. Er sorgte mit Vorliebe dafür, dass Briefe über seine Eroberungen die Runde machten, denn diese erhöhten die Chance, dass sich die nächsten paar Städte kampflos ergeben würden.

Gleichzeitig achtete er sorgsam darauf, die Religion zu achten, und behandelte besonders heilige Stätten oftmals mit besonderer Rücksicht. Bei aller wilden Brutalität zeigte sich das mongolische Reich unter Dschingis überraschend tolerant – so sehr, dass dort das vermutlich erste Gesetz erlassen wurde, das die Religionsfreiheit festschrieb. Das hatte natürlich praktische Vorteile: Gegnern fiel es leichter, die Vorteile einer Kapitulation zu sehen, wenn sie wussten, dass sie keinen heiligen Krieg fochten, und es machte überdies aus religiösen Minderheiten allerorten potenzielle Verbündete. Als die Stadt Buchara, ein Zentrum muslimischer Theologie, in den Anfangsmonaten des Jahres 1220 fiel, orderte Dschingis an, dass bei aller Zerstörung die Große Moschee unangetastet bleiben sollte. Er besuchte das Gotteshaus sogar selbst – das einzige Mal, dass von ihm berichtet wird, er habe eine eroberte Stadt selbst betreten. Als großer Freund der Zelte und offenen Ebenen, dessen eigener Gott der ewige blaue Himmel war, sah Dschingis nie so richtig, wozu Städte gut sein sollten – außer zum Erobern.

Und was war mit Muhammad, dessen unsägliche diplomatische Inkompetenz der Auslöser für all das war? Der hielt sich in Bucharas Schwesterstadt Samarkand versteckt, erkannte aber, als Buchara fiel, die Flammenschrift auf der Wand und machte sich auf und davon. Er verbrachte das nächste Jahr großzügig formuliert mit »Rückzugsgefechten«, weniger großzügig gesagt mit »Weglaufen«. Dschingis beauftragte 20 000 Soldaten, ihn quer durch sein bröckelndes Reich zu verfolgen, und befahl ihnen, nicht eher zurückzukehren, als bis er gefangen oder getötet sei. Sie jagten ihn bis an die Ufer des Kaspischen Meeres, wo er auf ein paar Inseln Zuflucht suchte. Auf einer davon starb der inzwischen mittellose, in Lumpen gekleidete und allmählich den Verstand verlierende Muhammad im Januar 1221 an einer Lungenentzündung.

Hätte Dschingis seine Angriffe eingestellt, nachdem die Ursache seines Zorns tot war, wäre Muhammads Name heute lediglich eine Fußnote der Geschichte. Das Problem war, dass er nicht aufhörte. Die Zerstörung Choresmiens ging das ganze Jahr 1221 hindurch weiter, und die Gewalt nahm immer extremere Formen an. Es gab Befehle, in Städten, die Widerstand leisteten, die gesamte Bevölkerung auszulöschen, wie Nischapur, Gurganj, Merw und andere erleben mussten.

Und nachdem das Königreich Choresmien von der Bildfläche verschwunden war … machte Dschingis Khan einfach weiter – möglicherweise, weil es ihn beeindruckte, wie leicht das alles ging. Sein ursprüngliches Desinteresse an einer Erweiterung seines Herrschaftsbereichs gen Westen war einem sehr mächtigen Verlangen gewichen herauszufinden, wie viel davon er wohl noch würde erobern können. Ein Großteil der islamischen Welt Asiens wurde geschluckt, und die Mongolen drangen weiter nach Europa vor. Nach Dschingis' Tod im Jahr 1227 setzten seine Söhne und Enkel die Expansion fort. Auf seinem Höhepunkt war das Mongolische Reich die größte Landmacht, die die Welt je gesehen hat, und reichte von Polen bis Korea.

Obwohl es nach ein paar Generationen zerfiel und die

inneren Querelen und Kämpfe überhandnahmen, wie es bei großen Reichen häufig geschieht, lebte sein Erbe in manchen Gegenden noch sehr lange weiter, in manchen Regionen bis ins 20. Jahrhundert. Im Emirat Buchara regierten bis 1920 direkte Nachfahren von Dschingis Khan, die letzte Herrschaft eines Sprosses der Khan-Dynastie endete erst mit den Bolschewiken. (Im Jahr 1838 brachte es ein britischer Soldat namens Charles Stoddart, unterwegs in diplomatischer Mission, um Buchara für die britische Krone zu gewinnen, ironischerweise fertig, Muhammads Torheit im Kleinen zu wiederholen: Er beleidigte aus keinerlei erkennbarem Grund lässig Emir Nasrullah Khan, wurde an einen zutiefst ungemütlichen Ort namens Bug Pit [Insektenkerker] verbracht, wo er, unablässig von Insekten geplagt und angeknabbert, mehrere entsetzliche Jahre verbrachte, bevor man ihn schließlich exekutierte. Leg dich nicht mit einem Khan an.)

Kultur, Geschichte und Schriften vieler Orte, die von den Mongolen erobert wurden, sind auf immer zerstört, ganze Bevölkerungen verschleppt, der Blutzoll geht in die Millionen. Es gibt allerdings so etwas wie eine gute Seite: Die Befriedung und Stabilisierung ebenjener Handelsrouten, die die ganze Affäre ins Rollen gebracht hatten, brachten einen kontinentweiten kulturellen Austausch in Gang, der in großen Teilen Eurasiens die Moderne auf Touren brachte. Der Nachteil allerdings ist, dass neben der Kultur auch Krankheitserreger ausgetauscht wurden, darunter die Beulenpest, an der weitere Millionen zugrunde gingen.

Und all das nur, weil ein Mann mit fragilem Ego beschloss, Diplomatie sei etwas für Loser, und dass die schlichte Aufforderung zu einem Handelsabkommen eine Infamie sein müsse. Ala ad-Din Muhammad, du hast wahrlich Scheiße gebaut, mein Sohn.

Vier weitere beeindruckende Fehlleistungen auf dem Gebiet der Internationalen Beziehungen

Atahualpa

Ein Inkaherrscher, der 1532 einen ähnlichen Fehler wie Moctezuma beging, als er es mit einem spanischen Übergriff zu tun bekam, nur dass er es ein bisschen besser anstellte und sich betrank, bevor er auf die Spanier traf und seine Leute in eine wirklich offensichtliche Falle führte.

Vortigern

Ein britischer Herrscher im 5. Jahrhundert, der – in Ermangelung einer Verteidigung gegen die Pikten, die den abziehenden Römern nach Süden folgten sächsische Kaufleute bat, nach Britannien zu kommen, sich mit ihm zu verbünden und für ihn zu kämpfen. Die Sachsen fackelten nicht lange und übernahmen den Laden gleich selbst.

Francisco Solano López

Staatschef von Paraguay, der sein relativ kleines Land ab 1863 in einen Krieg mit den sehr viel größeren Ländern Brasilien, Argentinien und Uruguay manövrierte. Man schätzt, dass mehr als die Hälfte der Bevölkerung des Landes dabei ums Leben kam.

Die Zimmermann-Depesche

Im Jahr 1917 sandte Deutschland ein geheimes Tele-
gramm an Mexiko und bot diesem eine militärische Allianz an für den Fall, dass die USA sich in den Ersten Weltkrieg einschalten würden. Als Gegenleistung versprachen
sie den Mexikanern Unterstützung bei der Rückgewin-
nung von Texas, New Mexico und Arizona. Als die Briten diese Botschaft abfingen und den USA zukommen
ließen, wirkte das Ganze für die Vereinigten Staaten als
ausdrückliche Ermunterung zum Kriegseintritt (Mexiko
hatte keinerlei Interesse).

9

Der verdammte Druck der Technik

Der menschliche Drang zu forschen und nach immer neuen Horizonten Ausschau zu halten, ist – ich glaube, ich habe es bereits erwähnt – eines unserer Hauptmerkmale. Es war der Drang, neues Wissen zu erwerben, der die NASA 1998 bewegte, die Sonde Mars Climate Orbiter in die unendlichen Weiten des Weltraums zu schicken.

Ein paar Monate später krachte die Sonde wie ein stümperhaft gefertigtes Stück Flickwerk auf einen Haufen Steine.

In einer eindrucksvollen Illustration der menschlichen Fähigkeit, die mehr oder weniger gleichen Fehler wieder und wieder zu machen, hatten die Leute hinter der Orbiter-Mission ein bisschen mehr als fünf Jahrhunderte, nachdem Christoph Kolumbus seine Maßeinheiten durcheinandergebracht hatte und schließlich vor Amerika auf Grund gegangen war, ihre Maßeinheiten ebenfalls durcheinandergebracht und ließen die Sonde auf dem Mars auf Grund plumpsen.

Die wissenschaftliche Revolution, ein weiterer großer Schritt der Menschheit auf ihrer Reise durch die Historie, nahm ihren Ausgang im 16. Jahrhundert in den Schriften und Büchern, die unter den Philosophen Europas kursierten. Am Anfang handelte es sich weniger um eine Revolution als vielmehr um eine Art von kollektiver wissenschaftlicher Nacharbeit: Eine ganze Menge von alledem war lediglich das Wiederentdecken von Wissen, das von früheren Zivilisationen längst zusammengetragen worden war. Aber durch den zunehmenden Reiseverkehr, durch Handel und Eroberungszüge – vieles daran auch genährt durch den Wunsch nach mehr Wissen und neuen Technologien – erlebten die kommenden paar Jahrhunderte eine ungeheure Erweiterung des menschlichen Weltverständnisses. Wir kamen dadurch nicht nur zu jeder Menge wissenschaftlicher Beobachtungen, sondern auch zu einer Theorie der Wissenschaft als eigener Disziplin mit eigenen Methoden, die definierte, dass Wissenschaft mehr ist als eine Variante von »ein bisschen nachdenken«.

Das Tempo des technologischen Wandels beschleunigte sich immer weiter, bis in den Städten im Norden Britanniens im 17. und 18. Jahrhundert eine neue Revolution ihren Anfang nahm – befeuert durch die Massen an billiger Baumwolle aus den Sklavenplantagen Amerikas. Dieses Mal betrafen die Umwälzungen Methoden zur Herstellung von Gütern, namentlich die Entwicklung von Maschinen zur Massenproduktion – etwas, das sich um die ganze Welt verbreiten und unsere Städte, unsere Umwelt, unsere Ökonomien für immer verändern und uns dermaleinst in die Lage versetzen sollte, um drei Uhr morgens bei Amazon sturzbetrunken eine Fußbadewanne zu bestellen.

Der Anbruch des wissenschaftlichen, technischen und industriellen Zeitalters hat der Menschheit Chancen eröffnet, von denen unsere Vorfahren nie zu träumen gewagt hätten. Leider hat es uns auch die Chance eröffnet, in bis dahin ungeahnten Größenordnungen Mist zu bauen. Als Kolumbus sich bei seinen Maßeinheiten irrte, blieb sein Fehler wenigstens auf die Erdoberfläche beschränkt. Heutzutage vermasseln wir, wie die unselige Geschichte der Mars Climate Orbiter zeigt, sogar Dinge im *Weltraum*.

Das Problem mit der Orbiter-Sonde zeigte sich erst, als die Mission bereits mehrere Monate lief, dann nämlich, als die Versuche der Einsatzleitung, winzige Korrekturen an der Flugbahn der Sonde vorzunehmen, um sie auf Kurs zu halten, nicht ganz die geplante Wirkung zeitigten. Aber wie daneben das Ganze war, wurde erst offenbar, als die Sonde den Mars erreichte und beim Versuch, auf dessen Umlaufbahn einzuschwenken, fast augenblicklich den Kontakt zur Einsatzleitung verlor.

Die nachfolgenden Untersuchungen zeigten, was passiert war: Die Orbiter lief bei der Impulsmessung mit der metrischen Standardmaßeinheit Newton-Sekunde, die Software auf dem Computer am Boden (von einem Subunternehmer zur Verfügung gestellt) aber mit angloamerikanischen Maßeinheiten. Jedes Mal, wenn die Triebwerke der Sonde gezündet wurden, war der Schub viermal so hoch wie gedacht – mit dem Ergebnis, dass die Mars Orbiter Climate der Marsoberfläche hundertfünfzig Kilometer näher war als vorgesehen. Als sie versuchte, auf die Umlaufbahn einzuschwenken, kollidierte sie daher heftig mit der Atmosphäre des Planeten, und das 327 Millionen teure hochmoderne Fluggerät zerbrach im selben Augenblick in mehrere Teile.

Das muss für die NASA ziemlich peinlich gewesen sein, aber vielleicht bezogen sie einen gewissen Trost aus der Tatsache, dass sie auf dem Gebiet wissenschaftlicher und technischer Fails absolut nicht allein dastehen. Ein anderes Beispiel hat nichts mit dem Wettrennen im All zu tun, das sich Wissenschaftler in den USA mit ihren sowjetischen Pendants jahrzehntelang lieferten, 1969 tobte die Konkurrenz um eine geheimnisvolle revolutionäre Entdeckung: eine komplett neue Form von Wasser.

Es war der Höhepunkt des Kalten Krieges, und der allgegenwärtige ideologische Showdown fand seinen Niederschlag nicht nur in Gestalt geopolitischer Manöver, nuklearer Muskelspiele und der Schattenwelt gegenseitiger Spionage. Er gebar auch einen Wettstreit zwischen der kommunistischen und der kapitalistischen Welt darum, welches System über mehr wissenschaftliche und technische Tüchtigkeit verfügte. Neuentdeckungen und technische Durchbrüche ereigneten sich mit atemberaubender Geschwindigkeit, und ständig herrschte die Furcht, zu weit hinter den Feind zurückzufallen. Im Juli jenes Jahres sollte ein Mensch die Mondoberfläche betreten – dorthin verfrachtet von einer angesichts einer Reihe bahnbrechender sowjetischer Raumfahrtleistungen zutiefst schockierten amerikanischen Regierung.

Inmitten all dieser großen epischen Durchbrüche schien eine neue Form von Wasser zunächst nichts weiter als ein kleineres Beben. Erstmals beobachtet von Nikolai Fedyakin, einem Wissenschaftler an einem sowjetischen Provinzlabor fernab der großen Wissenschaftszentren, wurde dessen potenzielle Bedeutung erst realisiert, als Boris Deryagin vom Institut für physikalische Chemie in Moskau auf die Arbeit aufmerksam wurde. Deryagin wiederholte Fedyakins Arbeit prompt und – wen wundert's – beanspruchte fröhlich den Ruhm des Entdeckers für sich, doch immer noch gab es außerhalb der Sowjetunion wenig Interesse an dem Ganzen. Erst als Deryagin seine Ergebnisse 1966 auf einer Tagung in England vorstellte, wachte die internationale Gemeinschaft auf. Damit war der Wettlauf eingeläutet.

Die zunächst als »anomales Wasser« oder »dichtes Wasser« bezeichnete Substanz verfügte über bemerkenswerte Eigenschaften. Fedyakin und Deryagin stellten fest, dass normales Wasser, wenn man es kondensiert oder durch superenge ultrareine Quarz-Kapillaren laufen lässt, sich irgendwie umstrukturierte und seine chemischen Eigenschaften radikal veränderte. Anomales Wasser gefror nicht bei 0 Grad Celsius, sondern bei minus 40 Grad. Sein Siedepunkt änderte sich gar noch extremer – um mindestens 150 Grad, vielleicht mehr, möglicherweise gar auf 650 Grad Celsius. Es war viskoser als Wasser, kaum mehr eine Flüssigkeit, zähflüssiger und fettiger – manche Beschreibungen rückten seine Eigenschaften in die Nähe von Vaseline. Wenn man mit einer Klinge hineinschnitt, blieb der Schnitt sichtbar.

Zuerst machten sich englische, dann auch amerikanische Wissenschaftler daran, die Arbeiten der sowjetischen Kollegen nachzuvollziehen. Es war ein schwieriger Prozess, denn mit den für die Experimente nötigen Kapillaren konnten immer nur winzige Mengen dieses Wassers hergestellt werden: Einige Labors bekamen die Technik dazu überhaupt nicht auf die Reihe, andere preschten voran und stellten sogar größere Mengen an anomalem Wasser her. Den nächsten Durchbruch hatte ein Labor aus den Vereinigten Staaten zu bieten: Man hatte genügend anomales Wasser beisammen, um eine Infrarot-Spektralanalyse durchzuführen. Die Ergebnisse wurden im Juni 1969 in der renommierten Zeitschrift *Science* veröffentlicht, einen Monat, bevor Armstrong seinen Fuß auf den Mond setzte. Der Artikel brachte den Wetteifer betreffs der wissenschaftlichen Einordnung der Substanz auf Hochtouren. Er bestätigte nicht nur die von normalem Wasser radikal verschiedenen Eigenschaften der Substanz, sondern wartete auch mit einer Erklärung dafür auf: Die Ergebnisse ließen darauf schließen, hieß es darin, dass man es mit einer polymeren Version von Wasser zu tun habe. Die einzelnen H_2O-Moleküle ordneten sich zu großen molekularen Gitterstrukturen, die seine Konsistenz fester machten. Und so bekam »anomales Wasser« einen neuen Namen, den wir bis heute kennen: »Polywasser.«

Die Entdeckung von Polywasser werde »mit Sicherheit die Chemie revolutionieren«, schrieb *Popular Science* im Dezember 1969 und ließ sich lang und breit über einen möglichen

Einsatz in Kühlsystemen, als Schmiermittel für Motoren oder als Moderatorensubstanz in Kernreaktionen aus. Es erklärte damit auch viele Naturphänomene: Polywasser sei in Ton vorhanden, was dessen teigartige Formbarkeit erkläre, die erst mit hinreichend superhohen Temperaturen ende, welche das Polywasser aus dem Substrat drängten. Polywasser könne für alle möglichen Wetterphänomene verantwortlich sein, kleine Mengen davon wirkten in der Atmosphäre möglicherweise als Kondensationskeime für die Wolkenbildung. Und ganz sicher sei es im menschlichen Körper vorhanden.

Die Entdeckung werde wahrscheinlich einen ganz neuen Zweig der Chemie nach sich ziehen, berichteten andere Labors, man habe ja auch polymere Versionen anderer lebenswichtiger Chemikalien hergestellt: Polymethanol und Polyaceton. Oder, mehr auf der unheilverkündenden Seite, fürchtete man, es könne Eingang finden in die militärische Anwendung, ja, sogar selbst als Waffe dienen: Seine Struktur lasse vermuten, dass es in einem geringeren Energiezustand vorliege als Wasser, womit die Möglichkeit bestehe, dass Polywasser, wenn es mit normalem Wasser in Kontakt komme, womöglich eine Kettenreaktion auslösen könne, durch die normales Wasser seine Struktur ebenfalls umlagere und selbst zu Polywasser werde. Ein Tropfen Polywasser in ein strategisch bedeutsames Wasserreservoir oder einen Fluss eingebracht, so wurde theoretisiert, habe womöglich das Potenzial, die gesamte Wassermasse umzustrukturieren und das Ganze in Sirup zu verwandeln. Die Wasserreservoire ganzer Länder ließen sich auf diese Weise sabotieren.

Im Nachhall des *Science*-Artikels schritt die amerikanische Regierung zur Tat. CIA-Agenten befragten die an der Studie beteiligten Wissenschaftler, versuchten mit allen Mitteln dafür zu sorgen, dass alle bahnbrechenden neuen Erkenntnisse in amerikanischer Hand blieben. In zahllosen Medien von der *New York Times* bis hin zu winzigen Kleinstadtzeitungen wurde nervös über Polywasser berichtet: Fielen die Vereinigten Staaten womöglich hinter die Sowjetunion zurück? Die Polywasserforschung erhielt oberste Priorität, Mittel wurden bereitgestellt. Hunderte wissenschaftlicher Artikel dazu erschienen allein im Jahr 1970. »Gute Nachrichten«, hieß es 1969 im *Wall Street Journal* im Gefolge der großzügigen Mittelbewilligung zu Jahresbeginn erleichtert, »die Vereinigten Staaten haben allem Anschein nach die Polywasser-Lücke geschlossen, und das Pentagon finanziert Bestrebungen, der Polywasser-Technologie dieses Landes Vorsprung vor der Sowjetunion zu verschaffen«.

Sie haben es inzwischen vermutlich erraten, oder? Ich meine, wir haben in diesem Buch mittlerweile ein ganz schönes Stück zurückgelegt, es sollte daher ziemlich klar sein, dass die Polywasser-Geschichte nicht mit einem wissenschaftlichen Triumph enden wird, bei dem alle einander auf die Schulter klopfen und mit Nobelpreisen überschüttet werden. Aber es dauerte bis zum Beginn der 1970er-Jahre, bis nach Jahren der Forschung seitens der allerbesten Wissenschaftler in den besten Labors rund um die Welt die Wahrheit ans Licht kam:

Es gibt kein Polywasser. Es existiert einfach nicht.

Was Fedyakin und Deryagin wirklich gefunden hatten und wonach Wissenschaftler auf der ganzen Welt gesucht, was sie akribisch zu reproduzieren und auf jede nur denkbare Art zu untersuchen sich gemüht hatten, war eine Substanz, die man treffender als »Schmutzwasser« hätte bezeichnen können. All die mutmaßlich wundersamen Eigenschaften von Polywasser erwiesen sich als nichts weiter als Verunreinigungen, die sich in die vermeintlich sterilen Untersuchungsapparaturen eingeschlichen hatten.

Ein skeptischer amerikanischer Wissenschaftler namens Denis Rousseau bekam es fertig, die Spektralanalyse von Polywasser nahezu exakt mit ein paar Tropfen Schweiß zu reproduzieren, die er nach einem Handballmatch aus seinem T-Shirt gewrungen hatte. Das also ist die geheimnisvolle Substanz, die die Großmächte des Kalten Krieges so verzweifelt unter ihre Kontrolle zu bekommen bemüht waren. Schweiß. Seltsam.

Nicht, dass es nicht jede Menge skeptischer Stimmen gegeben hätte – zahlreiche Wissenschaftler waren der Ansicht, die Entdeckung klinge wenig plausibel. Einer verstieg sich sogar zu der Aussage, dass er, wenn Polywasser wirklich existiere, der Chemie auf der Stelle den Rücken kehren werde. Aber oft ist es schwer, etwas zu widerlegen, insbesondere dann, wenn einem die Angst im Nacken lauert, der Grund dafür, dass das eigene Polywasser nicht das tut, was Polywasser tun sollte, könne darin zu suchen sein, dass man es einfach nicht richtig synthetisiert hat. Die Schwierigkeiten, mehr als winzigste Mengen der Substanz zu gewinnen, kombiniert mit der fiebrigen Atmosphäre der Forschung während des Kalten Krieges, begünstigten das Phänomen, dass Wissenschaftler auf sämtlichen Kontinenten schlichtweg sahen, was sie dem Vernehmen nach zu sehen hatten, und vage oder widersprechende Ergebnisse dramatisch überinterpretierten oder übersahen. Die ganze Sache war Wissenschaft auf der Basis von Wunschdenken.

Noch nachdem die ersten Artikel erschienen waren, die die Existenz von Polywasser widerlegten (ebenfalls in den 1970er-Jahren und auch in *Science*), dauerte es Jahre, bis endlich jeder zugab, dass das Ganze ein Flop gewesen sei. Ellison Taylor, einer der Skeptiker, der an der endgültigen Zurückweisung der Forschung zu Polywasser beteiligt gewesen war, schrieb

1971 in einer Ausgabe der Hauszeitschrift des Oak Ridge
National Laboratory: »[Wir] wussten von Anfang an, dass sie
unrecht hatten, und ich nehme an, eine Menge Leute, die sich
nie geäußert haben, wusste es auch, aber keiner der Haupt-
protagonisten hat je so etwas wie Zugeben signalisiert.« In
der Juniausgabe 1973 von *Popular Science* gab es sogar einen
Artikel mit dem Titel: »Wie Sie Ihr eigenes Polywasser her-
stellen können.« (Untertitel: »Manche Experten behaupten,
diese seltene Substanz gebe es nicht. Aber hier finden Sie eine
Anleitung, die Ihnen sagt, wie Sie genug davon für Ihre eigenen Experimente zusammenbekommen.«)

Das ist bei Weitem nicht das einzige Mal, dass etwas Der-
artiges vorgekommen ist. Natürlich wimmelten die frühen
Jahrhunderte der Naturwissenschaft (noch vor den Tagen, da
der Begriff Naturwissenschaft überhaupt geprägt wurde) von
populären Theorien, die sich als völlig falsch erwiesen – im
18. Jahrhundert war es das Phlogiston, jene geheimnisvolle
Substanz, die sich im Inneren aller brennbaren Gegenstände
befinden und im Brandfalle freigesetzt werden sollte, im
19. Jahrhundert der Lichtäther, eine unsichtbare Substanz,
die das gesamte Universum erfüllen und Licht transportieren sollte. Aber beide zeichneten sich dadurch aus, dass sie
wenigstens einen Versuch darstellten, etwas zu erklären, was
sich mit der Wissenschaft ihrer Zeit nicht erklären ließ. Was
mehr oder weniger die Art und Weise ist, wie Wissenschaft
vorgehen sollte.

Der Grund dafür, dass die Naturwissenschaft eine einigermaßen saubere Weste in Bezug auf grobe Fehlschläge auf-
weist, ist der, dass sie von der vernünftigen, selbstkritischen
Annahme ausgeht, dass die meisten unserer Mutmaßungen
über das Wirken der Welt falsch sind. Die Naturwissenschaft
versucht, sich in die grundsätzlich richtige Richtung vorzutas-

ten, aber sie tut das vermittels eines langsamen Prozesses des
nach und nach immer ein bisschen weniger Falschliegens. Die
Methode, nach der das funktioniert, ist folgende: Sie haben
eine Idee, die erklärt, wie die Welt funktionieren könnte, und
um zu sehen, ob die Chance besteht, dass Sie damit richtigliegen, versuchen Sie mit allen Mitteln zu beweisen, dass Sie
falschliegen. Wenn Sie das nicht zeigen können, versuchen Sie
es ein weiteres Mal, oder Sie versuchen, es auf andere Weise zu
zeigen. Nach einer Weile beschließen Sie, der Welt zu sagen,
dass Sie nicht haben zeigen können, dass Sie falschgelegen
haben, und von dem Augenblick an versuchen alle anderen
auch zu zeigen, dass Sie unrecht haben. Wenn keiner zeigen
kann, dass Sie danebenliegen, fangen die Leute an zu vermuten, dass Sie möglicherweise richtigliegen könnten – oder
zumindest weniger daneben als die Alternativen.

Natürlich funktioniert das *in Wirklichkeit* nicht so. Wissenschaftler sind nicht weniger anfällig als jeder andere Mensch
für die blinde Annahme, dass ihre Art, die Welt zu sehen,
schlicht richtig ist, mithin alle Hinweise auf das Gegenteil zu
ignorieren sind. Deshalb hat man in der Wissenschaft gewisse
Strukturen installiert – Bewertung durch Kollegen, Wieder-
holung von Experimenten durch andere und Ähnliches –,
damit versucht werden kann, eben das zu verhindern. Aber das
Ganze ist alles andere als narrensicher, weil Gruppendenken
und Trittbrettfahrerei, politischer Druck und weltanschauli-
che Scheuklappen auch in der Wissenschaft vorkommen.

Genau das ist der Grund dafür, dass ein Haufen Wissenschaftler an verschiedenen Einrichtungen dahin kommen
kann, dass sich alle von derselben imaginären Substanz einreden, es gäbe sie. Das Märchen vom Polywasser ist kein Einzelfall: Sechzig Jahre davor stand die Wissenschaft im Bann
einer völlig neuen Art von Strahlung. Diese bemerkenswerten

neuen Strahlen (die sich am Ende als komplette Einbildung erweisen sollten) erhielten den Namen N-Strahlen.

Die N-Strahlen wurden in Frankreich entdeckt, benannt wurden sie nach der Stadt Nancy, wo der Wissenschaftler arbeitete, der sie zuerst sah – René Blondlot, ein preisgekrönter Forscher, der weithin einen Ruf als exzellenter, gewissenhafter Experimentalphysiker genoss. Das war 1903, weniger als ein Jahrzehnt nachdem die Entdeckung der Röntgenstrahlen hohe Wellen geschlagen hatte. Die Menschen waren daher darauf vorbereitet, es hier und da und überall mit neuen Formen von Strahlung zu tun zu bekommen. Damit nicht genug, kam genau wie beim Polywasser eine nicht eben geringe zwischenstaatliche Rivalität ins Spiel – die Röntgenstrahlung war in Deutschland entdeckt worden, daher war es den Franzosen ein massives Bedürfnis nachzuziehen.

Prosper-René Blondlot (1849–1930)

Blondlot entdeckte die Strahlung zufällig – tatsächlich bei Untersuchungen zu den Eigenschaften von Röntgenstrahlen. Zu seiner Versuchsanordnung gehörte eine kleine Gasflamme, die durch die Emission von Röntgenstrahlung heller werden sollte, aufmerksam geworden war er auf das Phänomen, als er die Flamme zu einem Zeitpunkt aufflackern sah, an dem keine Röntgenstrahlung emittiert wurde. Er ging dem nach, sammelte weitere Hinweise und verkündete der Welt seine Entdeckung im Jahr 1903 im Rahmen eines Artikels im Publikationsorgan der französischen Akademie der Wissenschaften, den *Comptes rendus de l'Académie des Sciences*. Recht bald darauf verfiel ein großer Teil der wissenschaftlichen Welt in einen wahren N-Strahlen-Taumel.

Im Verlauf der nächsten paar Jahre sollten von mehr als 120 Wissenschaftlern über 300 Artikel über die bemerkenswerten Eigenschaften der N-Strahlen veröffentlicht werden (Blondlot selbst verfasste 26 davon). Die Eigenschaften, die die N-Strahlen an den Tag legten, waren … faszinierend. Sie wurden von bestimmten Arten von Flammen, einem erhitzten Eisenblech und der Sonne emittiert. Auch Lebewesen brachten N-Strahlen hervor, stellte Blondlots Kollege Augustin Charpentier fest: Frösche, Kaninchen, die Bizepsmuskeln und das menschliche Gehirn. N-Strahlen konnten Holz und Metall durchdringen, wurden von einem Kupferdraht geleitet, von Wasser und Salz jedoch abgeschirmt. Sie ließen sich in Ziegelsteinen lagern.

Leider war bei der Produktion und Beobachtung von N-Strahlen nicht jedem Erfolg beschieden. Viele andere renommierte Wissenschaftler hatten Probleme, dieser Strahlung ins Dasein zu helfen, auch wenn Blondlot seine Methodik nur zu bereitwillig teilte. Möglicherweise lag das daran, dass sie schwer nachzuweisen war: An diesem Punkt war Blondlot von der Gasflamme als Nachweis dazu übergegangen, einen phosphoreszierenden Schirm zu verwenden, dessen Helligkeit sich in Reaktion auf die Strahlung schwach veränderte. Das Problem war, dass diese Veränderung am besten in einem komplett abgedunkelten Raum sichtbar wurde, und auch nur, wenn die Experimentatoren ihre Augen etwa eine halbe Stunde an die Dunkelheit gewöhnt hatten. Oh, und das Ganze war am besten zu erkennen, wenn Sie nicht direkt, sondern aus dem Augenwinkel auf den Phosphoreszenzschirm schauten.

Denn natürlich ist es völlig unmöglich, dass Ihnen, wenn Sie eine halbe Stunde in einem dunklen Raum sitzen und aus dem Augenwinkel ein sehr schwaches Glimmen betrachten, Ihre Augen einen Streich spielen.

Die N-Strahlen-Skeptiker, von denen es viele gab, konnten nicht umhin, ein einigermaßen auffälliges Merkmal an der N-Strahlen-Begeisterung zu registrieren: Fast alle Wissenschaftler, die diese Strahlen hatten hervorbringen können, waren Franzosen. In England und Irland gab es ein paar Ausnahmen, aber in Deutschland und den Vereinigten Staaten hatte niemand diese Strahlung sehen können. Das begann nicht nur, eine gewisse Skepsis zu nähren, sondern führte zu einigen Irritationen: Während die französische Akademie Blondlot für seine Arbeit mit einem der höchsten Preise Frankreichs ehrte, wurde ein führender deutscher Strahlungsforscher, Heinrich Rubens, vor den Kaiser beordert und gezwungen, zwei Wochen damit zu vergeuden, Blondlots Arbeiten zu reproduzieren, bevor er beschämt aufgab.

All das veranlasste den amerikanischen Physiker Robert Wood, Blondlots Labor in Nancy einen Besuch abzustatten, als er einer Tagung wegen ohnehin in Europa weilte. Blondlot war erfreut, Wood begrüßen und ihm seine jüngsten Erfolge vorführen zu dürfen. Wood aber hatte anderes im Sinn. Eine der seltsamsten Eigenschaften der mysteriösen Strahlen war, dass sie, so wie Licht von einem Glasprisma, von einem Aluminiumprisma gebrochen wurden, worauf sich auf dem Phosphoreszenzschirm ein Spektrum sehen ließ. Blondlot demonstrierte Wood dies voller Eifer und beschrieb die Spektrallinien in allen Einzelheiten. Wood bat ihn, das Experiment zu wiederholen, und Blondlot willigte gerne ein, worauf Wood eine ordnungsgemäße wissenschaftliche Kontrolle durchführte – oder anders ausgedrückt, sich einen ziemlich lustigen Spaß mit Blondlot erlaubte.

Ohne dass Blondlot es merkte, langte er in der Dunkelheit nach dem Prisma und steckte es ein. Nicht ahnend, dass seiner Versuchsanordnung nunmehr die Hauptkomponente fehlte, las Blondlot wiederum die Wellenlängen eines Spektrums ab, nur dass dieses gar nicht mehr hätte vorhanden sein sollen.

Wood fasste im Herbst 1904 seine Erkenntnisse in einem höflichen, aber unbarmherzigen Schreiben an *Nature* zusammen wie folgt: »Nachdem ich drei Stunden oder länger damit zugebracht habe, verschiedene Experimente zu bezeugen, sehe ich mich nicht nur außerstande, eine einzige Beobachtung vermelden zu können, die auf die Existenz dieser Strahlung hindeuten würde, sondern kann mich des sehr starken Eindrucks nicht erwehren, dass die wenigen Experimentatoren, die positive Ergebnisse erzielt haben, in der einen oder anderen Weise einer Illusion aufgesessen sind.« Danach erlosch das Interesse an N-Strahlen schlagartig, auch wenn Blondlot und ein paar andere Getreue weiterackerten, wild entschlossen zu zeigen, dass sie nicht die ganze Zeit über einer Täuschung aufgesessen waren.

Die Polywasser- und die N-Strahlen-Story sind mahnende Beispiele dafür, dass selbst Wissenschaftler nicht davor gefeit sind, einigen der Voreingenommenheiten zum Opfer zu fallen, die uns allen zu schaffen machen, aber sie sind auch Beispiele dafür, dass die Naturwissenschaften ... nun ja, funktionieren. Mag auch der Hype um beide rückblickend betrachtet für eine erkleckliche Zahl hochqualifizierter Profis mehr als nur ein bisschen blamabel gewesen sein, so dauerte doch keine der beiden Affären länger als ein paar Jahre, bevor Skepsis und die Forderung nach soliden Beweisen die Oberhand gewannen. Weiter so.

Nun mögen sich diese Beispiele relativ harmlos ausnehmen, aber es gibt eine Menge Gelegenheiten, bei denen schlampige Wissenschaft weit mehr angerichtet hat, als ein paar Leute mit angeschlagenem Ruf zu hinterlassen. Da wäre zum Beispiel das Erbe von Francis Galton.

Francis Galton war zweifellos ein Genie und Universalgelehrter, aber auch ein gruseliger Spinner mit furchtbaren Ideen, die grauenvolle Folgen hatten. Er, der Halbcousin von Charles Darwin, hat viele Wissenschaftsgebiete mit bahnbrechenden Erkenntnissen bereichert: Er war ein Vorreiter der Statistik als Wissenschaft, erdachte unter anderem das Konzept der Korrelation, und seine Meriten auf so unterschiedlichen Gebieten wie Meteorologie und Gerichtsmedizin sind für uns in Gestalt von Wetterkarten und Fingerabdrücken zur Identifizierung von Personen noch heute von Belang.

Er war besessen davon, Dinge zu messen und so gut wie alles, was ihm über den Weg lief, nach wissenschaftlichen Prinzipien zu ordnen – zu seinen in *Nature* veröffentlichten Artikeln gehört unter anderem eine Berechnung der Gesamtzahl an Pinselstrichen für ein Gemälde (als ihm das lange Sitzen für ein Porträt zu langweilig geworden war) und ein weiterer aus dem Jahr 1906 mit dem Titel: »Wie man einen runden Kuchen nach wissenschaftlichen Grundsätzen aufschneidet.«

(Kurz: keine keilförmigen Stücke schneiden, sondern den Kuchen erst halbieren, dann vierteln etc., dann können Sie den Kuchen wieder zusammenschieben, sodass er nicht austrocknet.)

Aber diese Obsession ging weiter als die Beschäftigung mit zutiefst britischen Fünfuhrtee-Tricks. In einer seiner anrüchigeren Betrachtungen tourte Galton durch die Groß- und Kleinstädte Großbritanniens und versuchte, eine Karte zu erstellen, die zeigen sollte, wo die Frauen am schönsten waren. Er ließ sich irgendwo nieder und registrierte mithilfe eines in seiner Jackentasche verborgenen Zählgeräts – einem mit einer Nadel versehenen Fingerhut, mit dem er Löcher in ein kreuzförmiges Stück Papier stach – seine Meinung über die sexuelle Attraktivität der vorübergehenden Frauen. Das Endprodukt war eine seinen Wetterkarten ähnliche »Beauty Map« des Landes, aus der hervorging, dass die Frauen in London die attraktivsten und die von Aberdeen die unattraktivsten seien. Wenigstens nach Ansicht eines perversen Statistikers, der mit einer Nadel in der Jackentasche klammheimlich den Sexappeal fremder Frauen registriert, was möglicherweise nicht der objektivste Maßstab ist.

Dieselbe Kombination von Eigenschaften – der zwanghafte Drang, menschliche Merkmale quantitativ einzuordnen, gepaart mit einem kompletten Mangel an Achtung vor der individuellen menschlichen Persönlichkeit der jeweils Vermessenen – verleitete Galton zu seinem übelsten Beitrag zur Welt der Naturwissenschaften: seinem Eintreten für die »Eugenik«, ja, er hat diesen Begriff tatsächlich sogar geprägt. Er glaubte fest daran, dass Genie durch und durch erblich ist und dass der Erfolg eines Menschen allein dessen angeborener Natur zu verdanken ist und weder dem Glück noch den Umständen. So war er der Ansicht, man müsse Ehen zwischen Menschen, die als zur Züchtung geeignet galten, fördern (womöglich auch mittels finanzieller Anreize), um das Erbgut der menschlichen Rasse zu optimieren, wohingegen man Menschen, die unerwünschte Eigenschaften besaßen – die geistig Schwachen zum Beispiel oder die Armen –, mit Nachdruck davon abbringen solle, sich fortzupflanzen.

Zu Beginn des 20. Jahrhunderts erfuhr die Eugenik-Bewegung weltweite Verbreitung, Galton (der inzwischen am Ende seines Lebens stand) galt als ihr Held. Einunddreißig Bundesstaaten der USA erließen Gesetze zur Zwangssterilisation – als in den 1960er-Jahren endlich das letzte davon kassiert wurde, waren 60 000 Menschen in psychiatrischen Einrichtungen der Vereinigten Staaten zwangssterilisiert worden, die meisten darunter Frauen. Ähnlich viele wurden bei Schwedens Versuchen zur Förderung der »ethnischen Hygiene« zwangssterilisiert, dort wurde das Gesetz erst 1976 aufgehoben. Und dann natürlich das nationalsozialistische Deutschland … Nun, Sie kennen die Historie. Galton wäre ohne Zweifel hell entsetzt gewesen, hätte er lange genug gelebt, um zu sehen, was im Namen der von ihm geschaffenen »Wissenschaft« verbrochen wurde, aber das macht seine ursprünglichen Intentionen nicht weniger falsch.

Oder da wäre Trofim Lyssenko, jener sowjetische Agrarwissenschaftler, dessen abgrundtief miserable Ideen zu zwei Hungersnöten beigetragen haben – sowohl in der UdSSR als auch (wie in Kapitel 3 beschrieben) in China. Im Unterschied zu Galton kann Lyssenko keinerlei wissenschaftlichen Fortschritt als Gegengewicht aufweisen, der seinem fatalen Erbe etwas Legitimes entgegensetzen würde. Er lag einfach grottenmäßig daneben.

Lyssenko stammte aus einer armen Familie, stieg aber dank einiger früher Erfolge bei der Saatgutbehandlung zur Verschiebung des Aussaatzeitpunkts von Wintersaatgut rasch die Karriereleiter der sowjetischen Agronomie empor und wurde schließlich zu einem Günstling Stalins, der ihm genügend Macht verlieh, seine Ideen dem übrigen Sowjetimperium aufzudrängen.

Diese Ideen waren nicht richtig – sie waren nicht einmal näherungsweise richtig –, aber sie hatten den Vorteil, dass sie den ideologischen Positionen von Lyssenkos kommunistischen Herren entgegenkamen. Ungeachtet der Tatsache, dass die Genetik 1930 bereits eine relativ gut etablierte Disziplin war, ignorierte Lyssenko ihre Erkenntnisse völlig, ja, er leugnete sogar die Existenz von Genen mit der Begründung, sie begünstigten eine verwerflich individualistische Weltsicht. Die Genetik lehrte, dass das Verhalten von Organismen festgeschrieben und unveränderlich sei, wohingegen er, Lyssenko, glaubte, dass eine Veränderung der Umwelt den Organismus verbessern und dieser die Verbesserungen an seine Nachkommen weitergeben könne. In der richtigen Umgebung könne eine Art von Nutzpflanzen sogar zu einer anderen werden. Die Saatreihen sollten enger aneinander ausgebracht werden, belehrte er die Bauern, denn Pflanzen derselben »Klasse« werden nie miteinander um Ressourcen konkurrieren.

Nichts von alledem war wahr, und damit nicht genug, war es sehr offensichtlich nicht wahr, wie sich an der Tatsache ablesen ließ, dass Versuche, es in die Praxis umzusetzen, mit einem Haufen toter Pflanzen endeten. Das hinderte Lyssenko nicht daran, seine politische Macht zu missbrauchen, um jedwede Kritik zu unterbinden – auch um den Preis, dass Tausende sowjetischer Biologen gefeuert, eingesperrt oder sogar umgebracht wurden, wenn sie sich weigerten, Lyssenkos Lehre zuliebe der Genetik den Rücken zu kehren. Erst als Chruschtschow 1964 aus dem Amt schied, schafften es andere Wissenschaftler endlich, die Partei davon zu überzeugen, dass Lyssenko ein Scharlatan war, und er wurde still und leise fallen gelassen. Seine Hinterlassenschaft bestand in Millionen Toten und darin, die Biologie in der Sowjetunion um Jahrzehnte zurückgeworfen zu haben.

Aber sosehr auch Lyssenkos Irrlehren dem Kommunismus geschuldet sein mögen, der nächste Fall gedieh einzig und allein auf dem Boden des Kapitalismus – die Geschichte eines Mannes, der es geschafft hat, nicht nur einen, sondern zwei der verheerendsten Fehler in der Geschichte der Wissenschaften zu begehen – all das innerhalb eines einzigen Jahrzehnts.

Bleischwere Entscheidungen

Im Jahr 1944 starb der geniale Ingenieur, Chemiker und Erfinder Thomas Midgley jr., ein Mann, dessen Erkenntnisse die Welt in bemerkenswerter Weise mitgeformt haben, im Alter von 55 Jahren zu Hause in seinem Bett.

Zu Hause im eigenen Bett zu sterben klingt nach einer recht friedvollen Angelegenheit, denken Sie jetzt vielleicht. Nicht in diesem Fall. Der aufgrund einer wenige Jahre zurückliegenden Polio-Infektion von der Hüfte abwärts gelähmte Midgley verabscheute die unwürdige Situation, ins Bett und aus dem Bett bugsiert werden zu müssen. Er hatte sein Erfindertalent nutzbringend eingesetzt und ein ausgefuchstes System von ineinandergreifenden Seilzügen kreiert, damit er allein zurechtkam. Alles lief supergut bis zu dem Tag im November, als irgendwas ein bisschen danebenging und er, von den Seilen seines Apparats erdrosselt, sein Leben aushauchte.

Die Umstände seines Todes sind allein schon von finsterer Ironie, aber sie sind nicht der Grund dafür, dass Thomas Midgley es in dieses Buch geschafft hat. Er ist hier, weil sein durch die eigene Erfindung verursachter Tod im eigenen Bett noch nicht mal zu den zwei größten Fehlern seines Lebens zu zählen ist.

Ja, welche Maßstäbe man auch anlegt, er muss in so ziemlich jeder Hinsicht als eine der katastrophalsten Figuren gelten, die je gelebt haben.

Thomas Midgley jr. (1889–1944)

Midgley war ein stiller, kluger Mann und verbrachte den größten Teil seines Lebens in Columbus, Ohio. Er entstammte einer Familie aus Erfindern, verfügte über eine Grundausbildung als Chemiker, legte aber in einer ganzen Reihe von Disziplinen ein bemerkenswertes Geschick zum Lösen von Problemen an den Tag: Nach einer systematischen Analyse des anstehenden Themas folgte er in der Regel seinem Instinkt und begann, das Problem in großer Beharrlichkeit mit wahllosen Zufallslösungen zu bombardieren, bis eine davon hängen blieb.

Anfang des 20. Jahrhunderts arbeitete er an dem lästigen »Klopfen« von Automobilmotoren – dem ewig störenden Phänomen, dass die frühen Motoren unter erhöhter Belastung häufig zu stottern und zu knallen begannen. Das verleidete den frühen Autobesitzern nicht nur ein wenig ihre Gefährte, sondern verringerte auch den Wirkungsgrad des Treibstoffs, eine berechtigte Sorge in einer Zeit, da die ersten Befürchtungen laut wurden, die Ölvorräte der Welt möchten womöglich früher oder später zur Neige gehen.

Midgley und sein Chef Charles Kettering vermuteten, dass das Klopfen darauf zurückzuführen sein könnte, dass der verwendete Treibstoff ungleichmäßig verbrannte, und nicht etwa auf einen fundamentalen Fehler im Design der damaligen Motoren. Also machten sie sich daran, einen Zusatzstoff zu suchen, der diesen Effekt verhindern konnte. Ursprünglich verfielen sie aus Gründen, die erstaunlich wenig Sinn ergeben, auf »die Farbe Rot«. Midgley zog los, um roten Farbstoff zu besorgen, aber das Labor hatte keinen. Man sagte ihm jedoch, dass Jod auch irgendwie rötlich sei und sich gut in Öl löse, also dachte er sich: »Ach, zum Kuckuck, was soll's«, kippte eine Portion Jod in ein bisschen Benzin und das Ganze dann in einen Motor.

Es funktionierte.

Es war komplettes Dummenglück, aber hier hatten sie den Beleg dafür, dass sie auf der richtigen Fährte waren. Jod selbst war keine praktikable Lösung: Es war zu teuer und zu schwierig in den von ihnen benötigten Mengen herzustellen. Aber es reichte, um sie zu ermutigen, mit ihrer Arbeit fortzufahren. Im Laufe der nächsten Jahre probierten sie – je nachdem, welchem Unternehmensbericht Sie Glauben schenken – zwischen 144 und 33 000 verschiedene Verbindungen. Wenn das nach einer etwas ungenauen Angabe klingt, nun, es gibt einen Grund dafür, warum die Unternehmen, die ihre Arbeit finanzierten, sich eher zurückhaltend über den Fortschritt der Forschungen äußerten.

Dieser Grund ist der, dass die Substanz, auf die die beiden sich letztlich versteiften, Blei war (genauer, eine flüssige Verbindung namens Tetraethylblei, kurz TEL, nach der englischen Bezeichnung *tetraethyl lead*). Und Blei ist ein tödliches Gift. Neben vielen anderen Dingen verursacht es Bluthochdruck, Nierenerkrankungen sowie Fehlbildungen und Hirnschäden beim Ungeborenen. Es trifft vor allem Kinder.

Midgleys Fall wird häufig als Beispiel für »unbeabsichtigte Folgen« aufgeführt, was … schlicht nicht stimmt. Absolut nicht. Zugegeben, »ganze Generationen von Menschen rings um den Globus vergiften« war nicht sein eigentliches Ziel. Aber ebenso kann niemand, der an der Produktion und Vermarktung von bleihaltigem Benzin beteiligt war, die Karte: »Oh nein, was für eine schreckliche und unvorhersehbare Überraschung« spielen.

Die giftigen Eigenschaften von Blei waren keine Neuentdeckung – sie waren wirklich seit Jahrtausenden bekannt. Bevor die erste Zapfsäule Anfang 1923 den ersten Antiklopftreibstoff zu spenden begann, mahnten Mediziner allüberall, was für eine durch und durch miserable Idee das sei. William Clark vom amerikanischen Gesundheitsdienst (US Public Health Service) schrieb in einem Brief, dass die Verwendung von Tetraethylblei eine »ernsthafte Gefahr für die öffentliche Gesundheit« darstelle, und prophezeite – völlig korrekt –, dass es sehr wahrscheinlich sei, dass »entlang vielbefahrener Straßen im Erdreich Bleioxidstaub verbleiben werde«.

In einer in ihrer Genauigkeit noch erschütternderen Vorhersage aus dem Jahr 1924 prognostiziert ein führender Toxikologe, dass »die Entwickung einer Bleivergiftung so heimtückisch schleichend verläuft, dass die bleihaltigen Treibstoffe nahezu flächendeckend im Einsatz sein werden ... wenn Regierung und Allgemeinheit die Situation endlich bewusst werden wird«.

Und das eigentliche Ding ist, dass Blei ja nicht die einzig mögliche Lösung war. In den Jahren seit seinem Jod-Durchbruch hatte Midgleys Team *tonnenweise* wirksame Antiklopfmittel gefunden. Eins davon war in seiner Einfachheit besonders bestechend: Äthanol. Selbst ein prima Brennstoff, ist dieser Schnaps zum Trinken in Reinform nicht nur gut zum Sterilisieren von körperlichen und zum zeitweiligen Lindern emotionaler Wunden, sondern funktioniert auch bestens als Antiklopfmittel – und hat darüber hinaus den Vorzug, unglaublich leicht und billig in der Massenherstellung zu sein.

Ja, viele Jahre hindurch hatten Midgley und sein Team Alkohol tatsächlich als perfekte Lösung für das Klopfproblem von Automotoren befürwortet. Was also ließ sie diese Option zugunsten einer Substanz aufgeben, von der jedermann wusste, dass sie höllisch giftig war? Sie werden schockiert sein zu erfahren, dass der Grund Geld war.

Das Problem war, dass Alkohol einfach *zu* leicht und *zu* billig herzustellen war. Und ganz entscheidend, er war nicht patentierbar. Charles Ketterings Unternehmen Delco war 1918 von dem Riesen General Motors gekauft worden, und auf seinem Forschungsteam lastete der Druck zu zeigen, dass es auch richtig Geld machen konnte und nicht nur an irgendwelchen Luftschlössern herumbastelte. Äthanol – eine Substanz, die so leicht herzustellen war, dass Leute sie daheim selbst gewinnen konnten, und daher als geschütztes Produkt nicht infrage kam – war für diesen Zweck nutzlos. Also setzten sie auf Blei.

Für den Fall, dass Sie jetzt denken, Thomas Midgley sei nur ein harmloser Erfinder gewesen, dessen Arbeit von ein paar gemeinen Plutokraten missbraucht worden sei: Nix da. Genau genommen war er derjenige, der den Einsatz von Blei vorschlug und massiv befürwortete. Er erledigte auch die Marktmathematik, kam zu dem Schluss, man könne für bleihaltigen Treibstoff drei Cent pro Gallone mehr nehmen, und prophezeite, man könne mit einer aggressiven Werbekampagne im Nu 20 Prozent des Benzinmarkts abgreifen. Wie bei vielen anderen Dingen lag er auch damit falsch, unterschätzte er doch die Wirkung seiner Arbeit aufs Entschiedenste: In nur etwas mehr als einem Jahrzehnt hatte Tetraethylblei – unter dem Markennamen Ethyl, listigerweise ohne das Blei – 80 Prozent des US-Markts erobert.

Die ganze Zeit über beharrten General Motors und Midgley darauf, dass das Zeug sicher sei – ungeachtet zahlreicher »warnender Anzeichen«, wie man sie nennen könnte. Riesige blinkende Neonwarnzeichen. Zum Beispiel die Tatsache, dass Midgley selbst im Februar 1923, als Ethyl erstmals verkauft wurde, aufgrund seines schlechten Gesundheitszustands – verursacht durch Bleidämpfe – den ganzen Monat der Arbeit fernbleiben musste. Oder der Umstand, dass in den Fabriken, die den Treibstoff herstellten, immer wieder Arbeiter starben. Im Bayway-Werk in New Jersey starben fünf Arbeiter an einer Bleivergiftung, 35 mussten im Krankenhaus behandelt werden, etliche darunter in den Wahnsinn getrieben durch die neurotoxische Wirkung von Blei – »der Patient wurde massiv psychotisch, schrie, sprang aus dem Bett, zertrümmerte Möbel und agierte wie im Delirium tremens«, hieß es in einem Bericht. Im Werk New Jersey Deepwater starben sechs Arbeiter, dort waren Halluzinationen so häufig, dass die Arbeiter es in »House of Butterflies« umbenannten. Die Todesfälle schafften es auf die Titelseite der *New York Times*. In Anbetracht dieser Krise in ihrer Öffentlichkeitsarbeit, wurde der Verkauf von Ethyl ausgesetzt, und der Generalinspekteur des amerikanischen Gesundheitswesens trommelte hastig ein Gremium zusammen, das die Sicherheit untersuchen sollte.

Und dann schafften es die Unternehmen hinter der Ethyl Gasoline Corporation – General Motors, Standard Oil und der Chemiegigant DuPont – mit einem überaus bemerkenswerten unternehmerischen Judo-Wurf, der als treffliches Beispiel gelten kann für das ganze Spektrum an Skrupellosigkeiten von Industrieunternehmen im weiteren Verlauf des 20. Jahrhunderts –, die PR-Krise in einen PR-Sieg umzumünzen.

Das Ganze lief nach dem klassischen Trick ab, die Verantwortlichen die komplett falsche Frage beantworten zu lassen. Die Sorge der Allgemeinheit betreffs der Todesfälle konzentrierte sich dermaßen auf das Herstellungsstadium, dass der Untersuchungsausschuss des Gesundheitsministeriums sein Urteil am Ende allein darauf beschränkte. Eingelullt von den Versprechen der Unternehmen, man würde in den Werken zusätzliche Sicherheitsmaßnahmen einführen – TEL, so Midgley in seiner Zeugenaussage, sei »weniger eine gefährliche Substanz als vielmehr eine heimtückische« –, beschloss der Ausschuss, die Herstellung nicht zu verbieten. Die viel umfassendere Frage zu den Auswirkungen auf die Abgasdämpfe einatmende Öffentlichkeit wurde nie gestellt: Sie blieb in guter alter Tradition ein Thema für die künftige Forschung. Aber die Entscheidung des untersuchenden Gremiums wurde Öffentlichkeit und Politikern so verkauft, als habe bleihaltiges Benzin gesundheitsmäßig eine komplett weiße Weste.

Für den Fall, dass Sie sich fragen, worin nun die »künftige

Forschung« bestand: Die kommenden vierzig Jahre wurde diese von den Unternehmen, die bleihaltiges Benzin herstellten, entweder finanziert oder aber selbst durchgeführt. Schockierende Meldung: Diese Forschung ergab keine eindeutigen Ergebnisse! Was den Herstellern von TEL mehr als genügte, um das Argument zu vertreten, die Frage sei noch immer nicht entschieden, und es doch sehr, sehr schade und falsch wäre, den Verkauf dieses hübschen Brennstoffs einzustellen, der so viele Träume hat wahr werden lassen.

Denn sobald in Bezug auf verbleites Benzin Entwarnung gegeben war, gab es nach oben keine Grenze mehr. Es hinderte nicht nur Automotoren am Klopfen, sondern ermöglichte die Entwicklung einer ganzen neuen Generation von leistungsstärkeren Motoren, die auf dem Automobil-Sektor praktische, aber plumpe alte Klapperkisten in schnelle, schnittig-elegante Objekte der Begierde verwandelte. Eine aggressive Werbekampagne spielte mit der Furcht, ein langsames Schrottauto fahren zu müssen, wenn man kein verbleites Benzin wolle, konkurrierende Produkte anderer Hersteller, darunter auch solche, die Äthanol verwendeten – dieselbe Substanz, die Midgley und seine Leute jahrelang propagiert hatten –, wurden als minderwertig verlacht. Als in anderen Ländern anlässlich der Einführung von verbleitem Benzin Gesundheitsbefürchtungen laut wurden, half die Tatsache, dass die Amerikaner befunden hatten: Oh, alles bestens!, sehr, den Leuten diese Sorgen zu nehmen. Der Generalinspekteur des amerikanischen Gesundheitswesens Hugh Cumming tauschte sich persönlich mit seinen Kollegen in anderen Ländern aus, um ihnen zu versichern, wie extrem sicher TEL sei.

Beflügelt von unselig schlechter Forschung, dem raffgierigen Verlangen, viel Geld zu verdienen, und der Tatsache, dass leistungsstarke Autos cool sind und einen weit reisen lassen, wurde verbleites Benzin rasch auf der ganzen Welt Standard. Dank der Fortschritte im Ölgewinnungsgewerbe sollten sich die Befürchtungen, die die Arbeit an Antiklopfmitteln überhaupt erst in Gang gesetzt hatten, nie bewahrheiten, womit der Nutzen des Bleis in erster Linie darin bestand, immer neuen und kraftvolleren Motoren den Weg zu ebnen. Das Zeitalter des Automobils war angebrochen, und rund um den Erdball begannen immer mehr Menschen, bleihaltige Luft zu atmen.

Der Haken an Blei ist, dass es sich nicht abbaut. Während manche Toxine im Laufe der Zeit an Gefährlichkeit verlieren, nimmt die von Blei zu, weil es sich anreichert: in der Luft, im Boden und in den Geweben von Pflanzen, Tieren und Menschen. Ein Bericht der Königlichen Umweltschutzkommission Großbritanniens – UK Royal Commission on Environmental Pollution – kam zu dem Schluss, es sei »zu bezweifeln, dass irgendein Teil der Erdoberfläche oder irgendeine Lebensform nicht von anthropogenem Blei kontaminiert ist«. Besonders Kinder sind gefährdet, denn sie absorbieren die fünffache Menge an Blei wie Erwachsene. Allein in den Vereinigten Staaten hatten in den Jahren zwischen 1920 und 1970 Schätzungen zufolge 70 Millionen Kinder toxische Mengen Blei im Blut.

Die Auswirkungen von Blei sind beträchtlich. Die Weltgesundheitsorganisation schätzt, dass jährlich Hunderttausende an bleibedingten Erkrankungen – Herzerkrankungen unter anderem – sterben. Neben physischen Auswirkungen auf die Gesundheit beeinträchtigt Blei auch die neurologische Entwicklung von Kindern – es lässt den IQ-Level sinken und ist für schätzungsweise 12 Prozent aller Fälle von eingeschränkter Intelligenzentwicklung verantwortlich.

Daneben verursacht es Verhaltensauffälligkeiten, unter anderem asoziales Verhalten, Ursache für einige der albtraumhafteren potenziellen Folgen der Arbeit von Thomas Midgley jr.: Es ist momentan nur eine unzulänglich bewiesene Hypothese, das sollte unbedingt gesagt sein, aber eine ganze Reihe Wissenschaftler hat darauf hingewiesen, dass der ungeheure weltweite Anstieg der Kriminalität in der Nachkriegsära ziemlich genau mit der wachsenden Bleivergiftung korreliert.

Das Kriminalitätsniveau, aus dem sich so viele unserer gegenwärtigen kulturellen Mutmaßungen speisen – die wildgewordenen Jugendlichen, die »kriminalitätsverseuchten Innenstädte« und das ganze Neunzigergerede von »Spitzenprädatoren« –, ist in Wirklichkeit eine historische Anomalie, ein kurzes globales Phänomen, das schwer zu erklären und (hoffentlich) dabei ist, Vergangenheit zu werden. Aber unabhängig von den herrschenden sozialen Bedingungen und politischen Verhältnissen war ein paar Jahrzehnte nach der Einführung von bleihaltigem Benzin in einem Land nach dem anderen ein massiver Anstieg der Kriminalität zu beobachten – mit anderen Worten, als die ersten Kinder, die dem bleihaltigen Benzin in signifikanten Mengen ausgesetzt waren, in die Pubertät kamen und anfingen, zu jungen Erwachsenen zu werden. Und die Korrelation gilt auch für die umgekehrte Richtung: In den letzten Jahrzehnten erleben wir in einem Großteil der Welt eine beständige Abnahme von Gewaltverbrechen, unabhängig davon, welche Sozialpolitik in den einzelnen Ländern verfolgt wird. Aber diese Abnahme der Kriminalität ereignete sich erst ungefähr zwei Jahrzehnte nachdem das jeweilige Land Blei aus seinen Treibstoffen verbannt hat – rascher dort, wo TEL früher vom Markt war, und rascher dort, wo die Verwendung schlagartig ein Ende hatte und man sie nicht allmählich ausschleichen ließ.

Um es zu wiederholen: Korrelation ist definitiv nicht gleichzusetzen mit Ursache, und es handelt sich hier um nichts weiter als um wohlinformierte Spekulation. Da die ethischen Hürden unüberwindbar sind, vor denen Sie stünden, wollten Sie einem Haufen Kinder ein bisschen Blei spritzen und dann abwarten, wie viele Verbrechen sie zwanzig Jahre später begehen, wird es möglicherweise nie einen Beweis dafür in die eine oder andere Richtung geben. Aber zusätzlich zu den wohl Millionen Toten und der Tatsache, dass wir jeden Winkel des Planeten kontaminiert haben, dazu dem Wissen, dass mehrere Generationen Kinder einen Giftstoff im Blut hatten, der ihre Intelligenz beeinträchtigt hat (das sind nebenbei bemerkt die Generationen, die IN DEN VERGANGENEN VIERZIG JAHREN FÜR DIE WELT VERANTWORTLICH WAREN), nimmt sich die Möglichkeit, dass wir eine weltweite Verbrechenswelle losgetreten haben, die Jahrzehnte anhielt und unsere Sicht auf die Gesellschaft komplett verändert hat, nur weil Thomas Midgley drei Cent pro Gallone mehr verdienen wollte ... nun, wie ein sehr, sehr langer schlechter Witz aus.

Midgley selbst blieb nicht untätig, nachdem er der Welt das bleihaltige Benzin geschenkt hatte. Er, der ewige Tüftler, tummelte sich bald auf ganz anderen Forschungsgebieten – sein zweiter katastrophaler Fehler stand ja noch aus.

Im Unterschied zu der jahrelangen Suche nach einem besseren Treibstoff kam dieses Unterfangen flott voran. Einem der Unternehmensmythen zufolge kostete es Midgley nur drei Tage von der ersten Auseinandersetzung mit dem Problem bis zu dessen Lösung. Und im Unterschied zu der Blei-Story handelt es sich diesmal tatsächlich um einen Fall von unvorhergesehenen Konsequenzen: Es gab keine düsteren Warnungen, die in den Wind geschlagen, und keine Risiken, die beschönigt werden mussten. Das Ganze war schlicht und ergreifend ein Produkt der durch nichts gestützten Annahme, dass schon alles gut gehen werde.

Dieses Mal bestand das Problem, mit dem Midgley sich konfrontiert sah, darin, Dinge zu kühlen. Das war 1928, kurz nach dem Anbruch des Zeitalters der Kühltechnik (davor hatte das Geschäft des Natureishandels Hochkonjunktur: In den kalten Teilen der Welt wurden irre Mengen Eis gesägt und verschifft, damit die Leute in den wärmeren Breiten ihr Zeug kalt halten konnten). Das Problem war, dass sämtliche Substanzen, die damals zum Kühlen verwendet wurden, (a) sehr teuer, und (b) äußerst gefährlich waren. Sie neigten dazu, Feuer zu fangen oder die Menschen in großer Zahl zu vergiften, sobald es irgendwo zu einem Leck kam – so geschehen ein Jahr, nachdem Midgley mit seiner Arbeit angefangen hatte: Das Austreten von Methylchlorid-Dämpfen aus der lecken Kühlanlage eines Krankenhauses in Cleveland kostete mehr als 100 Menschen das Leben.

Es verwundert wohl niemanden, dass dieses Ereignis der Verbreitung der Kühltechnologie einen ziemlichen Dämpfer versetzte.

Das Ziel war schlicht und einfach, eine billige, nicht entflammbare, ungiftige Substanz aufzutun, die dasselbe vermochte wie die zu jener Zeit gebräuchlichen Kältemittel. General Motors hatte unlängst eine Kühltechnikfirma erstanden, die man unbenannte in Frigidaire, und man wusste sehr gut, dass man einen Haufen Geld verdienen würde, wenn man das Problem gelöst bekäme.

Midgleys Ansatz war dieses Mal weniger zufallsbestimmt als beim letzten Mal (schließlich verfügte er inzwischen über ein Jahrzehnt an chemischer Erfahrung). Er nahm sich die chemischen Eigenschaften der bekannten Kältemittel vor und stieß rasch auf Fluor als passenden Kandidaten, idealerweise in einer Verbindung mit Kohlenstoff, um seine toxischen Eigenschaften zu neutralisieren. Und er schlug ziemlich aus dem

Stand gleich in die richtige Kerbe, denn eine der ersten Verbindungen, die seine Arbeitsgruppe testete, war Dichlordifluormethan, besser bekannt unter dem Namen, den man ihm seinerzeit gab: Freon.

Bei einer Tagung der Chemischen Gesellschaft von Amerika demonstrierte Midgley die Sicherheit seiner Entdeckung unter großem Beifall – inhalierte effektvoll eine Lunge voll davon und nutzte es, um eine Kerze auszublasen. Ungiftig, nicht entflammbar und ein exzellentes Kältemittel. Perfekt. Genau genommen hatte er nicht nur eine neue Verbindung entdeckt, sondern eine ganze neue Klasse, deren Vertreter allesamt ganz ähnliche Eigenschaften aufwiesen. Sie wurde bekannt unter dem Namen Fluorchlorkohlenwasserstoffe, oder, um die gebräuchliche Abkürzung zu verwenden: FCKW.

Leider hatte in den 1930er-Jahren niemand auch nur den leisesten Schimmer davon, was es mit der »Ozonschicht« der Stratosphäre auf sich hatte, oder davon, dass diese dünne Schicht aus Sauerstoffmolekülen so ungemein wichtig ist für den Schutz der Erdoberfläche vor den schädlichen UV-Strahlen der Sonne. Ganz sicher wusste damals niemand, dass FCKWs, auf Höhe des Meeresspiegels völlig harmlos, in der oberen Atmosphäre ziemlich gefährlich werden, weil besagte ultraviolette Strahlung sie in ihre Bestandteile zerfallen lässt und eines dieser Bestandteile, das Chlor, das Ozon zerstört und die Erde ihres Schutzschildes beraubt.

Um der Fairness Genüge zu tun, ahnte auch niemand, dass die Verwendung von FCKWs dermaleinst weit über den Einsatz als Kältemittel hinausgehen würde. Die Leute kamen sehr schnell dahinter, dass diese neuen aufregenden und extrem sicheren Chemikalien sich auf alle möglichen anderen Arten verwenden ließen – ganz besonders als Treibmittel in Aerosol-Sprays. Als dunkeldüsteres Stückchen Humor der Weltgeschichte kann der Umstand gelten, dass FCKWs in großem Maßstab zum Ausbringen von Insektiziden verwendet wurden, unter anderem eines weiteren klassischen Beispiels von chemischem Großmurks, dem Geburtsfehler verursachenden Albtraum namens DDT.

Nach dem Krieg hob die Aerosol-Industrie richtig ab, Aerosole waren überall, in Deos ebenso wie in Sprühlacken. Und sie hoben auch in anderer, eher wörtlicher Weise ab – die gigantischen Mengen, die wir freisetzten, stiegen auf in die Stratosphäre und fingen an, die Ozonschicht zu zersetzen.

Die gute Nachricht hierbei ist, dass die Menschheit dieses Mal das Problem erkannte, bevor es Unmengen Tote gab. Yeah! Ein Punkt für die Menschen! Anfang der 1970er-Jahre (gerade als die ersten Schritte unternommen wurden, die Verwendung von bleihaltigem Benzin allmählich zu beenden) wurde das stetig wachsende Loch in der Ozonschicht entdeckt und auch dessen Verbindung zu den FCKWs. Zusammen mit beidem kam auch die Warnung: Wenn der Abbau der Ozonschicht fortschreite wie gehabt, würden Menschen einer immer massiver werdenden Belastung durch UV-Strahlen ausgesetzt, und binnen weniger Jahrzehnte werde die Zahl der Erblindungen und Krebserkrankungen explosionsartig zunehmen.

Und so machte sich die Welt von den 1970er-Jahren bis weit in die 1990er-Jahre hinein daran, Thomas Midgleys Hinterlassenschaft abzuwickeln, waren doch beide seiner großen Erfindungen in den meisten Ländern der Welt inzwischen verboten oder ihre Verwendung wurde eingestellt. Wir haben noch immer Riesenmengen an Blei in unserer Umwelt – es baut sich nicht einfach ab oder zerfällt, es entfernen zu wollen, käme einem Albtraum gleich. Aber die gute Nachricht ist, dass Kinder zumindest an den meisten Orten nicht mehr solche Mengen einatmen müssen und dass der Bleigehalt im Blut bei vielen Kindern inzwischen unterhalb toxischer Werte liegt. Hurra. Die Ozonschicht hat, nun, da FCKWs flächendeckend verboten wurden, angefangen, sich langsam zu regenerieren: Wenn alles gut geht, sollte sie in den 2050er-Jahren wieder das Niveau der Vor-Midgley-Ära erreicht haben. Aaahh, weiter so, Jungs!

Midgley hat seinen Ruf mittlerweile weg: Er war eine »Ein-Mann-Umwelt-Katastrophe«, wie der *New Scientist* sich ausdrückte. Ein Mann, der, um es mit den Worten des Historikers J. R. McNeill (aus dessen Buch *Blue Planet*) zu sagen, »die Atmosphäre mehr als jeder andere Einzelorganismus in der Weltgeschichte beeinflusst« hat.

Aber es ist auch wahr, dass er die moderne Welt mitgeformt hat, in mancher Hinsicht so, wie es niemand erwartet hätte. Antiklopf Benzin sorgte dafür, dass Autos in vielen Teilen der Welt zum Fortbewegungsmittel Nummer eins wurden und auch dafür, dass sie vom Mittel zum Zweck zu einem Statussymbol mutierten, das zu einem machtvollen Sinnbild des Individualismus und der eigenen Identität wurde. FCKWs verhalfen nicht nur dem häuslichen Kühlschrank ins Dasein, sondern auch Klimaanlagen, ohne die so manche große Weltstadt schlicht nicht in ihrer gegenwärtigen Gestalt existieren würde. Seine beiden Erfindungen taten sich sogar zusammen: Immer leistungsstärkere Autos mit eingebauten Klimaanlagen machten das regelmäßige Zurücklegen großer Entfernungen nicht nur zu einem realistischen, sondern gar zu einem vergnüglichen Vorhaben. Weite Gebiete des amerikanischen Westens und ein großer Teil des Nahen Ostens – um nur zwei Beispiele zu nennen – sähen ohne Thomas Midgleys Kreationen deutlich anders aus.

Andere Sphären unserer Kultur wurden indirekt durch ihn

beeinflusst – so gehörten beispielsweise Kinos in Amerika zu den ersten Unternehmen, die für ihre Räumlichkeiten Klimaanlagen anschafften. Sie machten während der Weltwirtschaftskrise so den Film als Freizeitvergnügen populär, was wiederum dem Goldenen Zeitalter des Films zu ungeheurem kulturellen Einfluss verhalf und den Film womöglich zur prägenden Unterhaltungsform des 20. Jahrhunderts machte. Was wir im Grunde damit sagen wollen, ist, dass Thomas Midgley Los Angeles erfunden hat: eine Stadt der Autos und Klimaanlagen, Hauptsitz des Filmgeschäfts.

Wenn Sie daher das nächste Mal im Kino sitzen und einen dümmlichen Hollywoodstreifen über einen Polizisten anschauen, der sich angesichts einer Verbrechenswelle nicht ans Gesetz hält, dann denken Sie daran, dass sich so ziemlich alles an Ihrer Augenblickserfahrung auf die Tatsache zurückführen lässt, dass Thomas Midgley glaubte, die von ihm erfundenen Chemikalien seien harmlos und brächten ihm drei Cent pro Gallone ein.

Sechs Wissenschaftler, die an ihrer eigenen Wissenschaft zugrunde gingen

Jesse William Lazear

Der amerikanische Mediziner Jesse William Lazear lieferte den schlagenden Beweis dafür, dass Gelbfieber von Stechmücken übertragen wird, indem er sich von einem Insekt stechen ließ, das den Erreger in sich trug. Er starb und bewies damit die Richtigkeit seiner Theorie.

Franz Reichelt

Österreichischer Damenschneider mit französischer Staatsbürgerschaft, testete 1912 voller Zuversicht den von ihm erfundenen, ausgeklügelten Fallschirmanzug, indem er damit höchstpersönlich vom Eiffelturm sprang (laut Polizeivorgaben hätte er für den Versuch eine Puppe benutzen sollen). Er sprang in den Tod.

Daniel Alcides Carrión Garcia

Der peruanische Medizinstudent war entschlossen, die Carrión-Krankheit (auch Oroya-Fieber) zu untersuchen. Natürlich hieß sie damals nicht Carrión-Krankheit. Den Namen erhielt sie erst, nachdem er sich Blut aus den Warzen (diese sind eine Spätfolge der Infektion) eines Erkrankten injiziert hatte und daran starb.

Edwin Katskee

Ein Arzt, der 1936 zu wissen begehrte, warum Kokain – damals als Narkosemittel verwendet – negative Nebenwirkungen hat. Er spritzte sich eine Riesenladung davon, verbrachte die Nacht damit, zusehends unleserlicher werdende Notizen auf die Wände seines Büros zu kritzeln, und starb schließlich.

Carl Wilhelm Scheele

Ein schwedisches Chemikergenie, das viele Elemente entdeckte – unter anderem Sauerstoff, Barium und Chlor –, aber die Angewohnheit hatte, all seine Neuentdeckungen auf der Zunge zu testen. Er erkrankte 1786 und starb kurz darauf an den Folgen seiner Experimente mit Blei, Flusssäure und Arsenverbindungen.

Clement Vallandigham

Ein Rechtsanwalt, der als Vorreiter der Gerichtsmedizin gelten kann. Bei der Verteidigung eines des Mordes angeklagten Mannes demonstrierte er eindrücklich, dass das mutmaßliche Opfer sich versehentlich selbst hätte erschießen können … indem er sich versehentlich selbst erschoss. Er starb, aber sein Klient wurde freigesprochen.

10

Eine kurze Geschichte unserer mangelnden Voraussicht

Seien wir ehrlich: Die moderne Welt ist ein verwirrender Ort. Wir leben in einer Zeit, da die technischen und gesellschaftlichen Entwicklungen sich mit schwindelerregender Geschwindigkeit Bahn brechen. Unsere Art zu leben erfährt mitunter innerhalb einer Generation, eines Jahrzehnts, ja, manchmal binnen weniger als einem Jahr dramatische Veränderungen. Alles scheint unablässig neu: Und doch ist es gleichzeitig schwer, sich des Gefühls zu erwehren, dass wir lediglich unsere Fehler der Vergangenheit in immer schnellerer Abfolge wiederholen. Irgendwie sehen wir es nie kommen.

Wie wir bereits ganz zu Anfang im ersten Kapitel festgestellt haben, ist unsere Fähigkeit, die Zukunft einigermaßen verlässlich vorauszusagen und zu planen, nie sehr gut ausgeprägt gewesen, aber die zunehmende Geschwindigkeit der Veränderungen um uns herum, die sich in den vergangenen paar Jahrhunderten ereignet haben, ist dem Ganzen nicht eben zuträglich gewesen. Wenn wir andauernd von blinkenden neuen Dingen umgeben sind, geraten jene Heuristiken, mit deren Hilfe wir unsere Urteile bilden, komplett aus dem Gleichgewicht. Wenn wir mit immer mehr Informationen bombardiert werden, verwundert es nicht, wenn es irgendwann zu viel zum Verarbeiten wird und wir zurückfallen in alte Muster und uns die Schnipsel herauspicken, die unsere Voreingenommenheiten unterstützen. Wie kann irgendwer von uns von sich behaupten, noch nie dem Dunning-Kruger-Effekt zum Opfer gefallen zu sein, wenn wir ständig neue Dinge lernen müssen?

Und so leben wir in einem Zeitalter endlos vieler »Erster Male«, von denen wir die meisten nicht haben kommen sehen oder bei denen wir die Mahnungen derer, die das doch taten, geflissentlich ignoriert haben. Und leider sind nicht alle diese ersten Male etwas Gutes. Fragen Sie mal Mary Ward.

Mary Ward war in vielerlei Hinsicht eine Pionierin. Sie wurde 1827 in der irischen Grafschaft Offaly in eine Adelsfamilie hineingeboren – aber nicht in irgendeine Familie: Sie war von klein auf von Wissenschaftlern umgeben – manche waren mit ihr verwandt, andere kamen zu Besuch. Sie hatte das Glück, dass diese nicht nur ihr Interesse an der Wissenschaft schürten, sondern auch fähig genug waren, es zu fördern. Als ihre Eltern sahen, wie sie als kleines Mädchen ihr Interesse an der Natur entwickelte, kauften sie ihr ein Mikroskop, das beste, das seinerzeit im ganzen Land zu haben war. Es war ein geniales Geschenk, denn es zeigte sich, dass Mary über ein seltenes Talent verfügte, zeichnerisch zu Papier zu bringen, was sie unter dem Mikroskop sah. (Als Teenager skizzierte sie auch den Bau des »Leviathan of Parsonstown«, eines riesigen Spiegelteleskops mit einer Brennweite von 16 Metern, das ihr Cousin William Parsons, der ehemalige Präsident der Royal Society, gebaut hatte und das bis 1917 den Rekord als größtes Spiegelteleskop der Welt hielt.)

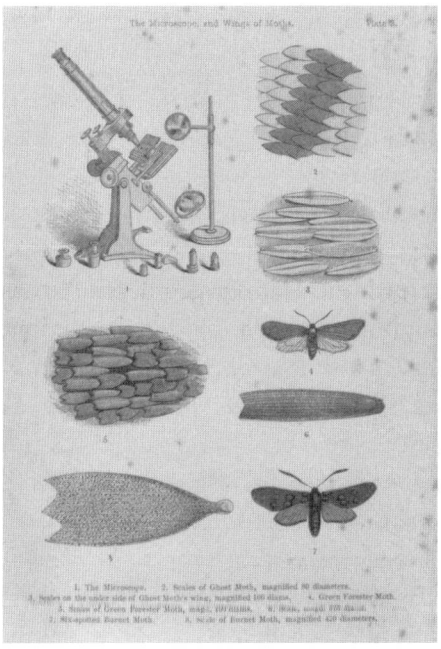

Titelblatt aus *The World of Wonders as Revealed by the Microscope*
von Mary Ward, 1859.

Als sie erwachsen wurde, unterhielt Mary eine rege Korrespondenz mit vielen Wissenschaftlern, und ihr Zeichentalent verschaffte ihr Illustrationsaufträge für etliche Bücher. Im Jahr 1857 schließlich beschloss sie, enttäuscht von der Qualität der verfügbaren Mikroskopie-Bücher, ein Werk mit eigenen Zeichnungen zu veröffentlichen. Aus der (nicht unbegründeten) Sorge heraus, kein Verleger würde sich daran wagen, weil sie eine Frau war, ließ sie 250 Exemplare im Eigenverlag drucken. Sie verkauften sich im Handumdrehen, und das Buch erregte die Aufmerksamkeit eines Verlegers, der der Ansicht huldigte, dass in Anbetracht der Schönheit ihrer Zeichnungen und der Qualität ihrer Texte in diesem besonderen Falle die

Frage ihres Geschlechts doch vielleicht übergangen werden könnte. Unter dem Titel *The World of Wonders as Revealed by the Microscope* (zu Deutsch etwa: »Die Welt der Wunder, wie das Mikroskop sie offenbart«) wurde es dann doch noch eine kleine Sensation – binnen eines Jahrzehnts wurde es achtmal nachgedruckt und damit zu einem der ersten Bücher jener Kategorie, die wir heute als »populärwissenschaftliche Bücher« oder Sachbücher bezeichnen.

Damit war ihre Karriere als Sachbuchautorin jedoch nicht zu Ende – sie schrieb zwei weitere Bücher, darunter ein Pendant zu ihrem Mikroskop-Buch über das Teleskop, beide wurden auf der Londoner Weltausstellung von 1862 gezeigt, und sie illustrierte zahlreiche weitere wissenschaftliche Arbeiten großer Wissenschaftler, veröffentlichte Artikel in verschiedenen Zeitschriften (unter anderem eine angesehene Studie über Kreuzkröten), und sie war eine von nur drei Frauen, die es auf die Korrespondenzliste der Royal Astronomical Society schafften, eine der beiden anderen war Königin Victoria. Ein akademischer Grad blieb ihr allerdings versagt, weil sie eine Frau war.

Nur … dass all das hier nur Vorrede ist, denn mag auch Mary Ward eine begabte Frau gewesen sein und ein bemerkenswertes Leben geführt haben, so ist dies doch nicht der Grund, warum an dieser Stelle an sie erinnert werden soll. Sollte es vielleicht. Ist es aber nicht, und das liegt an dem, was am 31. August 1869 in Parsonstown (heute Birr) geschah. An jenem Tag waren die damals 42 Jahre alte Mary und ihr Ehemann Captain Henry Ward mit einem dampfgetriebenen Automobil unterwegs. Das Gefährt war selbst gebaut – natürlich, sie war ja immer umgeben von Wissenschaftlern und Technikern –, und zwar von ihrem Cousin William Parsons.

Ein solches Ding zu fahren war seinerzeit eine völlig neue Erfahrung, Vorzeichen kommender Zeiten. Der Dampfwagen war ein Jahrhundert zuvor in Frankreich erfunden worden, aber es sollte noch Jahre dauern, bis es etwas gab, das wir heute als Auto erkennen würden. Die paar Gefährte, die in der Welt umherzockelten – schwerfällige, plumpe Vehikel, von denen man weithin fürchtete, sie würden die Straßen beschädigen –, hatten für genügend Aufsehen gesorgt, dass sich Großbritannien 1865 veranlasst sah, ein Gesetz zu verabschieden, das ihren Gebrauch regelte, aber sie waren noch immer seltene, experimentelle Neuheiten. Von den vielen Milliarden Menschen, die je auf diesem Planeten gelebt hatten, gehörte Mary Ward zum ersten Bruchteil eines Bruchteils eines Bruchteils von einem Prozent derer, die in einem Auto herumfuhren.

Augenzeugen berichten, dass das Fahrzeug, als es die Promenade von Parsonstown mit einer Geschwindigkeit von etwas mehr als fünf Stundenkilometern entlangjuckelte, an der Kirche scharf in die Cumberland Street (heute Emmet Street) einbog. Vielleicht war es einfach Pech. Vielleicht war die Straße uneben, nicht für mehr als Pferd und Wagen konzipiert. Vielleicht hatten die Insassen auch keine Vorstellung davon, dass man »zu scharf abbiegen« konnte, weil Autos und Kutschen sich sehr unterschiedlich lenken lassen und die Gefahren nicht dieselben sind. Vielleicht fand Mary die Erfahrung einfach aufregend und hatte sich, fasziniert angesichts der Möglichkeiten für die Zukunft, ein bisschen zu weit hinausgelehnt, um zu schauen, wie die Straße unter ihr dahinzog.

Was auch immer der Grund war: Als das Fahrzeug um die Ecke bog, legte es sich ein bisschen zu weit in die Kurve, Mary wurde aus dem Wagen geschleudert und geriet unter die Räder. Sie brach sich das Genick und starb auf der Stelle.

Mary Ward war der erste Mensch der Weltgeschichte, der bei einem Autounfall tödlich verunglückte.

Sie war in vieler Hinsicht eine Pionierin gewesen, aber man kann sich nicht immer aussuchen, für was man als Pionier berühmt wird. Heutzutage sterben jährlich schätzungsweise 1,3 Millionen Menschen bei Autounfällen. Die Zukunft naht unablässig unangenehm viel schneller, als wir erwarten, und wir mühen uns ständig, sie vorherzusehen.

Im Jahr 1825 sagte beispielsweise der *Quarterly Review* vorher, dass Züge keine Zukunft hätten. »Was kann noch absurder sein als die Aussicht auf Lokomotiven, die doppelt so schnell fahren wie Kutschen?«, fragte er.

Ein paar Jahre später – 1830 – nahm William Huskisson, Mitglied des britischen Parlaments und einstiger Minister, an der Streckeneröffnung der Liverpool and Manchester Railway teil. Zusammen mit dem Herzog von Wellington und ein paar anderen Würdenträgern fuhr er in einem Zugkonvoi von Liverpool nach Manchester. Als sein Zug unterwegs anhielt, um Wasser für die Dampfmaschine nachzufüllen, wurde den Reisenden aufgetragen, die Wagen nicht zu verlassen, natürlich taten sie es trotzdem. Huskisson entschied, es sei angeraten, zum Herzog, dessen Wagen hinter dem seinen lief, zu gehen und ihm die Hand zu reichen, denn die beiden hatten jüngst ein Zerwürfnis gehabt. Aus diesem Grunde stand er auf den Schienen, als George Stephensons berühmte Dampflok The Rocket auf dem Parallelgleis nahte. Alle Passagiere beeilten sich, dem nahenden Zug aus dem Weg zu gehen, aber Huskisson, der mit der neuartigen Situation überfordert war, geriet in Panik und wusste vor Schreck nicht, wohin. Am Ende versuchte er, statt zusammen mit den anderen Passagieren in einiger Entfernung von den Schienen zu warten, in des Herzogs Zug zu klettern, aber die Tür, an die er sich verzweifelt klammerte, hielt nicht stand, öffnete sich und beförderte ihn genau der nahenden Rocket in den Weg. Und so war William Huskisson einer der ersten Menschen der Weltgeschichte, die bei einem Eisenbahnunfall das Leben ließen.

Im Jahr 1871 äußerte Alfred Nobel über das von ihm erfundene Dynamit die Hoffnung, dass seine Rüstungsfabriken womöglich eher als der Kongress ein Ende aller Kriege herbeiführen würden, weil von dem Tag an, da zwei Armeen einander binnen einer Sekunde gegenseitig auslöschen könnten, alle zivilisierten Nationen entsetzt davor zurückschrecken und ihre Truppen auflösen würden.

1873 brachen die Aktienmärkte auf der ganzen Welt ein, als eine Spekulationsblase platzte. Die anschließende weltweite Depression dauerte Jahre.

Wenige Jahre nach Nobel schrieb Richard Gatling, der Erfinder des »Gatling Gun« – des weltweit ersten schnellfeuernden Repetiergeschützes –, an einen Freund, er hoffe, seine Erfindung werde eine neue, humanere Ära der Kriegsführung einleiten. Er führte aus, wie er dazu gekommen sei, an einem solchen Projekt zu arbeiten, dadurch nämlich, dass er »nahezu täglich den Abmarsch von Truppen an die Front und die Rückkehr der Verwundeten, Kranken und Toten miterlebte ... Mir kam der Gedanke, dass, wenn ich eine Maschine erfinden könnte – ein Geschütz –, das durch die Schnelligkeit seines Feuerns einen Mann in die Lage versetzt, so viel Gefechtsleistung zu erbringen wie hundert, dies die Notwendigkeit großer Heere beenden und damit die Bürde der Kampfhandlungen und Verletzungen drastisch verringern würde.«

Im Jahr 1877 lehnte Carl Orton, der Präsident von Western Union, Alexander Graham Bells Angebot, ihm die Rechte am Telefon zu verkaufen, mit den Worten ab: »Welchen Nutzen würde dieses Unternehmen von einem elektrischen Spielzeug haben?«

1888 war in Chicago eine Missionsgruppe der Methodisten in Geldnot und verfiel auf die Idee, eine »wandernde Sammelbüchse« zu verfassen, wie sie es nannten – sie versandten 1 500 Kopien eines Briefs, in denen sie die Empfänger baten, ihnen zehn Cent zukommen zu lassen und den Brief mit derselben Bitte an drei Freunde weiterzuschicken. Sie nahmen über 6 000 Dollar ein – auch wenn viele Leute sehr sauer waren, weil sie den Brief mehrfach erhalten hatten. Der Kettenbrief war geboren.

Der berühmte britische Naturwissenschaftler Lord Kelvin prophezeite 1897, dass das Radio »keine Zukunft« habe.

Im selben Jahr pries die *New York Times* Hiram Maxims Erfindung des vollautomatischen Maschinengewehrs als so furchteinflößend, dass sie Kriege verhindern werde, und nannte Maxims Gewehre »friedenstiftende und friedenerhaltende Schrecken«, die aufgrund ihrer »verheerenden Wirkung Nationen und Herrscher dazu veranlassen werden, mehr an die Folgen von Kriegen zu denken, bevor sie sich in Eroberungsplänen ergehen«.

Im Jahr 1902 erklärte ebenjener berühmte britische Naturwissenschaftler Lord Kelvin in einem Gespräch, transatlantische Flüge seien ein Ding der Unmöglichkeit und »kein Ballon und kein Flugzeug [werde] hierbei je erfolgreich sein«. Achtzehn Monate später starteten die Gebrüder Wright zu ihren ersten Flügen. Wie Orville Wright sich in einem Brief von 1917 erinnert: »Als mein Bruder und ich das erste Flugzeug, das Menschen befördern konnte, bauten und flogen, glaubten wir, dass wir der Welt eine Erfindung geschenkt hätten, die künftige Kriege praktisch unmöglich machen würde. Dass wir mit diesem Glauben nicht allein standen, zeigt die

Tatsache, dass die französische Friedensgesellschaft uns in Anerkennung unserer Erfindung Orden verlieh.«

Leutnant Thomas Selfridge war 1908 Passagier bei einem Vorführungsflug mit Orville Wright als Pilot. Bei der fünften Platzrunde um Fort Myer in Virginia ging der Propeller entzwei, und die Maschine stürzte ab, Orville überlebte, Selfridge starb. Er war der erste Mensch der Weltgeschichte, der bei einem Flugzeugunglück ums Leben kam.

Der Erfinder des Radios, Guglielmo Marconi, prognostizierte 1912: »Der Anbruch des Zeitalters der Drahtlosigkeit wird Kriege unmöglich machen, weil es sie lächerlich machen wird.« 1914 griff die Welt zu den Waffen.

Am 16. Oktober 1929 erklärte der berühmte Yale-Ökonom Irving Fisher, »die Aktienmärkte haben ein Niveau erreicht, das nach einem dauerhaft hohen Plateau aussieht«. Acht Tage darauf brachen die Aktienmärkte auf der ganzen Welt ein, als eine durch leichtsinnige Kreditvergabe befeuerte Spekulationsblase schließlich platzte. Die auf den Börsenkrach folgende Weltwirtschaftskrise dauerte Jahre, die Wähler vieler Demokratien wandten sich in zunehmendem Maße populistischen autoritären Politikern zu.

Albert Einstein erklärte 1932, es gebe »nicht den leisesten Hinweis darauf«, dass Kernenergie jemals verfügbar sein wird.

Der britische Premierminister Neville Chamberlain kehrte 1938 mit einem Abkommen nach Hause zurück, das er soeben mit Adolf Hitler geschlossen hatte, und versicherte seinen Bürgern, er glaube, dass dieses den Frieden garantiere, bevor er jedermann aufforderte, nach Hause zu gehen und sich einen schönen ruhigen Schlaf zu gönnen. Ein Jahr drauf zog die Welt in den Krieg.

Neville Chamberlain schwenkt das von Hitler und ihm selbst unterzeichnete
Münchner Abkommen vom September 1938

Robert Oppenheimer, der Mann, der die Arbeiten zum Bau
der Atombombe in Los Alamos leitete, schrieb 1945, wenn
diese Waffe es nicht vermöge, die Menschheit von der Notwendigkeit zu überzeugen, mit dem Kriegführen aufzuhören,
werde nichts, das aus einem Labor kommt, je dazu imstande
sein. Entgegen seiner Hoffnungen – und der von Nobel, Gatling, Maxim und Wright – haben wir noch immer Kriege,
wenn wir auch wenigstens bislang noch keinen Atomkrieg
hatten (zutreffend zum Zeitpunkt der Niederschrift), also
vielleicht doch ein Punktsieg für Oppenheimer.

Nukleare Testexplosion in Nevada

Im Jahr 1966 prophezeite der berühmte Architekt und Designer Richard Buckminster Fuller, dass bis zum Jahr 2000 »inmitten des allgemeinen Wohlstands die Politik einfach verhallen« werde.

Die russischen Kosmonauten Georgi Timofejewitsch Dobrowolski, Wladislaw Wolkow und Wiktor Pazajew waren 1971 die ersten Menschen, die im Weltraum ums Leben kamen, als es bei der Rückkehr von der Raumstation Saljut 1 in ihrer Raumkapsel Sojus 11 zu einem plötzlichen Druckabfall gekommen war.

Im Jahr 1977 prophezeite der Präsident der Digital Equipment Corporation, Ken Olsen, dass das Computergeschäft immer eine Nische darstellen werde, denn er sehe keinen Grund dafür, dass jemand einen Computer zu Hause haben wolle. 1978 schickte Gary Thuerk, Marketing-Manager der Digital Equipment Corporation, per Arpanet, einer der frühesten Formen des Internets, an 400 Personen eine ungebetene E-Mail, in der er die Produkte seiner Firma bewarb. Damit hatte er die erste Spam-Mail aller Zeiten auf die Menschheit losgelassen. (Und seiner Aussage nach hat sie funktioniert: DEC hat durch diese E-Mail-Kampagne Geräte im Wert von mehreren Millionen Dollar verkauft.)

Robert Williams, Angestellter eines Ford-Werks in Michigan, war 1979 der erste Mensch aller Zeiten, der durch einen Roboter getötet wurde.

Im Dezember 2007 schrieb der Wirtschaftskommentator Larry Kudlow im *National Review*: »Es ist keine Rezession im Anmarsch. Die Pessimisten haben sich geirrt. Es wird nicht dazu kommen … Der Bush-Boom grünt und blüht. Er beendet soeben sein sechstes Jahr in Folge und hat noch viele vor sich. Ja, es ist immer noch die größte Story, die nie erzählt wurde.« Im Dezember 2007 schlitterte die US-Ökonomie in die Rezession. (Da ich dies schreibe, arbeitet Larry Kudlow als Direktor des National Economic Council der Vereinigten Staaten.) 2008 brachen an den Börsen der ganzen Welt die Märkte ein – die durch viel zu billige Immobilienkredite gewachsene Spekulationsblase war geplatzt. Die weltweite Rezession dauerte Jahre, im Nachhall der Finanzkrise wandten sich die Wähler in vielen Demokratien zunehmend populistischen autoritären Politikern zu.

Im August 2016 starb ein zwölfjähriger Junge, mindestens 20 andere Angehörige eines Nomadenstamms von Rentierhirten wurden ins Krankenhaus eingeliefert – Grund dafür war eine Milzbrand-Infektion auf der sibirischen Jamal-Halbinsel.

Seit 75 Jahren hatte es in der Region keine Milzbrandepidemie mehr gegeben, der Ausbruch ereignete sich während einer sommerlichen Wärmeperiode, in der die Temperaturen 25 Grad Celsius über den normalerweise herrschenden lagen. Die Hitze ließ den dicken Permafrostboden auftauen, jahrzehntealtes Eis schmolz und gab die Kadaver von Rentieren frei, die beim letzten Milzbrandausbruch 1941 gestorben waren.

Eis kann Krankheitserreger Jahrzehnte, Jahrhunderte, vielleicht noch länger konservieren – lebend, aber im Ruhezustand. Die Kadaver schlummerten dort im ewig gefrorenen Eis seit den Tagen, da der russische Winter Hitlers Armee besiegt hatte, und warteten darauf, dass ihr eisiger Käfig tauen würde. Im Sommer 2016 (dem damals wärmsten Jahr seit Beginn der Wetteraufzeichnungen) war es schließlich so weit, die Wärme setzte die Milzbrand-Bakterien erneut frei, die mehr als 2000 Rentiere infizierten, bevor sie auf den Menschen übergingen.

Die Versuchung liegt nahe zu erklären, niemand habe ein derart abwegiges Szenario erahnen können, aber tatsächlich hatten fünf Jahre zuvor zwei Wissenschaftler prophezeit, dass genau so etwas geschehen werde, wenn es mit dem Klimawandel so weitergehe: dass der Permafrost sich allmählich zurückziehen werde und dabei der Welt lange nicht mehr da gewesene Krankheiten wiederbringen könne. Mit weiter steigenden Temperaturen wird dergleichen häufiger vorkommen und auf bizarre Weise das Rad der Geschichte zurückdrehen – in die Zeit vor dem emsig in seinem Labor werkelnden Thomas Midgley, dem Vögel im Park aussetzenden Eugene Schieffelin, dem von einem schottischen Weltreich träumenden William Paterson –, während uns die gesammelten Folgen der Industriellen Revolution einholen. Wir wissen nicht, wie viele Menschen der Klimawandel im kommenden Jahr-

312 EINE KURZE GESCHICHTE UNSERER MANGELNDEN VORAUSSICHT

hundert das Leben kosten wird, wir wissen nicht, in welcher Weise er unsere Gesellschaft verändern wird, aber wir wissen, dass mindestens eines seiner Opfer starb, weil eine der unbeabsichtigten Folgen unseres Handelns als Art darin bestanden hat, Zombie-Bakterien aus ihrem Grab zu wecken. Es wird höchstwahrscheinlich nicht das Letzte sein.

Am 7. Mai 2016 – etwas weniger als ein Jahrhundert, nachdem Mary Ward sich eines schicksalsträchtigen Sommermorgens zu einer Spritztour entschloss – fuhr ein Mann namens Joshua Brown nahe Williston, Florida, mit seinem Tesla Model S des Wegs, das Fahrzeug im Autopiloten-Modus. Eine spätere Untersuchung ergab, dass er in den 37 Minuten seiner Fahrt nur 25 Sekunden die Hände am Lenkrad gehabt hatte, die übrige Zeit verließ er sich darauf, dass die Software des Wagens diesen unter Kontrolle hatte. Als der LKW die Straße querte, hatten weder Brown noch die Software die Situation im Blick, und das Auto krachte mit dem Hänger zusammen.

Joshua Brown war damit der erste Mensch der Weltgeschichte, der bei einem Unfall mit einem selbst fahrenden Auto ums Leben kam.

Willkommen in der Zukunft.

Epilog

Vergeigte Zukunft

Im April 2018 wurde in Australien die Entscheidung verkündet, ein bereits stillgelegtes Kohlekraftwerk wieder in Betrieb zu nehmen. Es liegt wohl auf der Hand, dass dies eine ungewöhnliche Entscheidung war – zu einer Zeit, da die Welt sich allmählich von der klimaschädlichen Verfeuerung fossiler Brennstoffe zu verabschieden trachtet, scheint die Wiederinbetriebnahme eines kohleverbrennenden Kraftwerks ein seltsamer Schritt , noch ungewöhnlicher wurde sie allerdings durch das Hauptmotiv für die Wiederaufnahme des Betriebs. Es sollte kostengünstige Energie für ein Unternehmen liefern, das Kryptowährung schürft – Bitcoin-Mining.

Bitcoin ist gegenwärtig die bekannteste Kryptowährung, aber es existiert ein immer größer werdendes Biotop aus Systemen dieser Art, immer neue Unternehmen lassen immer neue vom Stapel und hoffen, beim Gestrampel um digitales Geld rasch viel Kohle zu machen. Diese Währungen sind nichts Greifbares wie beispielsweise Gold. Sie sind nicht mehr als kleine Fetzchen Computercode, basierend meist auf der sogenannten Blockchain-Technologie, dank der jede einzelne virtuelle Münze nicht nur ein Gegenstand mit einem symbolischen Wert ist, sondern auch ein Journal seiner eigenen Transaktionshistorie. Die Rechenleistung, die nötig ist, diese Währungseinheiten zu kreieren und die immer komplizierter werdenden Transaktionsprotokolle zu verarbeiten, ist beträchtlich – und verbraucht irre Mengen Elektrizität, sowohl um die immer größer werdenden Datenzentren im Dienste des Krypto-Minings zu unterhalten als auch um diese zu kühlen, damit sie nicht überhitzen.

Kryptowährungen verfügen über keinen inhärenten Wert und sind so angelegt, dass sie von Natur aus über keine zentrale Autorität verfügen, die ihren Fluss regulieren und kontrollieren könnte. Der einzig limitierende Faktor sind die Kosten für die Rechenleistung, die Sie brauchen, um sie zu kreieren und auszutauschen. Aber der unter einer gewissen Klientel verbreitete Glaube, dass dies die Währung der Zukunft ist, hat dazu geführt, dass manche Kryptowährungen an Wert durch die Decke gehen, da jedermann sich einig ist, dass sie irgendetwas wert sind – oder dass zum Allermindesten im nächsten Moment wenigstens ein anderer Trottel um die Ecke kommt, der glaubt, dass sie mehr wert sind, als man selbst denkt, bis das Ganze plötzlich ein Ende hat. Ihr Wert ist daher extrem unbeständig und komplett abhängig von der Stimmung des Marktes. Es ist die klassische Finanzhysterie, Blasen entstehen und platzen – wieder und wieder, während jeder versucht, nicht derjenige zu sein, der am Ende den Schwarzen Peter in der Hand hält, wenn der Tango rum ist.

Aber wie bei den meisten Hysterien sind ihre Auswirkungen in der realen Welt zu spüren. Nicht nur, dass Australien ein schmutziges Kraftwerk wieder in Betrieb nimmt: Im ländlichen Westen der Vereinigten Staaten ereignet sich, 170 Jahre nachdem der Ruf des Goldes erstmals Menschen in Strömen nach Westen gespült hat, durch die Aussicht auf Reichtum über Nacht eine neue Form von Goldrausch. Angelockt von billiger Energie, billigen Mieten und viel Platz zum Bauen investieren Kryptowährungsunternehmen Hunderte Millionen und schaffen in den ländlichen Kleinstädten von

Washington, Montana, Nevada und anderen Bundesstaaten riesige energiehungrige Krypto-Minen. Die Bewohner einer dieser Städte, in die es die Goldsucher des 21. Jahrhunderts gezogen hat, klagen, dass das rund um die Uhr tönende Brummen der Server sie nicht schlafen lässt, ihre Gesundheit beeinträchtigt und heimische Tiere vertreibt.

Ende 2018, so prophezeit eine Schätzung, wird das Bitcoin-Schürfen allein so viel Energie verschlingen wie ganz Österreich.

Dieses Buch hat sich mit den Fehlern und Missgriffen befasst, die wir in der Vergangenheit begangen haben. Aber was ist mit den Fehlern, die wir soeben begehen, und denen, die wir in den kommenden Jahren begehen werden? Wie werden die Fails der Zukunft aussehen?

Vorhersagen zu treffen, ist, wie wir bereits festgestellt haben, eine todsichere Art, sich selbst in den Augen künftiger Historiker zum Affen zu machen. Vielleicht werden die kommenden Jahrzehnte und Jahrhunderte Zeugen sein, wie die Menschheit einen Haufen völlig neuer, nie da gewesener Fehler begeht, vielleicht finden wir auch eine Möglichkeit, überhaupt keine Fehler mehr zu machen. Aber wenn Sie zu denen gehören, die gern Geld auf etwas setzen, wäre ein vernünftiger Tipp für Ihre Wette wohl, dass wir vermutlich weiter genau dieselben Fehler machen werden wie in der Vergangenheit.

Fangen wir also mit dem Naheliegenden an.

Von all dem Zeug, das wir locker-flockig in unsere Umwelt gekippt haben, weil wir uns dachten, och, wird schon gut gehen, ist es der Kohlenstoff (den wir seit Anbruch der Industriellen Revolution fröhlich verfeuern), der jedermann die Suppe versalzen wird.

Dass der vom Menschen verursachte Klimawandel in vollem Gange ist und eine potenzielle Bedrohung für viele Gemeinwesen auf der ganzen Welt darstellt, ist als wissenschaftliches Faktum inzwischen so gut gesichert, dass es ziemlich töricht scheint, die Beweise einmal mehr zu ignorieren. Wir sind weit über den Punkt hinaus, wo sich das Ganze als ein weiterer Fall von Polywasser oder N-Strahlen erweisen wird, über den in ein paar Jahren jeder peinlich berührt den Kopf schüttelt. Und dennoch gibt es allem Anschein nach noch immer jede Menge Leute, die genügend Gründe haben – finanzielle, politische, die reine sture Freude daran, ein querschießendes Rindvieh zu sein –, ihn zu leugnen, auf dass wir immer, wenn es danach aussieht, als könnten wir eventuell gewisse Fortschritte machen, was das Stadium des Anpackens betrifft, wieder in das Stadium der Debatte zurückgeworfen werden, »ob der Klimawandel real ist oder nicht«. Es ist ziemlich genau das Drehbuch, an das sich die Hersteller von bleihaltigem Benzin seinerzeit auch gehalten haben: Sie müssen keine Beweise gegen etwas vorbringen, Sie müssen lediglich lange genug sagen können, dass die Jury sich noch immer berät, um immer weiter ihren zuckersüßen Profit einzustreichen.

Und so stecken wir weiter die Finger in die Ohren und treiben unser kollektives »Lalala, ich hör nichts«, obwohl wir eigentlich in Panik umherrennen sollten, als brenne unsere Hütte, was sie mehr oder weniger ja tut. Seit dem Jahr 2000 hatten wir siebzehn der achtzehn wärmsten Jahre seit Beginn der Wetteraufzeichnungen. Im April 2018 hat zum ersten Mal in unserem geologischen Zeitalter die Kohlendioxidkonzentration in der Atmosphäre die Schwelle von 410 Teilen pro Million überschritten. Das letzte Mal war sie im Pleistozän vor rund 3,2 Millionen Jahren so hoch – damals, als Lucy vom Baum fiel. Falls Sie nun denken, ach, na ja, wenn sie schon mal so hoch war, kann es ja nicht allzu schlimm sein: Damals war der Meeresspiegel mehr als zwanzig Meter höher als heute.

Ah, und der Klimawandel ist nicht das Einzige, was das Kohlendioxid anrichtet: Eins von den Dingen, die den Kohlendioxidgehalt der Atmosphäre in Schach halten, ist der Umstand, dass die Meere einen Teil davon aufnehmen. Gute Nachricht, oder? Nee, eigentlich nicht. Meerwasser hat genau wie Sie und Ihr Partner einen ziemlichen Hang zum Basischen und weniger zum Sauren. Die Aufnahme von CO_2 aber macht die Meere saurer, und je saurer das Meerwasser, desto schwerer wird das Leben für alle Meeresbewohner, von winzigen Weichtieren angefangen bis hin zu riesigen Fischen.

Oh, und das Ganze wird natürlich schlimmer, wenn die Meere sich dazu auch noch aufheizen. Und das tun sie. Wenn Sie ein Beispiel wollen, wie übel es unter Wasser aussieht: das Great Barrier Reef – eines der *echten Wunder* der *echten Natur* – stirbt mit alarmierender Geschwindigkeit, es hat bereits zwei aufeinanderfolgende Jahre mit massiven großflächigen »Korallenbleichen« hinter sich, in deren Folge die Korallen nicht selten ganz absterben.

Leute … Ich glaube, da haben wir es vielleicht echt ein bisschen versaut.

Natürlich ist das bei Weitem nicht das einzige Verhängnis, auf das wir energisch und entschlossen zustreben. Wir haben hier alle möglichen Optionen. Zum Beispiel: Im Mai 2018 wurde berichtet, dass Wissenschaftler einen starken Anstieg an Fluorchlorkohlenwasserstoff-Emissionen beobachtet haben. Irgendwo auf der Welt, vermutlich in Asien, hat jemand angefangen, Thomas Midgleys mutmaßlich verbotene Erfindung wiederzubeleben. Das könnte die Erholung der Ozonschicht um zehn Jahre zurückwerfen. Superleistung im Fach »Lernen aus der Vergangenheit«, Jungs.

Oder schauen Sie sich das Thema Antibiotikaresistenz an: Antibiotika und andere antimikrobielle Medikamente gehörten einst zu den größten Fortschritten des 20. Jahrhunderts und retteten zahllose Leben. Aber so ähnlich wie die Menschen auf den Osterinseln, die ihre Bäume zur Gänze abgeholzt haben, setzen wir das Zeug zu viel und zu häufig ein. Es ist nämlich so, dass jedes Mal, wenn Sie ein Antibiotikum einnehmen, die Chancen dafür steigen, dass einer der Erreger, gegen die es wirken soll, resistent gegen diesen Wirkstoff wird – und dann bringen Sie nur dessen Konkurrenz um die Ecke. Das Ganze ist Evolution im Laufschritt, denn durch Ihr Tun fördern Sie die Entwicklung neuer antibiotikaresistenter Superbiester, die das Potenzial haben, die ganzen schönen alten Krankheiten der Vergangenheit wieder aufs Tapet zu bringen (und zwar auch ohne dass dafür extra die Tundra abtauen muss).

Die Folge ist, dass der Welt mit rasanter Geschwindigkeit wirksame Antibiotika ausgehen – ein Teil des Problems besteht darin, dass Antibiotika für Pharmaunternehmen einfach nicht profitabel genug sind, als dass es sich für sie lohnte, hinreichend Mittel in die Entwicklung neuer Wirkstoffe zu investieren. Einer Schätzung zufolge sterben bereits 700 000 Menschen jährlich an antibiotikaresistenten Keimen.

Oder vielleicht brechen wir uns das Genick dadurch, dass wir unsere Entscheidungen mehr und mehr an Computeralgorithmen outsourcen, weil wir hoffen, das werde diese irgendwie besser und klüger machen – und es in dem Fall nicht unser Fehler ist, wenn was schiefgeht. Die Algorithmen, die selbst fahrende Autos steuern, sind nur ein Beispiel: Woanders entscheiden Algorithmen, welche Aktien gekauft und verkauft werden sollen, welche Nachrichten wir in den sozialen Medien zu sehen bekommen und wie wahrscheinlich es ist, dass jemand, der wegen eines Verbrechens verurteilt wurde, rückfällig wird. Wir glauben gerne, dass Algorithmen rationaler sind als Menschen, in Wirklichkeit sind sie genauso anfällig dafür, all die Voreingenommenheiten und falschen Annahmen zu verstärken, die wir in sie hineinprogrammiert haben.

Nicht geringer dürften die Bedenken über die Verlagerung unserer Entscheidungen an die Computer dadurch werden, dass die Forschung zu Künstlicher Intelligenz sich soeben anschickt, so richtig Fahrt aufzunehmen. Die Sorge ist berechtigt, dass, sollten wir es hinbekommen, ein KI-Wesen zu schaffen, das weit klüger und fähiger ist als wir Menschen, wir uns womöglich irren, wenn wir glauben, es schlüge sich auf unsere Seite. Es könnte in der Lage sein, uns für seine eigenen Zwecke zu manipulieren, uns womöglich als Bedrohung sehen und zerstören, oder vielleicht auch einfach nicht einsehen, wozu Menschen gut sein sollen, sodass wir am Ende nicht mehr sind als Sklaven für sein großes Ziel, so viele Büroklammern herzustellen wie möglich (oder was auch immer wir ihm zur Aufgabe gemacht haben). Die Aussicht, dass wir uns selbst in die Bedeutungslosigkeit frankensteinen, mag uns weit hergeholt vorkommen, aber eine beunruhigend große Zahl an angeblich schlauen Leuten scheint sie recht ernst zu nehmen.

Vielleicht sprengen wir uns aber auch nur mit einem Atomkrieg selbst in die Luft, bevor irgendwas von dem Gesagten eintrifft.

Oder vielleicht ist der Mist, den wir bauen, auch nicht ganz so dramatisch. Vielleicht verdammen wir uns durch unsere eigene Trägheit nur heimlich still und leise zu einer beschissenen Zukunft. Seit dem Tag, da wir den sicheren Hafen Erde verlassen und das Weltraumzeitalter eingeläutet haben, sah unser Umgang mit Zeug, das wir nicht mehr brauchen, im All ziemlich genau so aus wie der, den wir mit allem anderen

Müll pflegen, den wir produzieren: Wir schmeißen ihn einfach weg. Das All ist schließlich sehr groß, was soll das schon ausmachen?

Das ist der Punkt, an dem das Kessler-Syndrom ins Spiel kommt. Vorhergesagt bereits im Jahr 1978 von dem NASA-Wissenschaftler Donald Kessler, hat uns dieses Wissen trotzdem nicht davon abgehalten, munter Schrott ins All zu kicken. Das Problem ist, wenn Sie so etwas in der Umlaufbahn tun, dann kann das Zeug nirgends hin – anders als die aus dem Autofenster geworfene Chipstüte, die im nächsten Augenblick vergessen ist. Weltraummüll bleibt mit etwa der immer gleichen Geschwindigkeit auf derselben Flugbahn wie das Ding, von dem er stammt. Und manchmal kollidiert er mit anderem Müll.

Das Problem dabei ist, dass eine Kollision durch die Geschwindigkeit der Gegenstände im Orbit ungeheuer destruktiv ist. Eine einzelne Kollision mit einem noch so kleinen Materieteilchen kann eine Katastrophe sein, Satelliten oder Raumstationen stark beschädigen oder zerstören. Und solche fatalen Kollisionen bringen – genau – Tausende und Abertausende weitere Teile Weltraummüll hervor, die ihrerseits weitere Kollisionen auslösen können. Genau das hatte Donald Kessler vorhergesagt: dass der Weltraum irgendwann dermaßen vollgemüllt sein könnte, dass dieser Prozess irgendwann kippt, weil jede Kollision immer neue Kollisionen anschubst und unser Planet schließlich von einer geschlossenen Hülle aus Hochgeschwindigkeitsmüllgeschossen umgeben sein wird. Das Ergebnis: Satelliten werden nutzlos und ins All zu fliegen zu einem tödlichen Risiko. Wir könnten am Ende auf der Erde festsitzen.

In mancher Hinsicht fühlt sich das nach einem seltsam poetischen Ende der Reise an, die Lucy vor vielen Millionen

Jahren nicht hat antreten können. Die ganzen Forschungen, der ganze Fortschritt, all unsere Träume und großen Ideen, und das ist das Ende: eingeschlossen auf unserem Planeten als einem Gefängnis, das wir uns aus unserem Müll selbst geschaffen haben.

Was immer die Zukunft für uns bereithält, welche verrückten Veränderungen im nächsten Jahr, Jahrzehnt oder Jahrhundert auf uns warten, es scheint überaus wahrscheinlich, dass wir im Prinzip immer weiter dasselbe tun werden. Wir werden andere Leute für unser Weh verantwortlich machen und uns wilde Fantasiewelten zurechtstricken, damit wir nicht über unsere Sünden nachdenken müssen. Wir werden uns im Nachhall von Wirtschaftskrisen populistischen Autokraten an den Hals werfen. Wir werden unermüdlich dem Geld nachjagen. Wir werden weiter Gruppendenken, Hysterien und Bestätigungsfehlern anheimfallen. Wir werden uns einreden, dass unsere Pläne sehr gute Pläne sind und unmöglich etwas schiefgehen kann.

Oder … vielleicht doch nicht? Vielleicht ist dies der historische Augenblick, in dem wir uns ändern und aus der Geschichte zu lernen beginnen. Vielleicht ist das Vorhergehende viel zu pessimistisch gedacht und die Menschheit ist, so töricht und deprimierend sich unsere Welt heute auch ausnehmen mag, in Wirklichkeit dabei, klüger und aufgeklärter zu werden, und wir haben das Glück, am Anbruch eines neuen Zeitalters des Nichtscheiterns zu stehen. Vielleicht besitzen wir wirklich die Fähigkeit, uns zu bessern.

Eines Tages werden wir vielleicht auf einen Baum klettern und nicht herunterfallen.

Dank

Ohne die Hilfe einer Menge Leute hätte ich dieses Buch nicht schreiben können. An allererster Stelle gebührt mein Dank meinem Agenten Antony Topping, ohne den ich es wirklich nicht geschrieben hätte. Es war eine Freude, mit Alex Clarke, Kate Stephenson, Ella Gordon, Becky Hunter, Robert Chilver und dem gesamten Team von Headline zu arbeiten, und das mit den Abgabeterminen tut mir furchtbar leid. Auch Will Moy und den tollen Leuten bei Full Fact danke ich von Herzen – unter anderem dafür, immer zu lange gewartet zu haben.

Meine Familie – meine Eltern Don und Colette, sowie mein Bruder Ben, ein ordentlich ausgebildeter Historiker – hat mich von Anfang bis Ende unterstützt. Hannah Jewell war mit ulkigen Inspirationen aus Geschichtsbüchern zur Stelle, mit klugen Gedanken und einem Geisterverständnis, das ich teile. Kate Arkless-Gray hatte umsichtigen Rat für mich, ein mitfühlendes Ohr und außerdem, ganz wichtig, eine Supergelegenheit zum Housesitting. Maha Atal und Chris Applegate verdanke ich anregende Diskussionen und zahlreiche Vorschläge, dasselbe gilt für Nicky Reeves. Großer Dank gebührt auch den Historikern auf Twitter, die zuverlässig toll und eine Riesenstütze waren – insbesondere Greg Jenner (den ich mit anderen Worten auf Seite 19 wiedergebe) und Fern Riddell, bitte kaufen Sie auch deren Bücher. Und jetzt noch ein paar mehr Leute, damit es aussieht, als hätte ich viele Freunde: Damian und Holly Kahya, James Ball, Rose Buchanan, Amna Saleem und viele andere waren mit klugen Worten und ein paar Bier zur Hand. In den letzten Stadien des Schreibens mehrfach Kelly Oakes über den Weg zu laufen, bescherte mir genau die Motivation, die ich brauchte, um dranzubleiben. Auch möchte ich Tom Chivers danken für das Mittagessen, zu dem es nie kam, es tut mir echt leid. Die Band CHVRCHES hat, während ich schrieb, ein tolles Album herausgebracht, ich nenne sie hier lediglich in der Hoffnung, dass jemand diesen Abschnitt flüchtig auf Namen überfliegt, aber den Zusammenhang dabei aus den Augen verliert und nun mein Leben für sehr viel glamouröser hält, als es tatsächlich ist. Aus demselben Grund danke ich hiermit Beyoncé, Cate Blanchett und dem Geist von David Bowie.

Es versteht sich von selbst, dass alle Fehler in diesem Buch meine sind und nicht einem der Genannten zur Last gelegt werden können. Außer dem Geist von David Bowie.

Weiterführende Literatur

Es gibt ein paar Bücher, die ich besonders erwähnen möchte, weil ich für bestimmte Abschnitte in diesem Buch eine Menge daraus gelernt habe (einige sind bereits im Text genannt). Sie alle sind wirklich lesenswert, wenn Sie sich auf ein paar der Themen und Ereignisse, die ich aus Platzgründen in diesem Buch nur streifen konnte, ein bisschen näher einlassen möchten.

Daniel Kahnemans *Schnelles Denken, langsames Denken* ist im Abschnitt über kognitive Merkwürdigkeiten erwähnt, seine Arbeiten darin liegen vielem von dem zugrunde, was wir heute über die Funktionsweise unserer Gehirne wissen. Ein toller Titel aus jüngerer Zeit zum Thema Massenhysterien, -manien und -paniken ist Robert E. Bartholomews *A Colourful History of Popular Delusions*.

Jared Diamonds *Kollaps* ist ebenfalls im Text erwähnt und hat mir vor allem für das Kapitel über die Osterinseln wertvolle Informationen geliefert.

Volker Ullrichs erster Band seiner Hitlerbiografie: *Die Jahre des Aufstiegs 1889–1939* habe ich einen Großteil des Materials über Hitler entnommen, und Liebhabern elegant-süffisanter, unterschwelliger Andeutungen sei auch noch Michiko Kakutanis (englische) Rezension des Buchs ans Herz gelegt (zu der es wiederum eine deutsche Stellungnahme des Autors gibt).

Ein weiteres Buch, auf das ich mich im Text mehrfach beziehe, ist Douglas Watts *The Price of Scotland: Darien, Union and the Wealth of Nations*, das sehr genau und aufschlussreich auseinanderdröselt, wie William Paterson zu seiner Torheit kommen konnte.

Frank McLynns *Genghis Khan: The Man Who Conquered the World* und Jack Weatherfords *Genghis Khan and the Making of the Modern World* waren für den Abschnitt über Choresmien sehr wertvoll.

Außerdem möchte ich ein paar Bücher nennen, die vor diesem ähnliches Terrain beackert haben: Bill Fawcetts *100 Mistakes That Changed History: Backfires and Blunders That Collapsed Empires, Crashed Economies, and Altered the Course of Our World* und Karl Shaws *The Mammoth Book of Losers* sind beide eine wunderbare Lektüre und haben mir ein paar wirklich hervorragende Fuck-ups vorgestellt, die ich noch nicht kannte.